하나님 나라의 비밀을 열다

일러두기

❖ 본문의 성경은 《성경전서 개역개정판》을 주로 사용하였습니다.

❖ 각 장의 큐알코드를 스캔하시면 해당 설교의 영상을 보실 수 있습니다.

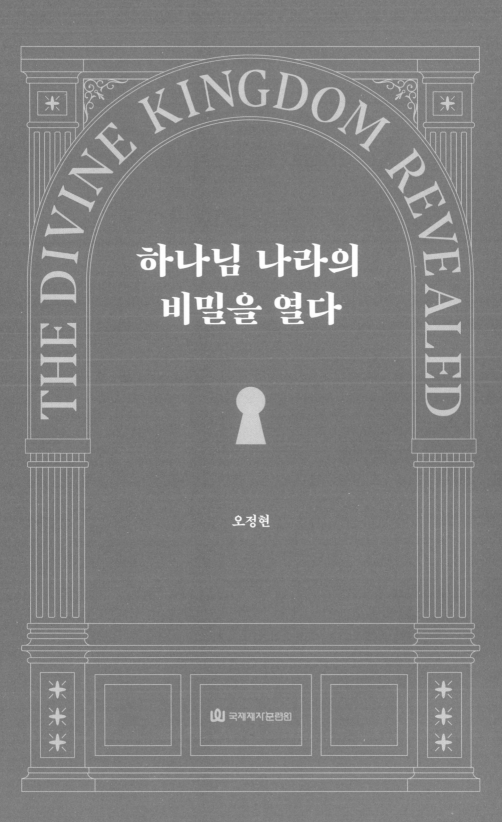

THE DIVINE KINGDOM REVEALED

하나님 나라의
비밀을 열다

오정현

국제제자훈련원

하늘의 비밀을 맡은 자로서
날마다 천국적 환희로 걸어가기를 소원하며

"천국은…." 이 말씀을 선포하실 때의 예수님의 눈빛과 마음을 떠올립니다. 하늘 보좌를 떠나 이 땅에 오신 예수님은 본향인 천국을 말씀하실 때, 형언할 수 없는 거룩한 격정과 열렬한 설렘, 압도적인 감격으로 충만하셨을 것입니다. 영원무궁한 왕이 통치하시는 나라(시 10:16), 의와 평강과 희락이 강물처럼 흐르는 나라(롬 14:17), 영원히 기쁨과 찬양으로 가득한 나라(계 19:6-7), 모든 눈물을 주님이 닦아주시는 나라(계 21:4), 해보다 밝은 하나님의 영광으로 충천한 나라(계 22:5)를 사람들에게 조금이라도 밝히시려는 예수님의 그 간절한 마음을 어찌 감히 다 헤아릴 수 있겠습니까?

우리는 천국 비유 말씀 속에서 하늘나라의 놀라운 비밀을 깨닫게 하시려는 예수님의 한없이 뜨겁고 간절하며 애끓는 심정을 보고 만질 수 있어야 합니다.

세상은 천문학과 첨단과학, 철학적 탐구, 심지어 점술과 같은 미신적 방식으로 하늘의 비밀을 찾고자 온갖 노력을 기울입니다. 그러나 참된 하늘의 비밀은 사람의 능력과 지혜로는 결코 깨달을 수 없습니다. 하나님 나라의 비밀은 영의 눈이 열린 자에게만 허락된 기독교만의 은혜이며 축복이기 때문입니다(마 13:11).

예수님은 비유를 통하여, 세상에는 드러내지 않는 천국의 비밀을 그의 제자들, 하나님의 백성들에게 친히 보여주십니다. 뿐만 아니라 이 땅에서 "하나님의 비밀을 맡은 자"(고전 4:1)로서 능히 살아갈 수 있도록, 말씀을 받는 태도, 이웃을 향한 사랑과 용서, 재물 소유와 사용, 그리고 종말 의식에 대하여 그리스도인 고유의 기준을 제시하고 있습니다. 이는 예수님께서 모든 믿는 자의 손에 천하의 금은보화로도 살 수 없는 천국 문의 열쇠를 쥐여 주신 것입니다. 그럼에도 교회 안의 적지 않은 사람들이 구원의 열쇠를 외면한 채 세상 권세와 부와 명예를 안겨주는 열쇠를 찾는 데 매달리고 있습니다. 이는 질그릇 같은 우리가 지극한 보배이신 예수님을 품고 있음을 삶으로 깊이 깨닫지 못하기 때문입니다.

마귀는 우리를 세상의 즐거움에 취하게 하여 하나님이 주시는 더 큰 기쁨을 빼앗으려 호시탐탐 노리고 있습니다. 예수님의 비유 말씀은 이처럼 마귀의 유혹과 불신으로 오염된

들어가는 글

미음을 베어내는 거룩한 칼날이요, 세상에 빠진 신령들을 건져내는 천국 그물과 같습니다.

예수님의 비유 말씀 설교를 준비하면서, 성도들이 천국의 무한한 지평을 마음껏 달리기를 소원했고, 비유 말씀 속에서 하나님 나라 역사의 비밀을 깨닫고 그 설렘과 기쁨이 가슴에서 맥박치기를 간절히 갈망하였습니다.

1년 동안의 비유 말씀 강해는 구주 예수님이 우리의 가장 고상함(빌 3:8)이심을 확인하는 시간이었고, 그 안에 감추어진 모든 지혜와 지식의 보화(골 2:3)를 다시 발견하며 우리 속에서 불타오르게 되었습니다. 그리하여 예수님을 품은 자로서 마땅히 맺을 풍성한 열매를 위해 마음 밭을 일구도록 하는 거룩한 기경(起耕)의 복된 시간이었습니다.

예수님의 비유 말씀은 세상으로만 향하는 우리의 시선을 붙잡아 하나님께로 돌이키게 합니다. 그러므로 예수님의 비유는 세상에 물들어 있는 우리의 심령을 씻어내는 거룩한 정화(淨化)요, 순전함으로 하나님께 나아가게 하는 화력(火力)이며, 인생의 어떤 자리에서도 다시 시작하게 하는 거룩한 리셋의 원천(源泉)입니다.

주일마다 강단에서 말씀을 전할 때, 성도들은 비유 속에서 거니시는 주님의 손을 잡고 그분의 입술에서 선포되는 말씀을 들숨과 날숨으로 호흡했습니다. "살아 있고 활력이 있는"(히 4:12) 말씀은 우리의 마음 밭을 옥토로 일구어 "어떻게 하면 그리스도인으로서 합당한 열매를 맺는 삶을 살까?"를 각성하게 하였고, "극히 값진 진주를 얻기 위해 자신의 전부를 드리는 값진 삶"을 고민하며 실천하는 자리로 이끌었습니다.

이 책에는 사랑하는 성도들과 말씀 속에서 울고 웃으며, 그 천국적 환희를 가슴에 품고 걸어온 은혜의 여정(旅程)이 매 페이지마다 담겨 있습니다. 또한 제한된 설교 시간 때문에 주일 강단에서 전하지 못했던 묵상도 더해졌습니다. 설교자의 심중을 독자들과 조금이라도 더 깊이 나눌 수 있기를 바라는 마음입니다. 강단에 서는 저를 위해 늘 이인삼각 기도로 함께해주신 모든 교우에게 깊은 감사를 드립니다. 말씀을 준비하는 동안 저를 일깨워 성령으로 감화 감동케 하신 하나님의 이끄심에 모든 영광을 올려드립니다.

주후 2025년 2월 목양실에서
주 안에서 따뜻이
혜강惠江 오정현 삼가 적음

📿 3부 하나님 나라를 준비하다

1부

하나님 나라를
발견하다

1장

하나님 나라
역사의 비밀

마태복음 13:10-17

성도가 누리는 최고의 복은 예수님 안에서 누리는 은혜이다. 구체적으로는 머리끝부터 발끝까지 그리스도의 보혈의 은혜로 덮어주셔서, 일마다 때마다 보호하시고, 걸음걸음을 '말씀의 능력'으로 살게 하시는 복이다. 설교자로서 말씀을 읽을 때 특별히 가슴이 뛰는 본문이 있다. 예수님께서 직접 말씀하신, '붉은 글씨'로 기록된 구절들이다. 이런 점에서 예수님께서 친히 말씀하신 비유들을 풀어 성도들과 나누는 것은 더없이 가슴 설레는 기쁨이다.

예수님의 비유: 역사를 해석하는 천국의 관점

오늘날 우리 사회는 경직화되어 역동성을 잃어가고 있다. 우리 사회에서 점점 더 빠르게 '동종 교배'가 이루어지는 현상에서 이것이 잘 드러난다. 옛날에는 아파트 단지에 게이트가 없었는데, 이제는 '문이 닫힌 아파트'가 많아졌으며, 심지어 결혼도 아파트 단지 내에서 끼리끼리 한다는 것이다. 이처럼 자기만의 울타리 안에 갇힌 곳에서는 자신을 희생하며 이웃의 생명을 살리는 다이내믹한 동력을 기대하기 어렵다. 우리 사회가 겉으로는 첨단화된 모습을 보이지만, 실상은 '수축사회, 위축사회'로 들어서고 있음을 보여준다.

이런 현실에서 '사실보고'(fact report)를 하는 사람이 있고, '믿음보고'(faith report)를 하는 사람이 있다. 이는 이스라엘의 열두 정탐꾼에게서 볼 수 있는데, 열 명의 정탐꾼이 "우리는 스스로 보기에도 메뚜기 같습니다"(민 13:33)라며 현실만을 본 반면, 여호수아와 갈렙은 "그들은 우리의 먹이라"(민 14:6-9)며 하나님의 약속을 신뢰했다. 우리가 하나님의 말씀 속에서 이러한 믿음보고의 눈이 열리면 수축사회가 영적 호황으로 바뀐다. 말씀의 은혜가 있으면, 경제적 불황과 사회적 침체, 환경의 불안정 속에서도 영적인 풍요를 누릴 수 있다.

마태복음에는 예수님의 위대한 세 가지 설교가 있다. 5-7장의 산상수훈 설교, 24-25장의 감람산 설교, 그리고 오늘 본문인 마태복음 13장의 비유설교다. 13장의 비유설교는 다른 두 설교만큼 잘 알려지지 않았으나, 이 설교에는 일곱 가지 비유가 담겨 있다. 이 비유들 안에는 인류 역사를 결정하는 하나님의 위대한 원리가 나타나 있어, 우리는 이를 통해 역사의 흐름과 하나님 나라의 비밀 그리고 그 성취를 알 수 있다.

✳

1장. 하나님 나라 역사의 비밀

세상 역사는 왕과 제국, 전쟁, 문명 발달, 권모술수 등으로 가득하다. 그러나 이 일곱 가지 비유는 인류의 역사를 하나님의 시선으로 읽어내는 렌즈를 제공한다. 이 렌즈를 바르게 이해하고 적용하면, 우리 주변의 수많은 사건을 하나님의 시각으로, 성경적 깨달음으로 해석할 수 있다. 저출산과 노령화 사회의 향방, 세대 간 갈등 해결, 인공지능 시대의 삶과 같은 당장의 과제들에 대해서도 말씀을 통해 해결 방향을 찾을 수 있다.

Ⅰ. 하늘의 경이(驚異)로 충만한 예수님의 비유

예수님은 공생애 기간에 제자들과 함께하시며 그들을 훈련하고 가르치고 파송하셨다(막 3:14). 주목할 점은 예수님이 군중 앞에서는 오직 비유로만 말씀하시고 그 해석은 하지 않으셨다는 것이다. 예수님은 40여 개의 비유를 말씀하셨는데, 무리에게는 그 의미를 감추신 채 비유로만 전하셨다.

본문 앞에 나오는 씨 뿌리는 비유에서도, 어떤 씨앗은 '길가'에, 어떤 씨앗은 '돌밭'에, 어떤 씨앗은 '가시떨기' 위에, 어떤 씨앗은 '좋은 땅'에 떨어졌고, "길가에 떨어진 씨는 새가 주워 먹었다"는 일상적인 이야기만 하시고 그 의미는 밝히지 않으셨다. 이에 제자들이 "왜 많은 무리 앞에서는 비유로만 말씀하시고 설명하지 않으십니까?"라고 여쭈었다. 예수님은 이렇게 답하셨다. "천국의 비밀을 아는 것이 너희에게는 허락되었으나 그들에게는 아니되었[다]"(11절).

마가복음에서는 "하나님 나라의 비밀을 너희에게는 주었으나 외인에게는 모든 것을 비유로 하나니"(마 4:11)라고 기록되어 있다. 외인에게는 '비유'로 하시고, 제자들에게는 '비밀'을 주신 것이다. '비밀'은 헬라어 '미스테리온'(μυστήριον)으로, "신비, 비밀"이라는 말이 여기서 나왔다.

왜 비밀이라고 했을까? 성경에서 말하는 '비밀'은 특별한 의미를 지닌다. 이는 금강산에서 도를 닦거나, 면벽 9년을 하거나, 억만금을 바친다 해도 깨달을 수 없다는 뜻이다. 이 비밀은 오직 하나님이 눈과 귀를 열어주실 때에만 깨달을 수 있는 것이다. 그래서 예수님은 이사야의 예언을 인용하여 "너희가 듣기는 들어도 깨닫지 못할 것이요 보기는 보아도 알지 못하리라"라고 말씀하신 것이다(14절).

"하나님 나라, 천국의 비밀"은 그 신비로움과 비밀스러움으로 인해 인간의 능력만으로는 결코 깨달을 수 없다. 예수님께서 "그때에 예수께서 대답하여 이르시되 천지의 주재이신 아버지여 이것을 지혜롭고 슬기 있는 자들에게는 숨기시고 어린아이들에게는 나타내심을 감사하나이다"(마 11:25)라고 말씀하신 것도 이런 이유이다. "그때"란 예수님이 70인의 제자를 전도자로 파송하여 그들이 귀신을 쫓아내는 승리의 소식을 전해 들었을 때를 말한다. 당시 가장 똑똑하다고 여겼던 바리새인과 서기관들은 천국의 비밀을 깨닫지 못했으나, 오히려 무명의 사람들이 복음을 받아들였다. 어린아이같이 순전하고 마음이 청결한 사람이 하나님을 보게 된 것이다(마 5:8).

하나님 나라의 비밀은 심령이 겸손한 자만이 깨달을 수 있다. 하나님은 겸손한 자에게 은혜를 베푸시고 교만한 자는 물리치시기 때문이다(약 4:6). "주님, 제가 어찌하면 좋겠습니까? 어찌할꼬?" 하며 통회하는 마음, 즉 심령이 가난한 자에게 깨달음을 주시니, 이것이 하나님 나라의 비밀이요 신비이다.

하나님 나라의 비밀과 영적 분별의 은혜

하나님 나라의 비밀, 천국 복음의 비밀을 오직 영적으로만 깨달을 수 있는 까닭은 그 속에 계시가 담겨 있기 때문이다. 하나님 나라는 본질적으로 영적 세계이며, 영적인 것은 영적으로만 이해할 수 있다. 천국 복음을 믿지 않는 자들이 깨달을 수 없는 것도 하나님의 계시를 담고 있기 때문이다.

성경의 계시는 하나님의 생각을 하나님의 언어로 표현한 것이다. 이는 완전히 영적인 영역으로, 세상 지혜나 도덕, 이치로는 결코 그 문을 열 수 없다. 계시는 하늘에 속한 것이며 성령으로 말미암은 것이기에, 영적인 눈이 열린 사람만이 깨달을 수 있다. "우리가 이것을 말하거니와 사람의 지혜가 가르친 말로 아니하고 오직 성령께서 가르치신 것으로 하니 영적인 일은 영적인 것으로 분별하느니라"(고전 2:13).

예수 그리스도께서 구세주시며 역사의 주인이시라는 사실, 이 얼마나 신비로운가! 말구유에 초라하게 태어나신 예수님, 성육신에 담긴 그 깊은 하늘의 뜻을 우리가 무슨 지혜로 알 수 있겠는가! 30년간 평범한 목수로 사시다가 하나님의 아들로서 십자가에 달리신 구원의 은혜를, 어떤 철학이나 첨단 과학으로 깨달을 수 있겠는가! 무신론자의 거두 리처드 도킨스 같은 이는 세상에서 뛰어난 지성인으로 알려졌으나, 영의 눈이 닫혀 이 신비를 깨닫지 못한 채 반성경적 사고에 갇혀 있다. 세속적 시각으로는 33세 젊은이의 죽음이 "나의 죄를 위한 구원"이라는 비밀을 볼 수 없는 것이다. 그분이 삼일 만에 부활하시고, 온 인류의 구원자가 되시며, 마지막 날에 심판하실 왕으로 오실 만 왕의 왕이심을, 어떻게 인간의 어떤 지혜로 이해하고 깨달을 수 있겠는가! 그래서 예수님의 말씀, 특히 하나님 나라를 보여주시는 비유의 말씀은 영적 눈이 닫힌 세상 사람에게는 영원히 풀 수 없는 비밀로 남는다.

그렇다면 누가 이 비밀을 깨달을 수 있는가? "허락된 사람만" 가능하다. 허락받지 못한 이는 깨달을 수 없다. 이 세상에는 영적으로 볼 때 천국 비밀이 허락된 자와 허락되지 않은 자, 이렇게 두 부류만 있다. 허락된 자들은 하나님의 백성들과 제자들이었고, 허락되지 않은 자들은 그저 예수님을 따라다니던 무리들이었다. 당시 완고한 유대 지도자들을 비롯한 이들에게는 하늘의 비밀을 깨닫는 것이 허락되지 않았다.

천국 비밀이 허락되지 않은 이들에게 진리를 말하는 것은 돼지에게 진주를 던지는 것과 같아서, 예수님은 그들에게 비유로만 말씀하셨다. 돼지는 진주의 가치를 모른 채 물어뜯고 더럽힐 뿐이다. 그래서 예수님은 "하나님 나라는 이것이다"라고 정의하지 않으시고, "하나님 나라는 무엇과 같다"고 말씀하셨다. 이는 영적인 눈이 열려야만 그 의미를 깨달을 수 있게 하신 것이다.

이런 말을 들으면 "불공평하지 않은가?" 하고 묻는 이들이 있다. 그러나 영적인 눈이 열린 사람은 불공평을 말하지 않고, "나 같은 자에게 깨닫게 하신 은혜"에 감격하여 눈물 흘린다. 복음을 전했을 때 "못 믿겠다"던 이에게 "당신은 절대 예수 못 믿는다" 하니 "그러면 나는 죽으란 말입니까?" 하며 그 순간 깨달음을 얻는 경우도 있었다. 또 "양심상 공짜로 못 믿겠다"는 이 옆에서 "형이 못 믿으면 나라도 믿겠다"고 하던 사람도 있다. 당신은 어느 쪽에 서 있는가?

하나님께서 마음을 열어주신 사람은 아무리 비밀이라도 진리를 발견하지만, 그렇지 않은 이는 아무리 진리를 설명해도 알아차리지 못한다. 이 진리를 들을 때, 어떤 마음이 드는가? 원망인가, 감사인가? 불평인가, 감격인가?

드러냄과 감춤: 비유에 담긴 이중적 메시지

비유에 담긴 신학적, 신앙적 의미에 대해 존 맥아더는 "드러냄과 감춤, 은혜와 심판"으로 해석한다. 그리스도와 함께 천국이 임했다는 진리를 깨닫는 자에게만 비유 속의 지혜와 비밀이 드러난다. 반면 불신자들에게 비유는 감춤이요, 심판의 의미를 지닌다. 예수님의 비유는 단순히 사람들의 호기심만 자극하는 데서 끝나는 흥미로운 이야기가 아니다. 간결하면서도 역설적인 문장과 신비로운 이야기 속 생생한 이미지들은 듣는 이들의 관심을 끌었겠지만, 이것이 예수님이 비유로 말씀하신 진정한 이유는 아니다. 비유는 간절한 마음으로 듣고 깨닫고자 하는 자들에게는 천국의 놀라운 비밀이었으나, 바리새인들처럼 완악한 태도로 듣기를 거부하는 이들에게는 무의미한 수수께끼였고, 오히려 그들이 깨닫지 못하게 함으로써 불신앙에 대한 심판이 되었다.

그러므로 이제는 예수님의 비유를 단순히 하나님 나라를 설명하는 상징적 이야기로만 볼 것이 아니라, 드러냄과 감춤, 은혜와 심판이라는 두 관점으로 바라보아야 한다. 하나님의 자녀들에게는 천국 비밀을 깨달음과 천상의 은혜가 담긴 비유가, 믿지 않는 자들과 완악한 자들에게는 세상의 모든 권력을 가진 통치자들조차 이해할 수 없게 하는, 그들의 불신앙에 영적 사형선고를 내리는 심판의 말씀이 되는 것이다.

"오직 은밀한 가운데 있는 하나님의 지혜를 말하는 것으로서 곧 감추어졌던 것인데 하나님이 우리의 영광을 위하여 만세 전에 미리 정하신 것이라 이 지혜는 이 세대의 통치자들이 한 사람도 알지 못하였나니 만일 알았더라면 영광의 주를 십자가에 못 박지 아니하였으리라"(고전 2:7-8).

비유를 들으며 나 자신이 숨김과 심판의 자리가 아닌 드러남과 은혜의 자리에 있게 된 것이 얼마나 감사한지 모른다. 통치자들에게는 감춰진 하늘의 비밀이 부족한 나에게 열리고 깨달아지며, 하늘 보화로 가득한 은혜의 선물이 되었다는 사실 앞에서 가슴 깊은 곳에서 우러나오는 감사의 샘이 터지는 것이다.

II. 진리를 받지 않으면 진리를 빼앗긴다

예수님께서 이렇게 말씀하셨을 때, 제자들은 선택받은 자로서의 자부심을 느꼈을 것이다. 그러나 곧이어 예수님은 제자들의 정신을 번쩍 들게 하는 하나님 나라 역사의 '철저한 원리'를 말씀하셨다. "무릇 있는 자는 받아 넉넉하게 되되 없는 자는 그 있는 것도 빼앗기리라"(12절). 이는 인간 역사와 인생을 결정하는 성경적 불변의 원리다. 성도에게는 축복이요 불신자에게는 심판이라는 은혜의 양극화가 여기서도 분명히 드러난다. 이는 타락한 피조세계의 근본 원리로서, 모든 삶의 영역에 적용된다.

먼저, '있는 자'란 무엇이 있다는 뜻인가? "천국의 비밀을 아는 것이 허락된 자"를 의미한다. '있다'는 것은 현재 능동이다. 이는 무슨 뜻인가? 우리의 근육을 예로 들어보자. 근육은 사용하면 할수록 더욱 강화된다. 그러나 사용하지 않으면 약해지고 위축되어 결국 사라진다. 팔이나 다리를 다쳐 깁스를 몇 달 하고 나면 근육이 약해져 한동안 어려움을 겪는 것을 경험한다. 이처럼 '힘'은 근육을 쓰면 쓸수록 생긴다.

영적인 진리도 마찬가지다. 진리를 거부하면 진리의 근육은 약해지고, 마침내 우리 속에서 힘을 잃고 만다. 그래서 예수님은 우리에게 이 비밀을 깨닫고, 이 '진리 근육'을 계속 강화하라고 하셨다. 이것이 "있는 자가 넉넉하게 된다"는(12절) 의미이며, 예수님께서 비유 말씀을 40여 회나 계속하신 이유이다.

순종의 법칙: 진리는 실천할 때 자란다

순종에도 같은 원리가 적용된다. 깨달은 진리를 순종하지 않으면 순종하는 근육이 약해지고 진리를 잃게 되어 결국 우리 속에서 사라진다. 반면 계속 순종하면, 더 많은 하늘의 비밀을 깨닫고 더 풍성한 말씀의 은혜를 누리게 된다. 이른 바 영적인 "빈익빈 부익부" 현상이다. 누가복음 19장의 므나 비유가 이를 잘 보여준다. 어떤 귀인이 10명의 종에게 각각 한 므나를 주며 "돌아올 때까지 장사하라"고 당부하고 떠났다. 돌아와서 종들을 불러 장사한 결과를 물었다. 어떤 종은 한 므나로 열 배의 이익을, 어떤 종은 다섯 배를 남겼는데, 종 한 명은 처음 받은 한 므나 그대로였다. 이 종의 잘못은 주인의 명령에 순종하지 않은 것이다. 그 결과 한 므나밖에 없는 종의 것을 빼앗아 가장 많은 므나를 가진 종에게 주었다.

왜 예수님은 이미 열 므나를 가진 자에게 한 므나밖에 없는 자의 것을 주셨을까? 또 다섯 므나를 남긴 자가 아닌 열 므나를 가진 종에게 주셨을까? 이는 순종의 관점에서만 바르게 이해할 수 있다. 한 므나를 그대로 가진 종에 비해 열 므나를 남긴 종은 주인의 명령에 "열 배의 순종"으로 반응했다. "무릇 있는 자는 받겠고 없는 자는 그 있는 것도 빼앗기리라"(26절)는 말씀은 세상적 소유가 아닌, 하나님 명령에 대한 순종을 말씀하신 것이다. 하나님은 더 순종하는 자에게 더 큰 것을 맡기신다.

진리에 순종할 때 우리가 도달하는 더 깊은 진리는 무엇인가? 베드로는 이렇게 말한다. "너희가 진리를 순종함으로 너희 영혼을 깨끗하게 하여 거짓이 없이 형제를 사랑하기에 이르렀으니 마음으로 뜨겁게 서로 사랑하라"(벧전 1:22).

진리에 순종하면 첫째, 영혼이 깨끗해진다. 마음이 청결한 자는 예수님의 말씀처럼 하나님을 볼 수 있다(마 5:8). 또 형제를 거짓 없이 사랑할 수 있게 된다. 가족 간에 서먹한 장벽이 있을 때 "형제를 사랑하여 서로 우애하고 존경하기를 서로 먼저 하며"(롬 12:10)라는 말씀에 순종하여 실천하면, 인간적 감정의 한계를 넘어 하나님이 주시는 긍휼의 마음으로 그들을 순전하게 사랑할 수 있다.

진리에 순종하지 않으면 신앙생활 연수가 오래되어도 여전히 심령은 세속적인 것으로 더럽혀져 있고, 자신의 감정을 넘어 형제를 사랑할 능력도 없다. 심령이 깨끗해져서 하나님을 보며, 불가능해 보이는 형제 사랑을 뜨겁게 할 수 있는 것, 이것이 말씀에 순종한 자만이 누리는 진리의 은혜다.

이 원리는 세속 역사에서도 반복된다. 역사적으로 진리에 순종하는 나라와 공동체, 개인은 강해졌고, 순종하지 않는 나라들은 약해졌다. 몇 세기 동안 "해가 지지 않는 나라"로 세계 역사를 이끌던 대영제국이 몰락한 이유는 무엇인가? 하나님 말씀의 진리를 경제와 정치에 적용하지 않았기 때문이다. 세계 최고의 제국 로마는 왜 게르만족의 침입을 받고 무너졌는가? 그리스도의 가르침을 거부하고 세속적 쾌락에 빠져 진리의 근육이 약해졌기 때문이다. 기독교적 토대가 무너지자 원로원의 지혜도, 로마의 법도, 제국의 힘도 무용지물이 되었다.

러시아가 복음의 진리를 놓치고, 기독교의 본질은 버린 채 종교의식의 껍데기만 남았을 때, 공산주의 혁명이 일어났다. 오늘날의 강대국 미국도 복음이 약해지면 사회의 몰락은 시간문제일 것이다.

비유 말씀 강해를 통해 진리를 순종하는 것이 삶의 선순환적 체질이 되어 신앙의 근력이 강화되고, 날마다 주님이 주신 은혜 속으로 들어가 삶의 풍성함을 누리길 바란다. 비유 말씀의 주제가를 보라. "주 말씀 내 발의 등이요 나의 길에 빛"이라 했다. 진리의 말씀을 깨닫는 자의 인생길은 촛불이 아닌 빛으로 환히 밝혀질 것이다. "달고 오묘한 그 말씀"은 생명의 말씀으로 우리의 길과 믿음을 밝히 보여주고, 생명의 샘이 되어 모든 이를 살리며, 널리 퍼져 마음에 용서와 평안을 골고루 나누어준다.

한국 교회는 언제 부흥했는가? 집집마다 가정예배를 드리고, 아침마다 예배하며, 말씀을 암송하고, 말씀을 사모하며 사경회로 모일 때 한국 교회가 부흥하고 한국 경제도 크게 도약했다. 이것이 약화되면 당연히 한국 교회도, 우리 사회도 어려워질 것이다.

예수님께서 13절과 14절에 하신 말씀은 개인은 물론 공동체와 민족에게도 그대로 나타날 것이다. "그러므로 내가 그들에게 비유로 말하는 것은 그들이 보아도 보지 못하며 들어도 듣지 못하며 깨닫지 못함이니라 이사야의 예언이 그들에게 이루어졌으니 일렀으되 너희가 듣기는 들어도 깨닫지 못할 것이요 보기는 보아도 알지 못하리라."

이것은 무슨 뜻인가? 이사야 시대 이스라엘 백성은 아브라함의 자손이라는 교만으로 가득 차서 하나님 말씀을 받아들이지 않았다. 그들은 주인을 찾아오는 양보다 못했고, 주인을 알아보는 소만도 못했다. 이처럼 진리를 받아들이지 않으면 진리는 빼앗기고, 촛대는 다른 곳으로 옮겨진다. 이것이 하나님 나라 역사의 비밀이다.

III. 비밀의 핵심이신 예수 그리스도

천국 비밀의 핵심은 무엇인가? "이 비밀은 만세와 만대로부터 감추어졌던 것인데 이제는 그의 성도들에게 나타났고 하나님이 그들로 하여금 이 비밀의 영광이 이방인 가운데 얼마나 풍성한지를 알게 하려 하심이라 이 비밀은 너희 안에 계신 그리스도시니 곧 영광의 소망이니라"(골 1:26-27). 이것이 '비유의 문'을 여는 비밀번호다.

예수님과의 인격적 관계가 천국 비밀을 여는 열쇠

천국의 비밀, 천국 복음의 비밀은 계시로 나타났고, 그 계시의 중심은 예수 그리스도다. 즉, 예수님을 믿고 그분과의 관계가 회복된 자만이 천국 복음의 비밀을 깨달을 수 있다.

이 비유는 지식이나 출신배경, 인간적 특권으로 깨닫는 것이 아닌 계시의 문제다. "천국 비밀의 열쇠"가 예수 그리스도이시기에, 영적으로 어두운 세상은 그분 앞에서 겸손해질 수밖에 없다. 천국의 비밀이 예수님이시라는 말은 이 비밀을 깨닫기 위해 반드시 예수님과의 관계가 바로 서 있어야 함을 뜻한다. 관계가 바로 서면 비유에 담긴 천국의 신비가 열리는 것이다.

한 살배기 아기는 수백 명 속에서도 엄마를 정확히 찾아낸다. 아기가 수학을 알아서도, 영어를 해서도, 화학 원소 주기율표를 알아서도 아니다. 오직 엄마와의 관계가 올바로 되어 있기 때문이다. 마찬가지로 예수님의 비유를 푸는 열쇠도 인식이 아닌 관계다. 우리가 예수님을 주님으로 모시는 순간 하나님의 자녀가 되는 관계가 시작되고, 이 관계가 깊어질수록 더 많은 진리를 깨닫게 되는 것이다.

15절은 주목할 만하다. "이 백성들의 마음이 완악하여져서 그 귀는 듣기에 둔하고 눈은 감았으니 이는 눈으로 보고 귀로 듣고 마음으로 깨달아 돌이켜 내게 고침을 받을까 두려워함이라." 누구 이야기인가? 백성들이 스스로 하나님께 눈을 감고 완악해져서 귀를 닫아버린 것이다.

우리 주위에도 이런 이들이 있다. "이러다 내가 변화되면 어쩌나?" 그들은 지금의 삶이 너무 좋은데, 예수님과의 관계가 깊어져 진짜 변화되면 "지금 누리는 것들, 인생의 쾌락, 삶의 즐거움을 포기해야 하지 않을까?" 하고 미리 겁먹고 변화를 거부한다. 세상살이가 즐거운데, 토요일 아침 따뜻한 이불 속에서 유튜브 보는 맛이 있는데, "신앙생활에 더 빠지면 매주 토요비전새벽예배에 나가야 하는 것은 아닐까?" 하는 걱정과 염려로 변화를 거부하는 것이다.

그러나 예수님이 우리의 기쁨을 빼앗는 분인가? 우리의 좋은 것을 다 거두어가는 분인가? 이런 생각은 신앙 세계에서 '초등학교' 수준에서 그친 후 자라지 않은 것이다. 낚시도 15-20년 하면 고기 모이는 곳을 아는 전문가가 되는데, 오랫동안 교회를 다니고도 초등

학문 수준에 머무는 것은 예수 그리스도와의 관계가 뿌리내리지 못해 진리의 말씀을 제대로 깨닫지 못했기 때문이다.

예수님의 진리를 깊이 깨닫고 그분과의 인격적 관계가 깊어지면, 세상이 주는 재미와는 비교할 수 없는 본질적인 기쁨을 알게 된다. 낚시의 재미나 클럽의 쾌락, 이불 속의 따뜻함 따위는 명함도 내밀 수 없는, 목숨도 아깝지 않을 만큼의 영광과 기쁨을 맛보게 된다. 이 기쁨 때문에 우리의 심장도 주님께 기꺼이 바치게 되는 것이다. 미국 칼빈신학교의 모토가 있다. "나의 심장을 주님께 드립니다. 즉시, 그리고 신실하게"(*Cor meum tibi offero, Domine, prompte et sincere*). 이는 천국 비밀의 핵심이신 예수 그리스도를 향한 우리의 자세가 어떠해야 하는지를 잘 보여준다.

계시의 비밀을 듣고 깨달은 우리가 진정한 행복자(幸福者)이다

바울은 예수 그리스도를 깨닫는 것이 얼마나 위대한 일인지를 한 문장으로 보여주었다. "내가 그를 위하여 모든 것을 잃어버리고 배설물로 여김은 그리스도를 얻고"(빌 3:8). 당대 최고의 학식과 유대 혈통의 성골이라는 그의 배경도 진리이신 예수님 앞에서는 한낱 배설물에 불과했다. 찬란한 대해를 본 자는 연못에 만족할 수 없듯이, 바울은 예수 그리스도를 깨닫는 영광을 "이 보배를 질그릇에 가졌다"는 고백으로 드러냈다(고후 4:7).

비유의 핵심이신 예수님을 가슴에 품은 사람은 어떤 절망적인 상황에서도 넘어지지 않으며, 날마다 생명이 역사하고, 절망 중에서도 예수님으로 인해 다시 살아나는 은혜로 하나님께 영광을 돌리며, 속사람이 날로 새로워지고, 보이는 것이 아닌 보이지 않는 영원한 영

✳

광을 바라보는 복을 누린다(고후 4:9-18).

주님은 우리가 얼마나 큰 복을 받았는지 이렇게 말씀하셨다. "내가 진실로 너희에게 이르노니 많은 선지자와 의인이 너희가 보는 것들을 보고자 하여도 보지 못하였고 너희가 듣는 것들을 듣고자 하여도 듣지 못하였느니라"(마 13:17).

이는 제자들이 예수님을 통해 천국의 비밀들, 즉 예수님의 설교와 가르침, 치유와 기적들을 직접 목격하고 있지만, 구약의 수많은 위대한 선지자와 의인들은 그림자는 보았어도 실체는 볼 수 없었다는 의미다. 히브리서 11장 39절의 말씀처럼 "이 사람들은 다 믿음으로 말미암아 증거를 받았으나 약속된 것을 받지 못하였[다]". 구약의 선지자들은 그림자만 보았지만, 제자들은 성육신하신 예수님을 통해 하나님을 보는 축복을 누렸다.

평범했던 예수님의 제자들이 위대한 모세, 사무엘, 다윗, 엘리야, 이사야, 예레미야, 에스겔, 다니엘도 보지 못한 천국의 실체와 비밀을 직접 듣고 보았으니, 그들이야말로 진정한 복받은 사람들이었다. 이 말씀은 오늘날 우리에게도 적용된다. 제자들이 보고 들은 것을 우리도 동일하게 경험할 수 있기에, 우리 역시 그들과 같은 복을 누릴 수 있는 것이다.

IV. 비유의 참된 이해를 위해 주님이 주신 두 가지 은혜의 도구

제자들은 특별한 은혜를 받았다. 비유의 의미를 직접 질문하고 해석을 들을 수 있었으며, 24시간 예수님과 함께 생활하며 언제든 가르침을 구할 수 있었다. 오늘날 우리에게는 성령께서 두 가지 통로를 통해 깨달음을 주신다. 첫째는 말씀이다. 우리는 말씀 속에 깊이 잠겨 이 비유를 묵상하며 깨달아야 한다. 둘째는 하나님이 세우신 교회 지도자들을 통해 배우는 것이다.

비유는 불신앙의 사람들에게는 감춰졌으나 예수님 곁에 나아온 사람에게는 열려 있었다. "그러므로 너희가 어떻게 들을까 스스로 삼가라 누구든지 있는 자는 받겠고 없는 자는 그 있는 줄로 아는 것까지도 빼앗기리라"(눅 8:18).

예수님은 제자들에게 천국 복음의 비밀을 아는 것이 얼마나 큰 특권인지 말씀하셨다(마 13:16-17). 오랜 시간이 지난 후에도 베드로는 이 말씀을 깨닫는 특권을 놀라워하며 이렇게 고백했다. "이 구원에 대하여는 …… 너희를 위한 것임이 계시로 알게 되었으니 이것은 하늘로부터 보내신 성령을 힘입어 복음을 전하는 자들로 이제 너희에게 알린 것이요 천사들도 살펴보기를 원하는 것이니라"(벧전 1:10-12). 구약 시대 선지자들은 물론 천사들에게도 신비였던 진리가 베드로와 같은 복음 전도자들에게 드러났고, 성령의 도우심으로 이들을 통해 다른 성도에게도 전해지게 된 것이다.

하나님이 우리에게 성경을 주신 목적과 교회 지도자를 세우신 목적은 동일하다(엡 4:11-12, 딤후 3:16-17). 이 두 가지 모두 우리가 하나님의 사람으로 온전히 성장하여 선한 일을 행하게 하기 위함이다.

계시의 말씀이 우리가 살아갈 힘이다

2,000여 년 전에 기록된 말씀이 오늘 우리 삶의 원동력이 되는 이유에 대해, 토저는 세 가지로 정리했다.

※

첫째, 하나님의 말씀은 지금도 살아 있기 때문이다. 성경은 단순히 연구하고 깊이 생각하며 깨닫는 고전이 아니라, 그 자체로 우리 안에서 살아 역사하는 능력이다.

둘째, 하나님의 말씀은 우리 삶의 영원한 기준이기 때문이다. 성경은 우리가 세상을 살아가며 마주치는 수많은 선택과 결정의 순간에 영원한 판단 기준이 된다.

셋째, 하나님의 말씀은 어떤 상황에서도 우리를 살리는 능력이기 때문이다. 말씀은 특정 조건에서만 작동하는 제한적 능력이 아니라, 절망한 자를 소생시키고 병든 자를 치료하며 상처 입은 자를 치유하고 포로된 자를 자유케 하는 능력이다.

우리가 예수님을 직접 만나지 않더라도 말씀 속에서 성령님과 목회자, 성경교사를 통해 진리를 깨닫는다. 하나님은 오늘날도 이 두 가지 방법으로 일하신다. 예수님의 비유 속 천국의 비밀은 한 시대만이 아닌 하나님 나라 역사 전체를 위한 것이며, 모든 족속과 세대를 위한 선교적 비밀이다. 예수님은 하나님 나라의 비밀이 개인이나 교회, 심지어 이스라엘 민족의 독점물이 되는 것을 원치 않으신다.

영적인 눈을 뜨면 이 비밀을 이해할 수 있다. 눈이 밝아지면 온몸이 성할 것이며 온 교회가 밝아질 것이다. 날마다 하나님 나라의 비밀과 은혜로 살아가기를 진정 원한다면, 예수님의 비유가 들려주시는 말씀에 자신을 온전히 맡기라. 이 땅에서도 천국의 기쁨을 누리며 날마다 새 은혜 가운데 살아가게 될 것이다.

하나님 나라 역사의 비밀을 깨닫는 자의 기도

살아계신 하나님 아버지, 예수님께서 말씀하신 비유의 영광스러운 문을 열게 하시니 감사합니다. 이 비유 속에 담긴 계시의 비밀을 보는 눈과 이 말씀을 들을 수 있는 귀를 허락하여 주옵소서. 그리하여 예수 그리스도를 깨닫는 것이 내 인생을 밝히는 가장 위대한 신비임을 알게 하시고, 질그릇 같은 저희가 보배로우신 예수님을 품고 살아가는 그 은혜를 날마다 맛보고 경험하며 살게 하옵소서.

2장

지금 내 마음 밭은 어떠한가?

마태복음 13:1-9, 18-23

예수님은 외인들에게는 비유로 말씀하셨으나, 그리스도인과 제자들에게는 비유를 깨닫는 특권을 주셨다. 그러나 좋은 권리도 사용하지 않으면 무의미하다. 영적 특권은 사용하는 자에게는 은혜가 되지만, 사용하지 않는 자는 가진 것마저 빼앗긴다. 이것이 신앙 세계의 원리다(마 25:29).

주님은 "귀 있는 자는 들으라"고 하시며 씨 뿌리는 비유를 말씀하셨다. 이 비유는 매우 중요하여 공관복음에 모두 기록되었다(마 13장, 막

4장, 눅 8장). 봄날, 예수님의 말씀을 듣던 사람들은 해변 언덕에서 씨를 뿌리는 농부를 보았을 것이며, 밭고랑에 떨어진 씨앗을 새들이 쪼아 먹는 모습도 목격했을 것이다. 그들은 씨가 돌밭, 가시떨기, 좋은 밭에 떨어져 자라는 과정을 경험으로 알고 있었다. 예수님은 언제나처럼 일상의 현실에서 일어나는 일로 말씀하셨다.

씨는 모두 동일하고 문제가 없다. 기온, 햇빛, 강우량도 같고, 뿌리는 사람도 같다. 그런데 어떤 이는 열매를 맺고 어떤 이는 맺지 못하는가? 핵심은 마음 밭의 상태에 있다. 마음 밭을 어떻게 가꾸느냐에 따라 영적 수확이 결정된다. 농사의 성패가 토양의 비옥도에 달려 있기에 농부는 씨 뿌리기 전에 적합한 토양을 만들고자 밭을 갈아엎어 공기층을 만들고 비료로 땅을 기름지게 한다.

마음은 믿음의 자리이다

어린 시절 형제간 다툼이 있을 때마다 부친은 "만일 서로 물고 먹으면 피차 멸망할까 조심하라"(갈 5:15)고 하시며, "내가 땅을 파서 돌을 제하고 극상품 포도나무를 심었는데 들포도를 맺었느냐"(사 5:2)라는 말씀을 주셨다. 이는 평생 내 마음의 토양을 점검하는 기준이 되었다. 낚시도 20년을 다니면 전문가가 되는데, 교회를 20년 다녀도 변화가 없다면 이는 마음 밭의 문제라고 보아야 한다.

이 마음 밭의 중요성은 "사람이 마음으로 믿어 의에 이르고"(롬 10:10)라는 말씀에 나타난다. 마음은 믿음의 자리이며 믿음의 씨가 자라는 곳이다. 사람의 변화는 바로 마음을 새롭게 하는 데서 시작된다(롬 12:1-2). 마음 밭을 얼마나 넓히느냐에 따라 우리 삶의 변화 크기도 결정된다. 한 평의 밭을 일구면 한 평만큼의 수확을 거두듯, 마음

✻

31

밭을 넓게 갈수록 그만큼 풍성한 영적 열매를 맺게 된다. 마치 깊이 파 내려간 우물에 더 많은 물이 담기듯, 마음 밭의 깊이가 신앙의 깊이를 결정하고, 마음 밭을 얼마나 넓게 개간하느냐가 우리가 받을 수 있는 은혜의 크기를 결정하는 것과 같다.

마음은 성화의 중심이며, 성경에서는 이를 '마음판'이라고도 한다. 마음판에 새겨진 것이 그 사람의 삶을 결정하기에 성경은 주의 명령과 법도를 마음판에 새기라 한다(잠 7:3). 이 마음 밭을 복음적 토양으로 만드는 것이 영적 성장의 핵심이다.

바나 리서치 그룹이 미국의 십대와 성인 4,200명을 대상으로 조사한 결과는 의미심장하다. 마음이 부드럽고 수용적인 5-13세 아이들이 예수님을 영접할 확률은 32퍼센트였지만, 세속적 가치관이 자리 잡은 19세 이상에서는 그 확률이 6퍼센트로 크게 떨어졌다. 우리가 자녀들을 새벽기도회에 데려와 어릴 때부터 말씀을 심고 암송하게 하는 근본적인 이유가 여기에 있다.

그리스도인의 마음 밭은 타종교의 마음 공부나 수양과는 본질적으로 다르다. 성경적 마음 밭은 인간의 노력이 아닌 성령의 역동적 조명과 인도하심에 달려 있으며, 우리의 생각과 행동, 성품은 하나님 말씀에 근거한다는 점에서 결정적 차이가 있다.

I. 마음 밭이 신앙의 토양을 결정한다

씨 뿌리는 자 비유가 펼쳐진 팔레스타인 땅은 우리가 평소 생각하는 것과는 다르다. 팔레스타인의 밭은 길가, 돌밭, 가시밭, 옥토가 뚜렷이 구분된 것이 아니라, 석회암 지반 위에 이 네 가지 토양이 하나의 밭에 모두 어우러져 있었다. 우리 마음속도 이처럼 네 가지 상태가 수시로 교차할 때가 많다.

토양의 딱딱한 정도로 보면 길가와 돌밭은 딱딱하고, 가시밭과 옥토는 부드럽다. 가시밭과 옥토는 모두 부드러운 땅이지만, 주변 환경에 마음이 어떻게 영향받느냐의 차이가 있다. 가시밭처럼 환경에 휘둘리면 열매를 맺지 못한다.

동일한 씨앗, 계절, 기온, 시간 속에서도 결과는 천차만별이다. 교회에서도 같은 환경과 시기에 신앙생활을 시작했지만, 어떤 이는 풍성한 열매를 맺는 반면 어떤 이는 여전히 젖이나 먹는 영적인 어린아이 수준에 머문다. 확실한 것은 이런 차이가 마음 밭의 상태에서 비롯된다는 것이다.

우리 마음 밭을 옥토로 기경하려면 각 토양의 특성을 이해해야 한다. 성경이 말하는 옥토, 즉 좋은 마음 밭은 어떤 것일까? 나는 청년 시절 FAT라는 세 가지 마음의 자세를 배웠다. 즉, 충성된 마음(Faithful), 준비된 마음(Available), 배우려는 마음(Teachable Heart)이 그것이다. 여기에 목회 사역을 하면서 깨어진 마음(Broken Heart)과 겸손한 마음(Humble Heart)이 더해졌다. 이 다섯 가지 마음 자세가 갖춰질 때 우리는 30배, 60배, 100배의 풍성한 열매를 맺을 수 있다.

20대 초, "어떤 삶이 가장 풍성한 열매를 맺는가?" 하는 질문과 오랫동안 씨름했다. 이 질문은 단순한 호기심이 아닌, 내 신앙의 방향을 결정짓는 근본적인 도전이었다. 씨 뿌리는 자 비유를 깊이 묵상하면서, 예수님이 이 땅에 오신 궁극적인 목적을 발견하게 되었다. "내가 온 것은 양으로 생명을 얻게 하고 더 풍성히 얻게 하려는 것이라"(요 10:10)는 말씀처럼, 주님은 우리가 풍성한 생명의 열매를

✳

33

맺기 원하신다. 이 진리를 가슴 깊이 깨닫는 것이야말로 우리의 메마른 마음 밭을 기름진 옥토로 일구어가는 첫걸음이 된다.

마음 밭 유형	말씀에 대한 반응 과정	방해 요소	결과	성경의 근거
길가	들음 → 거절 → 깨닫지 못함	사탄의 방해	열매 없음	구원 얻지 못함 (눅 8:12)
돌밭	들음 → 받음 → 깊이 없는 깨달음	어려운 환경	열매 없음	시련의 때 믿음 배반 (눅 8:13)
가시밭	들음 → 받음 → 깊이는 있으나 폭이 좁은 깨달음	세상 유혹과 가치관	열매 적음	구원의 열매가 적음 (눅 8:14)
옥토	들음 → 받음 → 온전한 깨달음	모든 방해를 이겨냄	열매 풍성	풍성한 구원의 열매 (눅 8:15)

II. '길가'의 마음 (4, 19절)

길가는 수많은 사람의 발길로 단단하게 굳어진 땅이다. 이는 온갖 세상일이 마음속을 드나들어 말씀이 뿌리내리지 못하고, 삶이 외부 영향에 흔들리는 상태를 의미한다. 종일 일에 매달리고, 가정사에 분주하며, 돈 버는 일에 골몰하고, 세상의 온갖 유혹에 이끌려 다닌다. 이처럼 마음이 여러 곳으로 나뉘어 있으니 말씀이 뿌리내릴 자리가 없는 것이다.

하나님 나라의 비밀을 열다

이렇게 굳어진 땅에서는 씨가 뿌리를 내리지 못한다. 말씀을 들을 때도 온갖 생각에 마음이 흔들리고, 설교 중에도 세상의 소리가 끊임없이 귓가를 맴돈다. 사탄은 이렇게 복잡해진 마음에 뿌려진 말씀의 씨를 빼앗아버린다.

이런 마음을 가진 자는 말씀을 이해하려 애쓰지도, 시간을 들이지도 않는다. 그러므로 우리가 길가와 같은 마음이 되지 않으려면, 예배 전에 기도로 준비하고 말씀에 집중해야 한다. 예배에 늦게 와서 허둥지둥 드리지 말아야 하는 이유가 여기에 있다. 준비되지 않은 마음에 뿌려진 씨앗은 사탄이 길가의 씨처럼 쉽게 앗아가버린다.

III. '돌밭'의 마음 (5, 20-21절)

본문의 돌밭은 수많은 돌이 있는 땅이 아니라, 넓은 돌판 위에 흙이 얇게 덮인 땅을 말한다. 주님은 이런 마음이 "기쁨으로 받지만 뿌리가 없어" 환난과 박해 앞에서 쓰러진다고 하셨다. 이는 깊이 없이 떠도는 인생이며, 이번 주에 복음에 감동했다가 다음 주에는 다른 것에 마음을 빼앗기고, 예배에서 은혜를 받았다가 곧바로 주차장에서 그 감동을 잃어버리는 모습을 보인다.

이런 사람은 복음의 진리를 이해하고 받아들이지만, 21절 말씀처럼 뿌리가 없어 감정적 반응에 그치고 만다. "서로 사랑하라"는 말씀에 깊이 감동받고도, 집에 돌아가면 자존심 상하는 말 한마디에 부부싸움을 벌이기도 한다. 일시적으로는 말씀을 사모하는 듯하나 뿌리가 없어 지속되지 못하고, 깊이 있는 순종으로 이어지지 않는다. 말씀대로 살기 어려운 상황이 오면 쉽게 변절하고 만다. 사탄은 길가의 마음을 노리듯 이런 돌밭의 마음도 결코 그냥 지나치지 않는다.

이런 사람은 평상시에는 믿음이 있어 보이다가 환난과 핍박이 오면 본색을 드러낸다. "예수 믿으면 손해 볼 것 없지"라고 생각하다가도 신앙으로 인한 어려움이 닥치면 가던 길을 멈춰 선다. 이것이 바로 뿌리내리지 못하는 돌밭의 특징이다.

그렇다면 성경이 말하는 뿌리 깊은 신앙은 어떤 신앙일까? 시편 1편 3절은 시냇가에 뿌리박은 나무를 예로 든다. 이런 나무는 가뭄이 와도 잎사귀가 마르지 않듯이, 어떤 세상의 풍파에도 흔들리지 않는다. 이처럼 깊은 뿌리를 내린 신앙이란 무의식 세계까지 스며든 신앙을 의미한다. 특히 성경 암송을 통해 깊이 새겨진 말씀은 세상의 거친 도전도 이겨내게 하며, 결정적인 순간에 우리를 지키고 세상을 이기는 강력한 무기가 된다.

위로부터 임하는 은혜는 반드시 깊은 뿌리까지 이어져야 한다. 한국 교회는 복음이 전해진 이후 여러 차례 부흥을 경험했다. 그러나 위로부터 부어진 은혜만큼 신앙의 뿌리를 깊이 내리는 일에는 상대적으로 소홀했다. 뜨거운 은혜는 경험했으나 그것을 삶 속에 단단히 뿌리내리지 못했던 것이다. 이로 인해 신앙과 삶이 분리되고, 교회에서의 모습과 일상의 모습이 달라지는 현상이 나타났다. 제자훈련은 이런 간극을 메우고 신앙을 삶 속에 깊이 뿌리내리게 하려는 노력이다.

바울은 골로새서 2장 6-7절에서 흔들리지 않는 믿음의 비결을 제시한다. "그러므로 너희가 그리스도 예수를 주로 받았으니 그 안에서 행하되 그 안에 뿌리를 박으며 세움을 입어 교훈을 받은 대로 믿음에 굳게 서서 감사함을 넘치게 하라."

오늘날 많은 신자들이 자신의 신앙을 전통이나 신학 사상 혹은 사람에게 두려 한다. 그러나 이런 것들은 시대의 흐름에 따라 변하기 마련이다. 이런 토대 위에 세워진 신앙은 결코 한결같은 신앙, 거목과 같이 튼실한 신앙으로 자랄 수 없다. 우리 신앙의 뿌리는 오직 골로새서 2장 7절이 말하는 "그리스도 예수"여야 한다. 예수님도 이 진리를 분명히 말씀하셨다. "내 안에 거하라 나도 너희 안에 거하리라 가지가 포도나무에 붙어 있지 아니하면 스스로 열매를 맺을 수 없음 같이 너희도 내 안에 있지 아니하면 그러하리라"(요 15:4).

IV. '가시밭'의 마음 (7, 22절)

가시밭의 토양은 돌밭과는 다르다. 씨앗이 자랄 만큼 충분히 비옥하다. 하지만 씨앗이 자라려 할 때 가시가 찌르고, 가시떨기가 사방의 빛을 가로막는다. 이처럼 가시떨기 밭에 떨어진 씨는 겉으로는 신앙이 있어 보이나 내면이 복잡한 사람을 의미한다.

이런 사람은 복음에 관심이 있고 신앙생활도 열심히 한다. 말씀 묵상도 하고 경건생활도 하며 열매 맺기를 원한다. 그러나 내면은 세상 염려와 재물의 유혹으로 가득 차 말씀이 결실하지 못한다. 누가복음 8장 14절은 이를 "이생의 염려와 재물과 향락에 기운이 막혀 온전히 결실하지 못하는 자"라고 표현한다.

물론 세상 염려가 전혀 없는 사람은 없다. 그러나 성경이 경계하는 '세상 염려의 임계점'은 일용할 양식을 주시는 하나님에 대한 신뢰마저 흔들리는 상태를 의미한다. 원어에서 '염려'는 "목을 조인다"는 뜻으로, 영적 호흡이 막히는 상태를 의미한다. 이런 사람의 마음에는 염려가 깊이 자리 잡아 그 염려의 구름 때문에 하나님이 보이지 않는다. 말씀도 잘 들어오지 않는다.

누가복음의 "기운이 막혔다"는 표현은 중요한 의미를 담고 있다. 처음에는 잘 드러나지 않지만, 염려가 깊어지면 신앙의 숨통을 완전히 조여버린다. 가시떨기 밭 마음의 진짜 문제는 겉으로 드러나는 것이 아니라, 보이지 않게 숨어 있는 세상 염려와 물질에 대한 유혹이다.

주님은 누가복음 21장 34절에서 "너희는 스스로 조심하라 … 생활의 염려로 마음이 둔하여지고"라고 경고하셨다. 마음이 둔해진다는 것은 말씀에 대한 감각이 무뎌지는 것을 의미한다.

우리는 모두 신앙생활을 하면서 가시떨기로 인한 어려움을 겪어본 적이 있다. 이는 남의 이야기가 아닌 우리 모두의 현실이다. 가시떨기는 우리의 태생적 본성과 관련이 있다. 인간이 타락한 직후 땅이 가장 먼저 내놓은 것이 바로 이 가시떨기였다. 창세기 3장 18절은 아담의 범죄 이후 "땅이 네게 가시덤불과 엉겅퀴를 낼 것"이라고 말씀한다.

이것이 의미하는 바는 분명하다. 죄성을 가진 인생은 태어날 때부터 마음 밭에 가시떨기를 품고 있다는 것이다. 누가 가르치지 않아도 우리는 저절로 세상을 염려하고, 재물을 탐하며, 쾌락을 추구한다. 이는 죄성을 가진 인간의 타고난 본성이다. 물론 이런 것들 자체가 나쁜 것은 아니다. 문제는 이러한 염려와 욕망, 쾌락 추구가 지나쳐서 말씀의 씨앗이 자랄 수 없도록 우리의 내면을 질식시킨다는 데 있다.

거룩한 찔림으로 가시밭의 마음을 갈아엎으라

마음 밭의 가시떨기를 제거하고 옥토로 일구려면 깊고 넓은 쟁기질이 필요하다. 이는 영적으로 깊은 회개를 의미한다. 밭의 잡초를 제거하려면 표면만 긁어서는 안 되고 깊이 파고들어야 하듯, 깊이 뿌리박힌 가시떨기를 제거하기 위해서는 거룩한 자극과 찔림이 필요하다. 씨앗과 날씨, 경작 기간과 밭이 모두 같아도 이 거룩한 찔림이 있느냐 없느냐에 따라 결과가 달라진다. 예수를 믿으면서 최근 한두 주 혹은 지난 한 달여 동안 말씀을 통한 거룩한 찔림이 없다면, 그것은 건강한 신앙생활이라 할 수 없다.

기독교가 세상 종교와 다른 점은 무엇인가? 세상 사람들은 자신의 삶을 윤리와 도덕이라는 잣대로만 판단하여, 마치 겉보기에 좋아 보이면 바리새인처럼 겉으로 흠잡을 데 없다고 자부한다. 그러나 누가복음 18장의 세리와 바리새인의 마음 밭은 큰 차이가 있었다. 외형적으로는 바리새인이 더 거룩해 보였지만, 실상은 그렇지 않았다. 세리는 자신이 죄인임을 인정하며 가슴을 쳤다. 이것이 바로 거룩한 찔림으로 마음을 기경하는 것이며, 회개를 통해 자신의 마음 밭을 점차 옥토로 변화시키는 것이다(눅 18:13).

언뜻 보면 가장 위험한 밭은 길가처럼 보인다. 새가 날아와서 길가에 드러나 있는 씨앗을 쉽게 집어먹기 때문이다. 그러나 실상 신자는 가시밭의 마음을 가장 경계해야 한다. 가시밭의 특징은 처음에는 희망적으로 보이고, 싹이 나서 자라는 과정까지는 아무런 문제가 없어 보인다. 그래서 적지 않은 신자들이 겉보기에 문제가 없어 보이는 가시밭의 마음에 스스로도 속을 수 있는 것이다.

하지만 점차 자라난 가시들이 말씀을 숨 막히게 하여 결국 열매를 맺지 못하게 한다. 우리가 내면에 있는 타고난 죄성과 그 한계를 깊이 깨달을 때, "내 힘으로는 할 수 없다"는 영적 한계를 맛보게 되고, 결국 "오직 하나님의 은혜"만을 붙들게 된다. 이러한 깨달음과 고백이 바로 우리에게 필요한 거룩한 자극이며 찔림이다.

거룩한 찔림은 숨은 죄를 회개하는 것에서 시작된다. 회개는 하나님이 죄인을 찾으시고 완악한 마음을 부드럽게 하시는 유일한 방법이다. 내면의 죄를 깨닫고 회개하는 자에게 하나님은 옥토 같은 부드러운 마음을 주신다. "그들이 그리로 가서 그 가운데의 모든 미운 물건과 모든 가증한 것을 제거하여 버릴지라 내가 그들에게 한 마음을 주고 그 속에 새 영을 주며 그 몸에서 돌 같은 마음을 제거하고 살처럼 부드러운 마음을 주어"(겔 11:18-19).

하나님 앞에서 진실하게 고백하라. "주님, 제 힘으로는 이 문제를 해결할 수 없습니다. 이 가시떨기를 뽑아 주십시오." 보이지 않는 숨은 죄는 날카로운 거룩한 찔림으로만 해결된다. 말씀이 우리 마음을 찌르고 쪼갤 때 회개해야 한다. 그래야 우리 속의 가시떨기와 불순물이 제거되어 옥토가 될 수 있다. 부모라도 주님 앞에서는 어린 아이요, 세상적 성취와 관계없이 우리는 모두 죄인이며, 목회자라도 주님 앞에서는 양일 뿐이다. 이런 마음가짐이 끝까지 유지되어야 옥토의 마음 밭으로 살 수 있다.

성령의 역사가 있는 곳에는 항상 찔림과 죄의 자각 그리고 돌이킴이 있다. 가시밭이 옥토로 변하는 거룩한 찔림은 주님과 독대할 때 일어난다. 홀로 주님 앞에 설 때 우리의 참모습이 드러난다. 성령을 통한 책망과 찔림이 있다면 그 마음은 이미 옥토로 기경되고 있는 것이며, 이에 대한 진정한 회개와 구체적 실천이 있다면 옥토의 길이 열리는 것이다.

V. '옥토'의 마음 (8, 23절)

깊은 회개로 마음 밭을 갈아엎은 후에는 말씀으로 그 땅을 일구어야 한다. 말씀을 마음에 새기고(신 6:6), 손목에 매고 미간에 붙이며(신 11:18), 마음판에 새겨 달리면서도 읽을 수 있도록 해야 한다(합 2:2). 말씀을 묵상하고(시 119:20), 순종하며(벧전 1:22), 사모하고(벧전 2:2), 간직하고(욥 22:22), 전파해야 한다(딤후 4:2). 이 모든 것은 결국 말씀이신 예수 그리스도를 마음 밭의 주인으로 모시는 것이다. "너희 안에 이 마음을 품으라 곧 그리스도 예수의 마음이니"(빌 2:5), "너희 마음에 그리스도를 주로 삼아 거룩하게 하고"(벧전 3:15) 말씀처럼 주님을 마음에 모시는 이것이 마음 밭을 옥토로 만드는 말씀의 기경이다.

마음이 옥토가 되었다는 증거는 무엇인가? 말씀을 통해 우리의 부족함을 더 예리하게 깨닫고 통회자복하는 마음이며 지난주보다 오늘이 주님을 더 닮아가는 변화이다. 옥토의 마음 밭은 길가, 돌밭, 가시밭을 이겨내고 말씀이 막힘없이 흐르는 영적 통로가 열려, 하늘로부터의 공급이 순조롭게 이루어진다. 세상의 근심과 걱정이라는 나쁜 영적 콜레스테롤이 우리의 영적 혈관을 막지 못하도록, 회개를 통해 심령이 하나님께 온전히 열릴 때 비로소 옥토가 되어 풍성한 열매를 맺는다.

에스겔 17장 8절은 이러한 풍성한 열매를 이렇게 표현한다. "그 포도나무를 큰 물 가 옥토에 심은 것은 가지를 내고 열매를 맺어서 아름다운 포도나무를 이루게 하려 하였음이라." 이는 단순한 옥토가 아닌, 늘 신선한 물을 공급받는 옥토다. 이스라엘에서는 메마른 땅도 수로를 통해 물이 충분히 공급되면 옥토로 변했다. 마찬가지로 우리의 영혼도 은혜의 생수가 날마다 흘러들어 적셔줄 때 비로소 '물 댄 동산', '은혜의 저수지'가 되어 '날마다 솟는 샘물'을 통하여 풍성한 열매를 맺을 수 있다.

기독교는 도덕적 의무나 책무로 마음 밭을 가꾸라고 하지 않는다. "당신의 힘으로 옥토를 만들라"고 요구하지도 않는다. 우리는 이미 예수님을 믿는 순간 옥토가 될 환경을 받았다. 중요한 것은 우리 마음이 돌과 가시에 뒤덮이지 않도록 부지런히 가꾸는 것이다. 질그릇 같은 우리 마음에 보배이신 예수님을 모심으로 이것이 가능하다!

지금까지 네 가지 마음 밭에 대해 살펴보았다. 이제 우리 각자의 마음이 길가처럼 단단히 굳어 있지는 않은지, 돌밭처럼 깊이 없이 흔들리고 있진 않은지, 가시밭처럼 세상 염려와 유혹에 묶여 있지는 않은지를 점검할 때다.

마음 밭은 우리의 신앙과 삶의 모든 것을 결정짓는 자리다. 지금 우리의 마음이 어떤 상태일지라도, 깨달음과 회개를 통해 옥토로 변화될 수 있다. 우리 안에 계신 예수님이 옥토의 복음이 되시기 때문이다. 주님은 "들을 귀 있는 자들은 들으라"고 말씀하시며, 우리의 마음이 말씀을 받는 옥토가 되기를 간절히 바라신다.

이제 우리는 이렇게 기도해야 한다. "주님, 제 마음은 어떤 밭입니까? 어떻게 하면 좋은 땅이 될 수 있겠습니까? 제 마음에 오셔서 저를 변화시켜 주옵소서." 말씀으로 우리의 부족함을 깨닫고, 회개를 통해 심령의 불순물을 제거할 때, 우리의 마음은 비로소 옥토가 되어 풍성한 열매를 맺게 될 것이다.

마음 밭을 옥토로 일구는 자의 기도

마음 밭 비유의 말씀이 우리에게 거룩한 도전이 되게 하소서. 세상 염려에서 벗어나 말씀 안에서 참 자유를 얻게 하시고, 물질의 노예가 아닌 말씀의 옥토가 되어 영적으로 비상하게 하소서. 세리와 같이 겸손히 자신을 돌아보며 회개하는 은혜를 주시고, 말씀의 거룩한 자극과 찔림으로 마음의 불순물이 제거되게 하소서. 우리의 심령이 옥토가 되어 매일의 삶 속에서 주님을 닮아가는 풍성한 열매를 맺게 하소서.

3장

알곡 신앙의
역사의식

마태복음 13:24-30, 36-43

성도의 인생은 순례길이요 나그넷길이다. 이 순례길에서 우리에게 필요한 것은 과거와 현재와 미래를 관통하는 역사의식이다. 하나님 말씀은 인생길의 가시덤불을 제거하고, 우리의 마음 밭을 옥토로 만들며, 하나님 나라 역사에 대한 통전적 시각을 갖게 한다. 우리가 인생길의 참된 지혜를 얻으려면, 무엇보다 살아계신 하나님의 말씀을 영의 양식으로 날마다 먹어야 한다(겔 3:1).

본문은 해변가 언덕에서 주님이 전하신 설교의 한 부분이다. 예수님의 비유 말씀을 제대로 깨달으면 인류 역사의 흐름과 현상에 대한 올바른 렌즈를 얻게 되어 시대를 보는 안목이 생긴다. 지난 2천 년 동안 수많은 사람이 알곡과 가라지에 대한 예수님의 비유를 들어왔는데, 이 비유는 2천여 년이 지난 지금도 우리의 생각을 둘러싼 껍질을 벗기고 하늘의 지혜를 주며, 한 시대를 넘어 모든 역사를 관통하는 살아 있는 말씀이다.

I. 선과 악의 대립 속 우리의 사명

지난 수 세기 동안 이어져 온 질문이 있다. "이 세상은 더 좋아지고 있는가, 아니면 더 나빠지고 있는가?" 이 질문의 답은 시대에 따라 달랐다. 20세기 초 과학의 발달과 함께 온 세계가 장밋빛 환상에 빠져 있을 때는 밝은 미래를 예상했고, 1·2차 세계대전 때는 인류 역사에 답이 없다고 어두운 미래를 예측했다.

세상은 그대로 두면 더 나빠진다. 그 밑바닥에는 아담의 타락으로 인한 죄의 속성이 자리 잡고 있어, 방치하면 죄의 관성으로 인해 더욱 부패하고 썩어간다. 로마서 1장 21절 이하는 그 이유를 보여 준다. 인간은 "하나님을 영화롭게도 아니하며 감사하지도 아니하고 오히려 그 생각이 허망하여지며 미련한 마음이 어두워"진 존재다(21절). 이처럼 마음에 하나님 두기를 싫어하는 인간을 하나님은 "마음의 정욕대로 더러움에 내버려"두시고(24절), "부끄러운 욕심에 내버려"두시고(26절), "그 상실한 마음대로 내버려"두셨다(28절).

세상이 그냥 두면 더 나빠지는 이유는 두 가지다. 첫째는 인간이 마음에 하나님 두기를 싫어해 마음이 어두워졌기 때문이고, 둘째는 하나님께서 죄짓기를 즐기는 세상을 정욕대로 내버려두셨기 때문이다. 하나님을 거부한 채 자기 정욕대로 사는 세상은 결국 완전히 부패하여 악취를 풍기게 된다고 성경은 거듭 말씀한다.

'역사가 더 좋아질까, 나빠질까'에 대한 예수님의 답변은 흥미롭다. 마치 우리의 선택에 달려 있는 것처럼 말씀하신다. 38절에 나오는 "천국의 아들들"이 시대적 역할을 감당하면 세상은 더 좋아지고, 더 강해지며, 시야가 넓어진다. 반면 악한 자의 아들들이 득세할 때는 세상이 나빠진다.

더 깊이 보면, 하나님의 자녀들이 알곡으로서 선한 영향력을 발휘할 때 세상은 좋아지고, 가라지가 득세할 때는 나빠진다. 41절처럼 성령님께서 천국의 아들들을 권능으로 무장시키실 때, 역사는 선한 방향으로 흐른다. 이처럼 선과 악의 역사가 반복되다가, 마지막에 주님이 추수하실 것이다. 하나님의 사람은 알곡으로 곳간에 들이시고, 악한 사람은 가라지처럼 불에 타 멸망할 것이다. 즉 우리가 서 있는 자리에서 어떤 역할을 하느냐에 따라 세상의 역사는 좋아지기도, 나빠지기도 한다.

아침 이슬도 소가 먹으면 우유가 되고, 뱀이 먹으면 독이 되는 것과 같다. 돈도 쓰기에 따라 최고의 종이 될 수도, 최악의 주인이 될 수도 있다. 알프레드 노벨이 발명했던 다이너마이트처럼, 같은 도구가 문명 발달에 이롭게 쓰일 수도 있고 전쟁 폭약이 될 수도 있다. 4차 산업혁명의 총아인 AI는 빅데이터로 알고리즘을 형성하는데, 올바로 사용하면 선순환의 도구가, 잘못하면 거짓 뉴스를 양산하는 악순환의 무기가 될 수 있다.

우리 각자가 어떤 선택을 하느냐가 역사의 방향을 결정한다. 알곡

하나님 나라의 비밀을 열다

으로 선한 영향력을 발휘하면 역사는 좋아지고, 가라지처럼 살면 역사는 나빠질 것이다.

여기서 우리는 이런 질문을 할 수 있다. 죄악이 지배하는 세상에서 과연 소수가 거룩한 영향력을 끼칠 수 있을까? 어떤 이들은 "이런 거대한 담론을 어떻게 감당할 수 있겠느냐"고 생각할 것이다. 하지만 그렇지 않다. 예수님은 세상적으로 보잘것없는 사람들을 향해 "너희는 세상의 빛이다"라고 말씀하셨다. 선포된 말씀을 들은 이들은 당시 권력자나 지도자, 바리새인이 아닌 무명의 평범한 시골 사람들이었다. 주목할 점은 예수님이 "빛이 되어라, 소금이 되어라"라는 명령이 아닌 "너희는 빛이요 소금이다"라고 선포하신 것이다. 예수님은 이들을 통해 세상과 하나님 나라가 복음의 능력으로 변화될 것을 아셨다.

2천여 년 전 팔레스타인 시골 사람들이 꿈꾸지 못한 모든 것을 우리는 이미 가졌다. 가령 우리는 스마트폰 하나로도 중세 100년 치의 정보를 일주일 만에 접할 수 있고, 무엇보다 그들이 꿈꾸기만 했던 성경 전권을 가지고 있다. 그러므로 성경이라는 확고한 영적 토대를 가지고 있는 우리에게는 알곡 신앙으로 세상을 변화시킬 책임이 있다.

여기서 핵심은 알곡의 선한 영향력, 즉 소금과 빛의 역할을 다하려면 반드시 세상으로 나아가야 한다는 점이다. 당시 사해 근처에는 소금처럼 보이는 하얀 가루가 많았지만, 그것은 염화나트륨이 빠져나가 맛을 잃은 껍데기에 불과했다. 빛도 마찬가지다. 등불을 켜서 혼자만의 방에 두는 것이 아니라, 어둠 속으로 나아가 그 빛을 비춰야 한다. 세상과 단절된 신앙으로는 결코 세상을 변화시킬 수 없다.

✳

7년 가뭄으로 온 나라가 황폐해질 수 있는 상황에서, 젊은 죄수 한 명으로 인해 온 나라와 백성이 살았다. 요셉이라는 알곡 같은 하나님의 사람 한 명을 통해 이집트와 당시 세계가 축복을 받았다. 내가 알곡 신앙을 지키면 가정을 밝히고 이웃과 사회를 살리는 은혜의 빛이 임하며, 내가 알곡이 되면 이웃과 민족이 산다. 이것이 바로 피상적인 비관론이나 역사의 양비론을 뛰어넘는 '목자의 심정'을 지닌 엄청난 역사관이다.

38절에서 보듯 초대교회 성도들은 과부와 고아를 돌보는 일에 헌신했고, 이를 통해 그 지역 공동체가 건강한 방향으로 변화되었다. 특히 로마 제국 시대에는 장례를 치르지 못하는 가난한 이들의 장례를 교회가 맡아 치렀는데, 이러한 섬김은 복음 전파에 강력한 힘이 되었다. 중세 초기 수도원들은 로마 제국 멸망 이후 문화 발달과 학문의 중심이 되었고, 후기에는 교회가 세운 대학들이 지성과 문명을 이어갔다. 미국의 하버드, 예일, 프린스턴과 한국의 연세대, 숭실대, 이화여대 모두 선교의 정신으로 시작되었다.

종교개혁 시대의 교회는 성경을 각국 언어로 번역하여 문명화를 이끌었고, 자선 사업으로 세상을 밝혔다. 청교도들은 민주주의를 발전시키고 자본주의와 자유시장경제를 확립했다. 18세기 영국과 미국의 대각성 운동은 사회의 도덕적 개혁을 이끌었고, 윌리엄 윌버포스와 아브라함 링컨을 통해 노예제도가 폐지되었다. 19-20세기 네덜란드는 아브라함 카이퍼를 중심으로 한 신칼빈주의 부흥으로 선진사회가 되었다.

한국 교회는 19세기 말부터 지금까지 사회를 변화시키고 선한 방향으로 이끌어왔다. 각급 학교와 대학, 병원, 양로원, 복지센터 등을 통해 국가 발전에 크게 기여했다. 이것이 알곡 성도의 역사관이다. 우리가 가진 역사적 시각은 사회의 방향을 크게 좌우할 수 있다.

성도는 하나님 나라의 역사를 공부해야 한다. 역사를 공부하면 역사의식이 생기고, 역사의식이 생기면 의식 개혁이 일어난다. 이러한 의식 개혁으로 개인과 공동체가 변화된다.

II. 알곡의 역사는 알곡의 마음이 있어야

예수님은 하나님 나라의 역사를 이렇게 설명하셨다. "천국은 좋은 씨를 제 밭에 뿌린 사람과 같으니 사람들이 잘 때에 그 원수가 와서 곡식 가운데 가라지를 덧뿌리고 갔더니"(마 13:24-25). 농부가 수확을 기대하며 좋은 씨를 뿌렸는데, 밭에 가라지가 생겼다. 종들이 이를 발견하고 주인에게 "우리는 좋은 씨를 뿌렸는데 가라지가 생겼습니다. 어찌된 일인지요?"라고 물었을 때, 주인은 "원수가 이렇게 했구나"라고 했다. 가라지는 독보리처럼 곡식을 해치는 잡초다.

종들은 걱정했다. "이것을 뽑아야 합니다. 이대로 두면 좋은 곡식의 영양분을 빼앗아 곡식이 자라지 못할 것입니다." 하지만 주인은 "그러지 말라. 좋은 곡식까지 뽑힐까 염려된다"고 하셨다. 30절에서 주인은 추수 때까지 함께 자라게 두었다가, 마지막에 알곡은 곳간에 넣고 가라지는 불에 태우라고 하셨다.

알곡 신앙의 대표는 회개하는 세리이고, 가라지 신앙의 대표는 자기 의에 사로잡힌 바리새인이다. 특히 바울은 본래 가라지 신앙의 전형을 보이다가 알곡 신앙의 대명사로 변화된 대표적 인물이다. 그는 스스로를 "바리새인 중의 바리새인"이었다가 "죄인 중의 괴수"(딤전 1:15)가 된 사람이라고 고백했다.

예수님이 13장의 비유 말씀을 하시기 직전, 12장에서는 안식일에 손 마른 자를 치유한 사건과 바알세불 논쟁을 통해 바리새인들이 예수님을 죽이려 한 사건이 나온다.

바리새적 역사 인식과 세리적 역사 인식의 차이는 결국 마음 밭의 문제다. 마음이 가난한가 아닌가가 관건이다. 마음이 가난해야만 은혜를 깨달을 수 있는데, 바리새인은 자신의 의와 업적을 자랑하며 교만해져서 은혜를 알지 못한다. 반면 회개하는 세리는 마음이 가난하기에 은혜를 안다.

은혜를 안다는 것은 곧 자신이 죄인임을 깨닫는 것이다. 바리새인도 진리를 내세우지만, 그들의 진리는 사랑이 없어 사람을 죽이는 것이었다. 목자의 심정 없이 "왜 안식일에 손 마른 자를 고치느냐"며 냉정했던 것이 단적인 예다(마 12:10). 만약 자기 가족이 그런 상황이었다면 그렇게 냉혹했을까?

진정한 진리를 통한 사랑, 은혜를 경험한 사랑은 사람을 살린다. 바리새적 시각은 사랑 없는 진리로 사람을 죽이지만, 세리처럼 자기 죄를 깨닫고 은혜를 받아 사랑과 진리를 깨달은 알곡의 마음에는 생명을 살리는 힘이 있다.

물론 우리에게는 은혜와 진리의 균형이 필요하다. 세리도 진리를 잃으면 방종하고 부패할 수 있다. 그러나 "나는 죄인입니다. 불쌍히 여겨 주옵소서"라는 고백을 지키는 한 하나님의 은혜 안에 머물 수 있다. 성경이 세리를 이토록 구체적으로 언급하는 것은 의미심장하다. 마태가 바로 세리였기에, 우리는 그의 글을 통해 세리의 삶과 변화를 생생하게 볼 수 있다.

바리새인의 길, 세리의 길

우리 앞에는 바리새인의 길과 세리의 길이 있다. 바리새인의 길은 자기 의를 믿는 인과법칙을 내세우는 옛길이다. 성경은 "어떤 길은 사람이 보기에 바르나 필경 사망의 길"이라고 말한다(잠 14:12). 이것이 바로 바리새인의 길이다. 누가복음 18장의 바리새인처럼, 겉으로는 불의와 간음을 멀리하고 금식과 십일조를 바치는 모범적인 모습을 보인다.

그러나 예수님은 이를 인정하지 않으셨다. 그들의 마음이 자기 의로 가득했기 때문이다. 바리새인의 길을 걷는 사람은 자신의 노력으로 모든 것을 통제할 수 있다고 믿는다. 선한 행위를 하면 그에 따른 보상이 반드시 있을 것이라 기대하는 것이다. 자기 의에 사로잡힌 마음에는 예수님이 들어설 자리가 없다. 그래서 인간의 의는 아무리 아름답게 보여도 하나님 보시기에는 "더러운 옷"(사 64:6)에 불과하다.

반면 회개하는 세리의 길은 은혜의 법칙으로 걷는 새로운 길이다. 세리는 당시 불의한 재물로 살았기에 사회적 천대를 받았다. 그들이 살 수 있는 유일한 길은 자기 죄를 깨닫고 하나님의 긍휼을 구하는 것뿐이었다. 세리의 길을 걷는 이는 하나님 외에는 소망이 없음을 인정하고, 사람의 시선이 아닌 하나님의 시선을 두려워하며 하나님의 섭리를 한 걸음씩 깨닫고 순종하며 나아간다. 자신의 부족함을 알고 하나님의 손에 자신을 맡기며 은혜로 살아가는 것이다.

누구에게나 바리새인과 세리의 요소, 즉 알곡과 가라지의 요소가 잠재되어 있다. 그러나 바리새적 마음을 누르고 은혜받은 마음, 사랑과 진리의 마음, 회개하는 세리처럼 겸손히 은혜를 구하는 알곡 신앙을 가진다면 세상 역사를 복음의 역사로 바꿀 수 있다. 우리는 자기 의와 공로를 내세우는 바리새적 신앙의 유혹을 경계해야 한다. 이처럼 은혜의 표징은 바리새적 마음이 아닌 세리의 마음, 곧 알곡의 마음이다.

하나님은 왜 가라지를 뽑지 않고 알곡과 함께 자라게 하실까?

첫째, 이 세상은 선과 악이 함께 자란다. 이것이 기독교의 역사관이다. 기독교 신앙은 무공해 청정지역이 아닌 죄악과 싸우며 자라는 것임을 보여준다. 우리는 주변의 악을 이상하게 여기지 말아야 한다.

둘째, 신앙은 보이는 것으로만 판단할 수 없다. 때로는 가라지가 알곡보다 더 충실해 보일 수 있다. 가짜가 진짜보다 더 그럴듯해 보일 때가 있으며, 열매를 보기 전까지는 구별하기 어렵다. 그러므로 우리는 보이는 것만으로, 자기 기준으로 남을 판단하지 말아야 한다.

셋째, 알곡은 가라지를 통해 신앙의 순전함을 지킬 수 있다. 가라지와의 공존은 고통스럽지만, 이 시련을 통해 믿음이 더 깊어지고 신앙이 성숙해진다.

넷째, 추수를 통한 종말적 심판의 소망을 주시기 위함이다. 추수 때에 알곡은 창고로 들이고, 가라지는 불에 던져질 것이다. 그때가 되면 지금의 모든 고난과 모순이 바로잡힐 것이다.

초대교회의 알곡과 가라지를 구별하는 기준이 되었던 사도신경

초대교회는 성령의 역사가 가장 역동적으로 나타난 시기였다. 그러나 동시에 영지주의가 기승을 부리던 때이기도 했다. 영지주의는 물질세계를 악한 것으로 여기고 영적 지식만을 진리라 주장했다. 주후

140년경에는 일부 지역에서 영지주의자들의 수가 그리스도인보다 더 많았을 정도였다. 또한 예수님의 복음이라 주장하는 수백 가지 문서가 퍼져 있었다.

　이런 상황에서 초대교회는 중요한 과제에 직면했다. 어떤 가르침을 정통으로 받아들이고 어떤 것을 이단으로 배척할 것인가? 이는 알곡과 가라지를 분별하는 문제였다. "그리스도인은 무엇을 믿어야 하는가?"라는 근본적인 질문에 교회는 "신앙의 규칙"(The Rule of Faith)이라는 신앙고백서로 답했고, 이것이 오늘날 사도신경의 토대가 되었다. 이 신앙고백서가 초대교회의 기준이 된 것은 그 모든 내용이 성경에 근거했기 때문이다. 초대교회는 가라지를 걸러내는 데 집중하지 않고, 오히려 성경 말씀의 진리에 집중함으로써 참된 것과 거짓된 것을 구별할 수 있었다. 오늘날 우리가 고백하는 사도신경에는 이처럼 수많은 이단을 분별했던 믿음의 역사가 담겨 있다.

III. 지상 교회를 통하여 알곡 신앙이 유지된다

교회는 세상 안에 있다. 사탄이 지배하는 이 세상 속에 교회가 있고, 믿는 사람도 믿지 않는 사람들 속에 섞여 있다. 믿지 않는 사람들은 공중 권세 잡은 자, 사탄의 지배 아래 있다. 우리는 예수 믿고 구원받아 하나님의 자녀가 되기로 결심하는 순간, 사탄이 지배하던 세상을 떠났다. 사탄의 권세에서 벗어나 하나님 나라의 자녀라는 새로운 신분을 얻은 것이다(골 1:13-14). 이제 우리는 잠시 살다 가는 인생이 아니라, 하나님이 주신 영원한 생명과 사명을 가진 존재가 되었다. 그럼에도 우리의 몸은 여전히 이 땅에 살고 있다.

예수님이 오셔서 영원한 생명의 복음을 전해주셨고, 성령을 통해 이 구원의 복음을 믿음으로 우리는 천국의 자녀가 되었다. 문제는 가라지로 표현되는 악한 자의 자녀들이다. 이 가라지는 원수 마귀가 심었다고 했다.

지상교회에는 알곡과 가라지가 함께 있다

지상교회에는 천국의 자녀들만 있으면 좋겠지만, 가라지도 함께 있다. 즉 사탄의 자녀들, 악한 자의 자녀들도 교회 안에 들어온다는 것이다. 예수님은 이들을 추수 때까지 그대로 두라고 하셨다.

추수와 심판의 날에 대해 주목할 말씀이 있다. "인자가 그 천사들을 보내리니 그들이 그 나라에서 모든 넘어지게 하는 것과 또 불법을 행하는 자들을 거두어 내어 풀무불에 던져 넣으리니 거기서 울며 이를 갈게 되리라"(41-42절). 심판의 날에 불법을 행하는 자들, 가라지들은 풀무불에 던져질 것이다. 반면 예수님의 자녀가 된 알곡들은 "그때에 의인들은 자기 아버지 나라에서 해와 같이 빛나리라"(43절)고 하신다.

곡식이 가라지와 함께 자라듯 교회에도 하나님의 자녀들과 사탄의 자녀들이 공존한다. 대표적인 예가 예수님의 열두 제자 중 가룟 유다다. 그는 3년 동안 주님 곁에서 그분이 직접 행하시는 일들을 보고 감동까지 받았다. 예수님께 발 씻김을 받았고 마지막 만찬에도 참석했으며, 알곡과 가라지 설교도 들었다. 그러나 끝까지 마귀의 자녀로 남았다.

이를 통해 우리는 이 세상에 가라지 없는 교회는 없다는 것을 알 수 있다. 교회가 세상을 향해 열려 있기에, 마귀는 가라지를 교회에 들여보내 교회를 병들게 하고 사람들을 유혹하며 오염시킨다.

우리가 이 세상의 선과 악의 역사를 볼 때, 교회 안에 악한 자의 자녀들이 있다는 사실을 인정해야 역사를 보는 통찰력이 생긴다. 초대교회도 마찬가지였다. 고린도교회에는 거짓 형제들이, 갈라디아교회에는 거짓 복음이, 데살로니가교회에는 거짓 그리스도가 있었다. 요한계시록의 일곱 교회 안에도 거짓 지도자가 있었다. 바울은 디모데후서의 마지막 유언에서 구리 세공업자 알렉산더가 자신과 디모데에게 많은 해를 입혔다고 경고했다(딤후 4:14-15). 요한삼서에는 순회 전도자를 선대한 알곡 신자 가이오와, 전도자들을 막고 쫓아내는 악행을 저지른 디오드레베가 가라지의 대표로 나온다. 물론 하나님은 가라지도 알곡으로 변화시키실 수 있다. 범죄자 오네시모가 바울의 동역자가 된 것처럼 말이다.

여기서 주의할 점이 있다. 가라지와 알곡은 겉으로 구별하기 어렵다. 영적으로 분별하지 않으면 진짜와 가짜를 구분할 수 없다. 그래서 교회 안에서 함부로 남을 판단해서는 안 된다. 진위 구별은 주님의 몫이다. 우리가 누군가를 가라지라고 섣불리 판단하면 도리어 알곡을 해칠 수 있다. 우리는 역사적 안목을 가지고 거룩한 긴장감을 유지하며, 주님의 몸 된 교회에서 가라지가 나오지 않기를 기도해야 한다.

어떻게 하면 가라지는 약화시키고, 알곡은 극대화시킬까?

첫째는 영적으로 깨어 있는 것이다. "사람들이 잘 때에 그 원수가 와서 곡식 가운데 가라지를 덧뿌리고 갔더니"(25절). 우리가 영적으로

✴

55

잠들어 있을 때 사탄이 가라지를 심는다. 따라서 가라지를 약화시키고 알곡을 강화하는 비결은 깨어 있는 것이다. 이를 위해서는 인생의 짐을 가볍게 져야 한다. 손에 붙잡는 것이 많고 삶의 무게가 무거워질수록 가라지가 자라기 쉽기 때문이다.

둘째는 가라지 제거에 집중하기보다 사명에 충실해야 한다. 가라지 처리는 하나님의 심판에 맡기고, 우리는 주어진 사명에 집중할 때 알곡이 풍성해진다. 이것이 바로 다윗이 고백한 푸른 감람나무의 선택이다(시 52:8).

역사의 앞날을 묻는다면, 그 답은 우리에게 달려 있다. 지상교회 안에 빛의 자녀와 어둠의 자녀가 함께 있듯 역사의 흐름 역시 알곡의 선한 영향력을 얼마나 키우고 가라지의 악한 영향력을 얼마나 제어하느냐에 따라 결정될 것이다.

가라지와 알곡의 공존이라는 현실 속에서 우리가 붙들어야 할 것은 하나님의 교회다. 교회를 떠나지 않고 지키는 것이 이 문제를 해결하는 열쇠다. 교회 안에도 가라지가 있지만, 교회를 떠나면 더 큰 위험에 처하게 된다. 칼빈이《기독교 강요》에서 말했듯이 교회는 "믿는 자들의 어머니"다. 그는 이렇게 썼다. "하나님은 이 교회의 품 속으로 자녀들을 모으시길 즐거워하셨다. 이는 유아기와 어린 시절 뿐 아니라 성인이 될 때까지 어머니와 같은 교회의 보호와 지도로 믿음의 목적지에 도달하게 하시려는 것이다. 하나님을 아버지라 부르는 사람은 교회를 어머니로 모셔야 한다."

한국 교회는 어머니적 교회론을 회복해야 한다. 이는 목자의 심정과 제자훈련의 본질이다. 어머니 교회를 떠난 성도는 복음적 자생력을 잃고 영적으로 메마른 삶을 살 수밖에 없다. 하나님의 백성은 반드시 어머니의 품인 교회 안에 머물러, 배우고 훈련받으며 하나님 나라를 위해 전진해야 한다. 그럴 때 우리는 알곡으로서의 품위를 끝까지 지킬 수 있다.

예수님은 이 땅에 정부나 은행, 비영리 단체나 군대, 대학교나 병원을 세우지 않으셨다. 대신 성령을 보내어 교회를 세우시고, 제자들에게 종말론적 신앙과 역사관을 가르치셨다. 교회는 이 시대의 유일한 소망이며, 교회의 소망은 예수님이다. 따라서 구제 단체와 학교, 보육원, 병원과 같이 세상을 섬기는 모든 기관은 교회를 통해 그 본질적 사명을 감당하게 되는 것이다.

구약에서는 이 교회를 '남은 자'(remnant)로, 신약에서는 '알곡'으로 불렀다. 바울은 우리가 그리스도의 몸이요 신부라고 했다. 신랑에게 있어 신부는 세상에서 가장 아름다운 존재이며, 모든 것을 주어도 아깝지 않은 대상이다. 예수님도 교회를 그렇게 보신다. 이런 의미에서 주님의 몸 된 교회는 예수님의 유일한 사랑이요, 그분의 사랑이 온전히 부어진 신비로운 곳이다.

하나님의 집, 신자의 피난처

교회가 신자를 보호하는 근본 이유는, 첫째로 교회가 "살아계신 하나님의 집"이기 때문이다. 집은 폭풍우가 치고 태풍이 몰아쳐도 그 안의 사람들을 보호한다. 또한 피곤하고 지친 사람을 쉬게 하고 다시 힘을 얻게 한다. 세상의 집도 이처럼 사람을 보호하고 지키는데, 하물며 살아계신 하나님의 집이 그 안에 거하는 자녀들을 얼마나 더 잘 보호하겠는가. 그래서 신자는 하나님의 집을 중심으로 살아야 한다. 세상 염려로 시름할 때나 인생의 폭풍으로 고통받을 때, 하나님의 집에서 위로를 받고 새 힘을 얻을 수 있다.

둘째는 교회가 진리의 기둥으로 세워지고 유지되기 때문이다(딤전 3:15). 아무리 좋은 집이라도 기둥이 부실하면 안전할 수 없다. 그러나 교회는 진리라는 튼튼한 기둥과 터 위에 세워져 있다. 이 진리의 기둥의 실체는 바로 예수 그리스도시다. 이 사실이 너무도 크고 감격스러워 바울은 "크도다 경건의 비밀이여, 그렇지 않다 하는 이 없도다"(딤전 3:16)라고 선포했다. 교회는 살아계신 하나님의 집이며, 진리이신 예수님이 그 기초가 되신다. 이는 영원히 변치 않을 거룩한 신비다. 바울처럼 이 비밀을 깨달으면, 어떤 환경에서도 우리를 보호하고 지키며 소생시키는 하나님의 집인 교회가 있다는 사실에 안도하고 감격하며, 세상의 어떤 풍파에도 흔들리지 않고 살 수 있다.

은혜의 중력권에서 작동하는 알곡신앙

한국 교회가 어떻게 하면 가라지의 영향에서 벗어나 다시 한번 순전한 알곡 신앙으로 돌아올 수 있을까? 가라지는 세속의 중력에 끌려 자라는 사고방식과 가치관을 말한다. 세속의 중력권에서는 세상 기준과 인과법칙, 상식이 본능처럼 작동한다. 여기에 사로잡힌 사람은 자신을 삶의 주체로 여기기에, 높은 윤리적 기준으로 사는 사람조차도 바리새인처럼 속으로는 다른 이들의 칭찬과 호의를 바라며 살게 된다.

성경에서 말하는 가라지는 세상 풍조와 불순종의 아들들 가운데 역사하는 영과 육체의 욕심을 좇는 것이다. 에베소서 2장 2-3절은 이렇게 말한다. "그때에 너희는 그 가운데서 행하여 이 세상 풍조를 따르고 공중의 권세 잡은 자를 따랐으니 곧 지금 불순종의 아들들 가운데서 역사하는 영이라. 전에는 우리도 다 그 가운데서 우리 육체의 욕심을 따라 지내며 육체와 마음의 원하는 것을 하여 다른 이들과 같이 본질상 진노의 자녀이었더니."

반면, 순전한 알곡신앙은 은혜의 중력권에서 작동하는 사고방식과 가치관으로, 세상 방식이 아닌 하늘의 원리가 삶을 이끄는 세계를 말한다. 알곡 신자는 사람의 호의가 아닌 마음의 중심을 보시는 하나님을 바라보며, 받는 것보다 주는 것이, 섬김을 받는 것보다 섬기는 것이 더 크다는 하늘의 법칙으로 사는 사람이다.

오늘날 세상 풍조는 어떠한가? 신문의 정치면, 사회면, 경제면을 보라. '나'가 먼저고, 돈이 먼저며, 쾌락이 먼저다. 한마디로 이 세상의 삶이 전부인 양 사는 것이다. 한 번뿐인 인생이라며 남보다 하나라도 더 즐기고, 더 누리고, 더 소유하는 것이 삶의 목표가 되어 끝없이 육체의 욕심을 좇아 산다. 이사야 22장 13절은 이런 가라지 인생의 모습을 "내일 죽으리니 먹고 마시자"라고 표현했고, 누가복음 12장 19절에서도 이런 전형적인 가라지의 모습이 나타난다. "또 내가 내 영혼에게 이르되 영혼아 여러 해 쓸 물건을 많이 쌓아두었으니 평안히 쉬고 먹고 마시고 즐거워하자 하리라."

우리가 선교적 교회로서 역할을 다해야 하는 이유는 분명하다. 가라지를 알곡으로 변화시키는 구원의 사명을 감당하고, 알곡의 선한 영향력으로 가정과 사회를 변화시킴으로써 가라지의 힘을 약화시키고 그 뿌리가 내리지 못하게 하기 위해서다. 사탄은 끊임없이 가라지를 뿌려 교회를 무너뜨리려 한다. 우리가 이 유혹을 이기는 비결은 역사에 대한 낙관적 믿음을 회복하고 알곡 신앙인의 역할을 온전히 감당하는 데 있다.

알곡신앙으로 살아가는 자의 기도

살아계신 하나님 아버지, 오늘 성령께서 각자의 마음에 꼭 필요한 말씀의 씨앗을 심어주심을 감사드립니다. 우리 모두가 하나님 나라의 역사의식으로 무장된 알곡 신앙인이 되게 하시고, 21세기에 요셉과 바울처럼 쓰임받게 하옵소서. 무신론이 득세하는 이 어두운 시대에, 가라지의 거친 풍조에 맞서 생명을 살리는 알곡이 되게 하옵소서. 우리의 가정과 이웃, 사회를 밝히는 빛과 소금 같은 알곡 신앙인으로 살게 하옵소서.

4장

작은
겨자씨의 꿈

마태복음 13:31-33

예수님께서 공생애 사역을 하시던 당시는 기울어진 시대였다. 정치적으로는 로마 제국의 압제 아래 신음하던 시대요, 종교적으로는 성전의 영광이 떠나가고 바리새인들이 율법의 형식에 종노릇하던 굴레의 시대였다. 사회적으로는 병든 자들과 여성들이 그늘진 곳에서 소외된 시대였으며, 사회 안전망이 허술하여 여리고로 가는 길은 강도들이 날뛰는 무서운 상태였다. 이처럼 예수님께서 겨자씨 비유를 말씀하셨던 이스라엘 사회는 한 줄기 희망조차 보이지 않는 암울한 사회요, 도저히 낙관할 수 없는 상황이었다. 이러한 때에 예수님은 "겨자씨와 누룩 비유"로 새로운 소망과 꿈을 말씀하시며, 새판짜기를 예고하셨다.

짧지만 위대한 겨자씨 비유

겨자씨와 누룩 비유는 신앙생활을 오래 한 분들이라면 한번쯤 들어본 이야기이다. 겨자씨에 관한 것은 집 밖에서 일하는 남자들을 향한 말씀이고, 누룩에 관한 것은 집 안에서 일하는 여자들을 향한 말씀이다. 이 비유에는 집 안팎을 막론하고, 남녀노소 모두가 들어야 할 의미가 있으며, 시공간을 초월해 적용되는 진리를 담고 있다. 특히 이 비유는 작은 것의 가치와 그 속에 담긴 무한한 가능성을 보여주는 탁월한 예시이다. 그래서 스펄전은 겨자씨와 누룩 비유를 지극히 작은 씨앗 속에 엄청난 세계를 담고 있는 "위대한 짧은 비유"라고 말했다.

예수님은 겨자씨와 누룩 비유에서 천국을 직접적으로 정의하지 않고, "마치 무엇과 같다"라고 말씀하셨다. "천국은 마치 사람이 자기 밭에 갖다 심은 겨자씨 한 알 같다", "마치 가루 서 말 속에 갖다 넣은 누룩과 같다"와 같은 식이다. 이는 천국이 이 땅의 사고방식이나 높은 학문, 물질적 기여가 아닌 영적 통찰로만 열리는 진리임을 보여주신 것이다.

"이는 모든 씨보다 작은 것이로되 자란 후에는 풀보다 커서 나무가 되매 공중의 새들이 와서 그 가지에 깃들이느니라." 32절에서는 작고 미미한 겨자씨가 큰 나무가 되어 새들이 깃들인다고 하신다. 예수님은 지금 이스라엘 백성이 겨자씨처럼 미미해 보이지만, 영안을 뜨고 영적 변화에 눈이 열리면 큰 나무가 되어 새들이 깃들일 수 있음을 말씀하고 계신 것이다.

조금 깊이 들어가면, '겨자씨'는 단수이고 '가지들'은 복수라는 점에 주목할 필요가 있다. 하나의 씨앗이 여러 가지로 번성하는 것이다. 여기서 '새들'을 뜻하는 헬라어 "타 페테이나"(τα πετεινά)는 당시 '이방인'을 상징적으로 지칭했다. 이는 이스라엘만의 번영이 아닌, 이스라엘을 통해 모든 민족이 복을 받게 되는 축복의 근원, 제사장 나라가 되리라는 예언적 의미를 담고 있다.

예수님은 이 비유를 통해 초대교회의 십자가 복음이 처음에는 겨자씨처럼 미약해 보이나, 강가의 나무처럼 크게 번성하여 많은 이들의 생명을 살리게 될 것을 보여주신 것이다.

"또 비유를 들어 이르시되 천국은 마치 사람이 자기 밭에 갖다 심은 겨자씨 한 알 같으니 … 나무가 되매"(마 13:31-32).

겨자씨가 나무로 자라나는 과정에서는 먼저 내적 성장이 이루어져야 한다. 그 위에 새가 둥지를 트는 것은 외적 영향력을 의미한다. 현대적 관점에서 보면 내적 성장인 '제자훈련'과 외적 성장인 '선교'가 함께 가는 것과 같다.

"천국은 마치 여자가 가루 서 말 속에 갖다 넣어 전부 부풀게 한 누룩과 같으니라"(마 13:33). 이 구절에서 누룩과 밀가루는 성질이 다르지만, 누룩은 밀가루 속으로 스며들어 전체를 부풀게 하여 맛있는 빵이 되게 한다. 이는 겨자씨가 자라나 큰 나무가 되어가는 과정과 같은 원리를 보여준다. 누룩이 가루 서 말 속에 들어가는 것이 내적 성장이라면, 누룩이 가루 전체를 변화시키는 것은 외적 영향력인 선교와 같다. 이처럼 하나님 나라는 내적 성장과 외적 영향력이 조화롭게 이루어져 간다.

✳

이제 겨자씨가 큰 나무로 자라나고 누룩이 반죽 전체를 부풀게 하는 과정을 보면서, 하나님 나라가 어떻게 확장되는지 살펴보자. 먼저 예수님을 보라. 겨자씨 비유는 예수님의 생애와 사역을 상징적으로 보여주고 있다. 신앙생활을 오래 한 사람이라면 겨자씨와 누룩 비유를 들어보았을 것이고, 그 의미도 대략 알고 있다. 그러나 이 비유가 예수님 자신을 나타낸다는 핵심을 놓치는 경우가 많다. 스펄전은 "겨자씨 비유는 예수 그리스도로부터 셀 수 없이 많은 무리가 일어났음을 보여준다"고 말했다. 예수님이 이 땅에 오셔서 우리를 위해 죽으심으로 주어진 십자가 복음이 수많은 사람의 생명이 되었고, 강가의 나무처럼 크게 자라나 은혜로운 피난처와 영적 양식이 되었음을 말하고 있다.

이사야 선지자는 예수님을 마른 땅에서 나오는 작은 줄기와 같다고 했다(사 11:1). 그분이 태어난 곳은 마구간이었고, 자란 곳은 "무슨 선한 것이 나올 수 있겠느냐"며 멸시받던 나사렛이었다. 예수님은 공생애 기간에 고향 사람들에게 쫓겨나셨고, "로마의 반역자"라는 죄목으로 십자가에서 비참한 죄수로 수치스럽게 생을 마치셨다. 누가 십자가의 죄수로 처형당한 예수님이 세상의 구세주가 되시고, 왕 중의 왕, 다시 오실 왕, 삼위일체 하나님, 세계 역사의 주인이 되실 것을 상상이나 했겠는가.

오늘날 전 세계가 '예수님'이라는 복음의 나무 아래 모여 있다. 삶의 목적을 잃고 우울증과 자살 충동으로 고통받는 수많은 영혼이 이 구원의 나무 아래서 치유받고 있다. 열두 제자를 보라. 세상 기준으로 볼 때 그들 중에 사회적으로 인정받고 명망 있는 사람이 있었는가. 모두가 하찮은 겨자씨 같은 존재들이었다.

초대교회가 1세기에 폭발적으로 성장할 수 있었던 것도 바로 "겨자씨와 누룩" 정신 덕분이다. 야고보가 순교하고 수많은 성도가 네로 황제의 극심한 핍박 속에서 죽임을 당하면서도 복음의 기반은 흔들리지 않았다. 우리 민족도 일제강점기의 폭압과 6·25의 비극을 겪으며 교회가 수많은 고난을 당했지만, 겨자씨와 누룩 기적은 멈추지 않고 뻗어나갔다.

사도 바울이 죄수의 몸으로 로마로 갔을 때 누가 그 초라한 모습을 주목했겠는가! 그러나 바울이 걸어간 아피아 가도는 유럽의 역사를 새롭게 써내려갔고, 그를 실은 배는 유럽의 운명을 짊어진 배였다.

보잘것없는 집안의 힘없는 며느리가 예수를 믿는다고 머리채 잡히고 온갖 수모와 이혼의 위협을 당하고도, 결국에는 온 집안이 복음화되는 일이 있다. 한 어린아이가 예수를 믿는다고 광산 김씨 종갓집에서는 인두로 어깨를 지졌다. 예수를 믿는다는 이유로 광산 김씨 어른들이 그의 신혼집을 찾아와 세간살이를 모조리 부쉈다. 하지만 그 어린아이가 자라 전도사가 되어 가는 교회마다 부흥의 역사를 일으켰다. 놀랍게도 그토록 핍박하고 횡포를 부리던 아버지가 결국 아들의 교회에서 세례를 받게 된다. 이것은 내가 십대에 목도한 겨자씨 기적이었다. 이 모든 것이 작은 겨자씨와 누룩이 품고 있는, 세상을 변화시키는 복음의 능력을 보여준다.

겨자씨는 비록 작지만, 그 속에 담긴 생명력은 놀랍도록 강하다. 작다고 위축되거나 자격지심을 갖는 것이 아니라, 거룩한 역발상으로 오히려 자신을 의지하지 않고 전적으로 주님을 의지하게 된다. 제자들의 신분과 출신, 배경은 겨자씨와 같이 보잘것없었다. 갈릴리 출신들은 지역적으로나 혈연적으로나 내세울 것이 없었다. 그러나

✳

65

4장. 작은 겨자씨의 꿈

이런 겨자씨 같은 사람들이 세상을 변화시켰다.

자신이 작은 겨자씨처럼 초라하기에 절박한 마음으로 예수님을 붙잡고, 그 씨앗이 큰 가지가 되리라 믿을 때 어려운 가정도 이끌어가고 힘든 자녀도 품을 수 있다. 그때 자녀들은 신앙을 지키고 가정을 소중히 여기며 세상을 변화시킬 것이다. 이것이 겨자씨와 누룩에 담긴 새판짜기이다!

I. 겨자씨는 뿌려져야 하고, 누룩은 밀가루 속으로 들어가야 한다

새판짜기를 위하여 겨자씨는 뿌려져야 하고 누룩은 밀가루 속으로 들어가야 한다. 이는 무슨 의미인가? 하나님 나라의 꿈을 가지고 씨를 뿌리면 우리가 상상조차 못할 놀라운 결실을 보게 된다. 그러나 그 꿈이 있더라도 실제로 뿌려지지 않으면, 작은 씨앗으로 그저 그렇게 끝나고 만다.

"울며 씨를 뿌리러 나가는 자는 반드시 기쁨으로 그 곡식 단을 가지고 돌아오리로다"(시 126:6)는 말씀처럼, 우리는 겨자씨의 꿈을 품고 삶의 터전에 눈물로 씨를 뿌려야 한다. 누룩은 다수 앞에서 기죽지 않는다. 오히려 다수를 보며 설레는 것은 그들이 바로 변화의 대상이기 때문이다. 누룩은 밀가루에 영향을 주지, 밀가루의 영향을 받지 않는다.

그러나 씨앗을 뿌리지 않고 심지 않으면 평생이 지나도 아무 열매도 없고 아무 일도 일어나지 않는다. 겨자씨 속에는 엄청난 생명과 역사가 담겨 있지만, 아무리 큰 꿈과 사명이 잠재되어 있어도 심기지 않으면 그저 작은 씨앗에 불과하다. 많은 신앙인이 이 비유를 듣고 감동은 하지만, 마음으로 이해하는 데서 그칠 뿐 실제 삶에서 실천하지 않는다. 그래서 이 놀라운 비유가 그저 멋진 이야기로만 끝나는 경우가 많다.

스펄전은 이렇게 말한다. "작은 상자 속에 여러 개의 씨앗을 가지고 있다고 합시다. 그 상자를 가만히 두면 씨앗은 1년이 지나도, 심지어 7년이 지나도 여전히 같은 상태에 있을 것입니다." 최상품 씨앗이라도 상자 안에 두기만 하면 아무 변화도 일어나지 않는다. 씨를 뿌리는 일이 핵심이다. 겨자씨는 흙 속에 들어가기 전에는 어떤 변화도 일으키지 못한다.

오래 신앙생활을 했어도 변화가 없는 이유가 무엇인가? "이제 와서 또 무슨 변화가 필요하냐"는 의문에 겨자씨 비유는 분명한 답을 준다. 알고만 있어서는 안 된다. 기도의 씨를 뿌리고, 아무리 작은 것이라도 사명의 씨앗을 심어야 한다. 진정으로 새판짜기를 원한다면, 씨앗이 뿌려지고 땅속에 들어가야 한다.

이 진리를 마음에만 담아두면 주변과 삶의 현장에서 아무 일도 일어나지 않는다. 이 비유가 우리 삶에서 참된 능력을 발휘하려면, 단순히 듣기만 할 것이 아니라 실제로 심어야 한다. 메마른 마음에 이 진리를 묻어두기만 한 채 실천하지 않으면, 평생이 지나도 새로운 시작은 불가능하다.

씨를 뿌릴 때는 믿음으로, 인내하며, 용기를 가지고 해야 한다. 겨자씨를 뿌리는 것 자체가 믿음의 행위다. 씨를 뿌려도 당장은 아무 일도 일어나지 않는다. 즉각적인 싹이나 열매를 기대할 수 없다. 봄에 뿌리고 바로 추수를 기대하는 농부는 없다. 뜨거운 여름의 폭염과 폭우와 바람을 견뎌내야 한다. 그 씨앗이 50배, 100배, 1000배의 결실을 맺으려면 믿음으로 뿌리고 인내하며 기다려야 한다.

때로는 평생 뿌린 겨자씨의 열매를 우리가 직접 보지 못할 수도 있다. 그래서 겨자씨는 더욱 믿음으로 뿌려야 한다. 결과를 지나치게 염려하지 말아야 한다. 씨앗을 만드신 하나님께서 그것을 자라게 하실 것이기 때문이다.

우리의 신앙 선배들은 극심한 가난과 억압 속에서도 믿음을 지켰다. 굶주림 속에서도 자녀들에게 신앙을 가르치고 올바른 가치관으로 살도록 교육하는 믿음의 씨앗을 뿌렸다. 6·25 전쟁 때 낙동강 이남 부산만 남았을 때에도, 그 어려운 상황에서 예배의 씨앗을 뿌리고 천막에서 아이들을 가르쳤다. 이렇게 뿌려진 믿음의 씨앗이 오늘의 대한민국을 일구고 한국 교회의 부흥을 이끌었다. 일제 강점기에 선조들이 뿌린 신앙의 씨앗이 없었다면, 오늘날처럼 세계 각처에서 찾아오는 번영한 대한민국은 존재하지 않았을 것이다.

일상에서 겨자씨를 심는다는 것

우리를 둘러싼 세상은 무신론적 생각의 틀에 오염되어 있다. 그렇기에 우리는 더욱 믿음으로 씨를 뿌려야 한다. 아무리 좋은 씨앗도 예쁜 상자 속에 담아만 두면 무슨 소용이 있겠는가? 어려운 상황 속에서도 믿음의 씨앗을 뿌려야 한다. 겨자씨는 깨알보다도 작다. 주님께서도 '작다'를 설명하실 때 겨자씨를 예로 드셨다. 그러나 예수님은 이 작은 씨앗에 담긴 믿음으로 산도 옮길 수 있다고 하셨다. 이것은 믿음의 새판짜기에 관해 말씀하신 것이다.

"너희의 믿음이 겨자씨 한 알만큼만 있어도 이 산을 명하여 여기서 저기로 옮겨지라 하면 옮겨질 것이요 또 너희가 못할 것이 없으리라"(마 17:20).

이 말씀은 무엇을 의미하는가? 아무리 작은 자라도 이 말씀을 가슴에 품고 영원을 바라보는 눈이 열리면, 못할 것이 없는 하나님의 역사가 일어난다는 의미이다.

힘든 상황 속에서도 주일성수하고, 아침마다 주님과 만나며, 하나님의 창조 질서를 지키는 것들이 작아 보일 수 있다. 그러나 이런 작은 씨앗들이 어떤 역경 속에서도 단단히 자라나 은혜의 큰 나무가 되어 개인은 물론 믿음의 공동체와 이 나라를 지킬 것이다. 예배를 위해 조금 더 일찍 출발하고, 매일 가족의 구원을 위해 기도하며, 직장에서 한 번 더 섬기는 것, 이 모든 것이 믿음으로 씨를 뿌리는 것이다.

겨자씨 신앙은 영원을 바라보는 신앙이며, 썩지 않을 것에 대한 투자이다. 모든 겨자씨가 다 열매를 맺는 것은 아니다. 그러나 믿음으로 심은 씨앗은 반드시 기적 같은 열매를 맺는다. 본문의 겨자씨 비유는 요한복음 12장 24절과 연결되며, 그 결과는 이사야 60장 22절에서 확인된다. "내가 진실로 진실로 너희에게 이르노니 한 알의 밀이 땅에 떨어져 죽지 아니하면 한 알 그대로 있고 죽으면 많은 열매를 맺느니라"(요 12:24). "그 작은 자가 천 명을 이루겠고 그 약한 자가 강국을 이룰 것이라 때가 되면 나 여호와가 속히 이루리라"(사 60:22).

겨자씨 신앙을 가진 사람은 작은 씨앗 속에서 큰 나무의 모습을 본다. 사과씨를 심으면서 이미 풍성한 열매를 맺은 나무를 보는 것과 같다. 그러나 겨자씨 신앙은 단순히 큰 꿈을 꾸는 것에 그치지 않는다. 필요하다면 땅에 떨어져 썩는 밀알처럼 자신을 내어주는 것이다. 이때 "그 작은 자가 천 명을 이루는" 기적이 일어난다.

✳

성경은 영원한 것을 위해 투자하는 겨자씨 신앙인과, 세상에 속한 삶을 사는 사람을 대조적으로 보여준다. "사람이 무엇으로 심든지 그대로 거두리라 자기의 육체를 위하여 심는 자는 육체로부터 썩어진 것을 거두고 성령을 위하여 심는 자는 성령으로부터 영생을 거두리라"(갈 6:7-8). 겨자씨 신앙인은 성령을 위해 심는 자요, 세상 사람은 육체를 위해 심는 자이다. 당신은 일상에서 믿음의 씨앗을 심어 영생을 거두는 사람인가, 아니면 눈앞의 것을 좇아 썩어질 것을 거두는 사람인가?

II. 새판짜기는 꿈판짜기다

우리 민족의 독특한 점이 있다. 해외에서 자주 회자되는 이야기가 있는데, 중국인들은 해외에 나가면 중국 음식점을 열고, 일본인들은 무역상사를 세우지만, 한국인들은 교회부터 세운다는 것이다. 단 두세 가정만 모여도 교회를 세우는 우리 민족에게는 특별한 겨자씨의 은혜가 있다. 전 세계에 5천 개가 넘는 한인 이민교회가 있다는 사실은 세계 역사에서도 유례를 찾기 힘든 특별한 현상이다.

약 30년 전, 일본의 한 유명 종합상사가 한국과 일본 민족의 세계화 가능성을 연구했다. 결과는 한국인의 세계화 속도가 훨씬 빠르다는 것이었다. 일본인들이 주일을 가족과 함께 보내거나 골프를 치며 쉬는 동안, 한국인들은 이민교회에 모여 예배를 드리고 자녀 교육에 힘쓴다는 점이 주된 이유였다. 인구는 일본보다 적지만 해외 유학생 수는 우리가 훨씬 많다. 전 세계에 흩어진 한인 디아스포라 2, 3

세대가 이루어내는 놀라운 성취들, 이것이 바로 작은 겨자씨에 담긴 강력한 생명력이다.

우리 민족에게는 특별한 DNA가 있다. 무엇보다 역동적이다. 마음을 모아 하나가 되면 어떤 민족에게서도 찾아보기 힘든 폭발적인 에너지를 발휘한다. 전쟁의 폐허에서 세계 10대 경제 강국으로 성장했고, 유대인보다 더 높은 세계 최고 수준의 지능과 배움에 대한 열정을 가진 민족이다. 나이가 들어서도 배우려는 의지가 강하고, 도전정신으로 충만하다. 문맹률이 거의 없는 교육 강국이며, 어려운 시절에도 이웃의 아이에게 젖을 물려줄 만큼 따뜻한 정이 넘치는 나라이다.

이처럼 우리 민족의 뛰어난 잠재력이 누수 없이 발휘되어 큰 나무가 되고 많은 이들이 그 그늘에 깃들이려면, 과거 지향적 사고를 복음의 토대 위에서 미래 지향적 비전으로 전환해야 한다. 복음은 본질적으로 미래 지향적이다. 개인이나 국가도 겨자씨와 누룩의 믿음을 가지면 과거에 매인 체제에서 미래를 향한 체제로 바뀐다.

신자와 불신자는 과거와 미래를 보는 관점이 분명히 다르다. 불신자는 지나간 과거에 발목 잡혀 있지만 신자는 앞으로 받을 축복에 시선이 있다. 마귀는 과거를 들춰내어 정죄하지만, 복음은 미래를 바라보며 용서를 말한다. 스티브 맥베이는 이를 "우리는 은혜와 결혼했는데, 여전히 옛 남편인 율법에 붙잡혀 사는 사람들이 있다"고 표현했다.

겨자씨 신앙은 믿음으로 미래를 바라보며 날마다 은혜의 나무를 키워 가족과 이웃이 쉴 수 있는 그늘을 만드는 신앙이다. 작은 겨자씨가 30배, 60배, 100배의 결실을 맺고 놀랍게 성장하는 것이 하나님 나라의 본질이라면, 이는 개인의 삶에도 그대로 적용된다.

✳

새판짜기는 꿈판짜기이다. 겨자씨는 반드시 심겨야 한다. 다음 세대를 위해 심어야 한다. 소망과 꿈이 사라진 시대에 겨자씨를 심음으로써 새로운 꿈판을 짜야 한다.

아무리 무너진 인생이라도 하나님이 주신 겨자씨의 꿈을 품고 있다면 언제든 다시 일어설 수 있다. 이 비유를 마지막 순간에 깨닫지 말고 지금 이 순간 작은 겨자씨가 되어 마음의 옥토에 심어야 한다. 당시 유대 종교 지도자들 중에도 나사렛 출신의 목수가 유대 사회를 변화시켰을 때, 비로소 예수님의 겨자씨 비유를 깨달은 이들이 있었을 것이다. 그러나 예수님은 우리가 뒤늦게 깨닫는 자가 아니라 지금 깨닫고 참여하는 자가 되기를 원하신다.

국가적으로나 개인적으로나 어려움이 있어도, 겨자씨와 누룩 비유를 진정으로 이해하면 절대 좌절하지 않는다. 이 말씀을 통해 품격 있고 영광스러운 하나님 나라의 비전을 회복하고 확신한다면, 반드시 큰 나무가 되어 전체를 발효시키는 누룩의 능력을 받을 것이다. 우리 세대에서 이루어지지 않더라도 자녀 세대에서는 반드시 이루어질 것이다.

이러한 꿈과 비전을 시대착오적이라며 냉소하는 이들에게 묻고 싶다. 이 험한 세상에서, 사방천지가 나를 외면할 때 하나님이 주시는 새판짜기의 겨자씨 꿈마저 없다면 어떻게 살아갈 수 있겠는가? 이 꿈이 있기에 우리는 환난 중에도 기뻐하고, 사막에서도 강을 만들며, 폭풍우 속에서도 구름 위로 비치는 은빛 광채를 볼 수 있는 것이다.

우주적 생명의 주관자이신 예수님을 믿고 작은 겨자씨의 꿈을 품어 자신과 가정에서부터 심어보라. 지금 가정이 어렵고, 사업이 힘들며, 인간관계가 회복 불가능해 보이는가? 그럼에도 겨자씨의 꿈

하나님 나라의 비밀을 열다

을 심어보라.

"이 나이에 겨자씨를 심어서 무엇 하겠습니까?"라고 말하는 이들이 있을지 모른다. 그러나 복음은 언제나 새로운 시작을 허락한다. 주님께서 우리를 부르시기 전까지 우리에게는 새로운 시작의 기회가 있다. 우리가 겨자씨의 꿈을 심으면 개인의 삶은 물론 우리 민족의 역사 속에서 하나님께서 기가 막힌 신적 개입을 하실 것이다.

작은 겨자씨의 꿈을 가진 자의 기도

사랑의 하나님 아버지, 우리가 연약하고 초라할수록 더욱 절박한 눈물로 겨자씨를 심는 삶을 살게 하옵소서. 아무리 어두운 상황 속에서도, 믿음의 겨자씨가 제대로 심겨지면 산을 옮기는 꿈판짜기의 은혜가 있음을 믿사오니, 영적 패배주의에 빠진 이 세상에서 우리가 겨자씨의 꿈과 비전을 품고 인생의 새판짜기를 하는 초석을 놓게 하옵소서.

5장

인생의
보물찾기

마태복음 13:44-46

인생에서 가장 흥미진진한 일 중 하나는 보물찾기일 것이다. 누구나 어린 시절 소풍에서 설레는 마음으로 보물찾기를 해본 기억이 있다. 예수님의 비유에는 인생의 진정한 의미를 밝히는 보물들이 가득하다. 다만 우리의 영적인 눈이 어두워 제대로 찾지 못하거나, 마음이 정해지지 않아 엉뚱한 곳을 헤매는 것이 문제다.

어린 시절 처음 읽은 소설이 《몬테크리스토 백작》이었다. 주인공 에드몽 단테스는 억울한 감옥살이로 숱한 고통을 겪으면서도 희망을 잃지 않았는데, 그 이유는 감옥에서 만난 스승 파리아 신부가 건네준 지중해 무인도의 보물지도 때문이었다. 그 희망 하나로 그는 모든 시련을 이겨냈다.

10여 년 전 프랑스 남부 모나코의 한 골동품 가게에서 먼지 쌓인 그림 하나가 눈에 들어왔다. 괜찮아 보여 300유로에 구입했는데, 먼지를 닦아보니 화가의 서명이 나타났다. 며칠 뒤 알아보니 그와 비슷한 그림들이 10배나 되는 가격에 거래되고 있었다. 화가는 자끄 미셸 제 더노이여(Jacques Michel G. Dunoyer)였다. 당시 나 자신의 안목이 입증된 기쁨이 컸다. 그렇다면 본문에 나오는 "극히 값진 진주"를 발견한 상인은 얼마나 더 큰 기쁨을 느꼈을까.

종종 뉴스에서 이런 이야기를 접한다. 벼룩시장에서 후손들이 가치를 모른 채 내놓은 옛 그림이나 도자기가 나중에 엄청난 가치가 있는 것으로 밝혀지는 경우다. 어떤 중고 시장에서 3달러에 구입한 작은 그릇이 뉴욕 소더비 경매장에서 220만 달러에 낙찰됐다고 한다. 알고 보니 천 년이 넘은 송나라 희귀 백자였던 것이다. 가치가 무려 70만 배나 뛰었다.

그러나 인생에는 이런 보물찾기 사례보다 더 귀중한 것이 있다. 그리스도인이 발견하는 보물은 일시적인 것이 아닌 영원한 것이기에, 이 세상의 어떤 보물과도 비교할 수 없는 가치를 지니고 있다.

I. 극히 값진 한 쌍 비유

본문에는 두 가지 비유가 등장한다. '밭에 감추인 보화'와 '극히 값진 진주' 비유다. 45절의 '또'라는 말에서 알 수 있듯이 이 두 비유는 각기 독립적인 것이 아니라, 한 쌍을 이룬다. 앞서 나온 '겨자씨와 누룩' 비유가 작은 것이 전체에 영향을 미치는 하나님 나라의 능력을 보여주었다면, 이 두 비유는 하나님 나라의 측량할 수 없는 가치를 드러낸다.

한 사람이 밭에서 일하던 중 쟁기에 무언가 걸려 파보니 보화를 발견했다. 그 보화의 가치를 깨달은 순간, 하던 일을 멈추고 보화를 다시 감춘 뒤 급히 돌아갔다. 이런 행동을 보면 그는 밭 주인이 아닌 고용된 일꾼이었을 것이다.

당시 율법에 따르면, 일꾼이 남의 밭에서 우연히 숨겨진 보화를 발견할 경우 그것은 밭 주인의 소유가 된다(전쟁이 잦고 은행이 없던 시절이라 보화를 땅에 묻어두는 일이 흔했다). 본문의 일꾼은 발견한 보화를 다시 묻어두고 모든 재산을 팔아 그 밭을 구입했다. 발견한 보화의 가치가 너무나 커서 모든 재산을 아낌없이 쏟아부을 만한 것이었다.

당시 근동 지역에서는 진주를 최상의 보물로 여겼다. 오늘날처럼 다이아몬드를 가공하는 기술이 없었기에, 진주는 보석 상인이 구할 수 있는 가장 귀한 보물이었다. 그래서 상인은 최고의 진주를 발견하자 자신의 모든 재산을 팔아 그것을 구입했다.

이 두 비유에서 주목할 점이 있다. '밭에 있는 감추인 보화'는 일꾼이 무슨 실력이 있어서 발견한 것이 아니라 '우연히' 발견한 것이다. 반면 '극히 값진 진주'는 보석을 보는 안목을 가진 상인이 의도적으로 찾아 구입했다.

둘의 공통점은 보화의 가치를 알아보고 전력을 다해 투자했다는 것이다. 두 보화가 너무나 귀했기에 모든 것을 동원해 구입했다. 제자훈련 관점에서 보면 이는 전적인 헌신과 위탁을 한 것이다.

값진 보화를 위해 모든 것을 내려놓는 이유

우리는 흔히 값을 치르는 삶을 고통스러운 희생이라고만 생각한다. 물론 대가를 지불하는 삶에는 희생이 따를 수 있다. 46절에서 보듯 자기 소유를 "다 팔아" 진주를 사는 과정에는 자신이 진정으로 아끼던 것들을 포기하는 아픔이 있다. 스펄전은 이렇게 말했다. "우리가 이 땅에서 예수님을 나의 주님으로 모시려면 포기해야 할 것이 참으로 많다. 자기 신념, 의도, 명예, 자랑거리 그리고 즐거움까지도 내려놓아야 한다."

그러나 본문을 자세히 보면, 값진 진주를 위해 모든 것을 팔아넘기는 사람에게서 주저함이나 두려움을 찾을 수 없다. 그가 얻게 될 진주의 가치가 이미 그의 마음을 사로잡았기 때문이다. 이것이 값진 진주를 얻기 위해 대가를 치르는 사람의 모습이다.

따라서 값진 진주를 위해 치르는 대가에는 작은 고통보다 훨씬 더 큰 기쁨과 설렘이 있다. 중요한 것은 본문의 상인처럼 진주의 진정한 가치를 아는 것이다. 이 가치를 모르기에 사람들은 자신의 것을 내려놓기를 주저하고 힘들어한다. 바울은 우리가 이 보배를 질그릇에 담았다고 했다(고후 4:7). 그러나 믿지 않는 사람들에게는 이 귀한 보배가 버려진 돌에 불과하다. "그러므로 믿는 너희에게는 보배이나 믿지 아니하는 자에게는 건축자들이 버린 그 돌이 모퉁이의 머릿돌이 되고"(벧전 2:7). 우리도 예수님이라는 보배를 품고 있다고 하면서도 정작 그 가치를 모른 채 귀한 진주를 버린 돌처럼 다루고 있지는 않은가?

'밭에 감추인 보화'는 평소처럼 일하고, 밭 갈고, 농작물을 거두다가 우연히 발견한 것이다. 이처럼 의도하지 않았는데도 하나님 나라의 본질을 발견하고 들어간 사람이 많다. 바울이 대표적이다. 사실 바울은 하나님 나라에 들어가려고 애를 쓰지 않았다. 그는 오히려 그리스도인들을 박해하고 괴롭힌 사람이다. 그런데 갑자기 하늘에서 빛이 비추었고, 바울은 땅에 엎드러졌다. 자기 의로 가득했던 바울은 이 진리를 받아들이고 나서 자신의 모든 의를 배설물로 여기게 되었다(빌 3:8). 하나님 나라의 영광과 자기 의를 비교하자 그동안 자랑스러웠던 모든 것이 쓰레기처럼 보였던 것이다.

요한복음 4장의 사마리아 여인도 마찬가지다. 그녀는 예수님을 만나려고 나간 것이 아니다. 그저 물을 길으러 나왔다가, 하나님의 섭리로 예수님을 만났다. 그 후 "물동이를 버려두고 동네로 들어가" 사람들에게 예수님을 전하는 전도자가 되었다.

반면 진주를 찾는 상인처럼 간절한 마음으로 진리를 찾은 이들도 있다. 사도행전 10장의 고넬료는 진리를 간절히 구하다가 베드로를 만났고, 8장의 에티오피아 내시는 이사야서를 읽다가 빌립을 만났다. 17장의 베뢰아 사람들은 "간절한 마음으로 말씀을 받고 이것이 그러한가 하여 날마다 성경을 상고"하며 진리를 찾았고, 그 말씀을 사모하는 열정으로 칭찬받는 성도가 되었다.

II. "하나님 나라의 가치"에 영안이 열려야 한다

'밭에 감추인 보화'를 발견한 일꾼이든 '극히 값진 진주' 찾는 진주 장사이든, 둘 다 보물의 진정한 가치를 보는 눈이 열린 사람들이다. 그렇다면 오늘날 우리의 보물은 무엇인가? 우리에게 밭의 보화와 값진 진주는 무엇인가? 그것은 바로 하나님 나라 자체다. 이런 면에서 모태 신앙인들은 특별한 자각이 필요하다. 마치 밭 주인이 자기 밭에 묻힌 보화를 모르듯, 보물을 곁에 두고도 그 가치를 누리지 못할 수 있기 때문이다.

최고의 보물인 하나님 나라는 세 가지 차원을 가진다. 과거에는 보혈의 은혜로 구원받아 영원한 생명을 얻었고(은혜의 다스림), 현재는 우리 삶을 다스리시는 확실한 주권자가 계시며(주권자의 다스림), 미래에는 썩지 않을 영광스러운 약속이 기다리고 있다(영원한 다스림).

하나님 나라의 본질은 한마디로 '하나님의 통치'다. 이 통치야말로 진정한 영적 보화이며, 본문의 비유처럼 무한한 가치를 지닌 "밭에 감추인 보화"요 "지극히 값진 진주"다. 이사야는 이에 대해 "그 정사와 평강의 더함이 무궁하다"라고 했다(사 9:7).

하나님이 통치하시는 나라에는 그분의 권세와 영광이 있다. 누가복음 10장에서는 예수님이 보내신 70인의 제자들이 "주의 이름이면 귀신들도 우리에게 항복하더이다"라고 보고한다. 이렇듯 하나님 나라는 마귀의 세력이 하나님께 굴복하는 곳이다. 예수님은 이 보고를 들으시고 "내가 너희에게 뱀과 전갈을 밟으며 원수의 모든 능력을 제어할 권능을 주었으니 너희를 해칠 자가 결코 없느니라"고 말씀하셨다.

이것이 하나님 나라다. 사탄의 권세인 뱀과 전갈이 짓밟히고, 죄의 치명적 결과들이 힘을 쓰지 못하는 곳이다. 비록 죄로 물든 이 땅에서 우리는 고통과 상처와 비극을 겪지만, 하나님의 통치가 임하면 이러한 죄의 결과들이 더 이상 우리를 지배하지 못한다. 예수님을 구주로 믿는 우리에게는 뱀과 전갈을 이길 권세가 주어졌기 때문이다.

하나님 나라가 현재 우리 삶과 무슨 관계가 있는가?

환경적으로 어렵고 영적으로 파산한 사람들, 삶의 저주와 불행에 짓눌린 상황 속에서도 하나님 나라를 깨닫게 되는 순간, 인생의 새판짜기가 시작된다. 이 '보화의 가치'는 너무나 크고 놀라워서, 비록 지금 영적으로 고통받고 환경이 비참하며 상처로 가득 찬 상황일지라도, 예수님을 믿음으로 발견하는 용서와 사랑, 평화와 영광, 영원한 은혜라는 보화가 우리의 어둠을 빛으로, 절망을 기쁨으로, 무기력을 생명력으로 바꾸어 놓는다.

　신앙생활을 오래 한 사람들은 '하나님 나라'라는 말을 자주 들어왔다. 그러나 대개는 이를 "장차 갈 본향" 정도로만 여긴다. 틀린 것은 아니지만, 현재 우리 삶 속에 임한 하나님 나라의 가치, 즉 하나님의 현재적 통치라는 보화를 놓치게 된다. 하나님의 현재적 통치에 대해 눈이 열리면 두 가지 관점을 갖게 되는데, 하나는 이 땅에서 하나님 나라를 바라보는 시각과, 다음으로는 하나님 나라 백성으로서 이 세상을 바라보는 시각이다.

　이러한 관점은 현재 우리 삶에 어떤 의미를 주는가? 현실에서 하나님 나라를 발견하면 당면한 고통과 상처에 매몰되지 않는다. 어떤 시련 속에서도 값진 보화를 찾아가는 여정의 설렘과 기대로 가슴이 뛴다. 하나님 나라는 모든 절망과 상처를 치유하는 곳이기 때문이다.

　성경에서 하나님 나라의 비전과 기쁨을 가장 잘 표현한 선지자가 바로 이사야다. 그가 그린 하나님 나라는 칼이 보습이 되고 창이 낫이 되는 곳이며(사 2:4), 메마른 땅이 기쁨으로 노래하고 꽃피는 곳이다(사 35:1). 맹인의 눈이 열리고 못 듣는 이의 귀가 들리며, 저는 자가 사슴처럼 뛰고 광야에 시내가 흐르는 곳이다(사 35:5-6).

이사야가 장차 임할 하나님 나라의 영광을 노래했다면, 우리는 이미 우리 안에 임한 하나님 나라를 통해 이를 현실에서 이뤄가야 한다. 하나님 나라를 보는 눈이 열리면, 그곳이 전쟁터든 뜨거운 사막이든 메마른 광야든, 어떤 절망과 고통의 자리에서도 하나님의 샬롬을 볼 수 있다. 하나님 나라를 소망하며 하나님을 찾는 이들의 노래가 이사야 25장 9절이다. "그날에 말하기를 이는 우리의 하나님이시라 우리가 그를 기다렸으니 그가 우리를 구원하시리로다. 이는 여호와께서 우리가 그를 기다렸으니 우리는 그의 구원을 기뻐하며 즐거워하리라." 하나님 나라가 우리 속에 임하는 그날에 우리는 기뻐하며 즐거워하게 될 것이다.

하나님 나라에 눈이 열리면 싸움도 목자의 심정으로 승화할 수 있다

목자의 심정으로 현실을 바라보면 모든 것이 달라진다. 상대방과 티격태격하며 싸우고 싶은 순간에도, 목자의 심정이 있는 사람은 "저 사람이 내 식구"라는 생각으로 더 높은 차원에서 문제를 해결하려 한다. 진흙탕 싸움으로 끌어내리는 대신, 한 단계 높이 올라가 그 사람을 이해하고 세워주려 노력한다. 맞부딪쳐 싸울 수도 있지만, 목자의 심정으로 상황을 바라보면 겸손한 마음으로 상대방을 품을 수 있게 된다.

이런 태도를 가질 때 하나님의 신적 개입이 일어난다. 이는 세상이 얻을 수 없는 특별한 보물이다. 비록 우리가 질그릇 같은 존재일지라도, 예수 그리스도를 품은 자로서 품격을 지니고 살게 된다. 하나님은 그 나라를 품고 주권적 통치를 받아들이는 사람이 수치를 당하지 않도록 도우신다.

✳

남편이 목자의 심정으로 아내를 바라볼 때 아내가 보물로 보이고, 아내가 목자의 심정으로 남편을 볼 때 남편이 보물로 보인다. 이는 단순히 숨겨진 보물을 찾는 것이 아니라, 눈앞에 있는 것의 가치를 새롭게 발견하는 일이다. 곁에 있는 동료가 보물로 보이지 않다가 새롭게 보물로 보이게 되는 관점의 전환이다.

교회도 마찬가지다. 교회를 값진 보물로 발견한 이들은 여러 해 걸리더라도 기꺼이 교회 근처로 삶의 터전을 옮긴다. 한 성도는 이렇게 간증했다. "저는 올해 여름부터 교회의 영가족이 된 성도입니다. 저는 원래 신의 존재는 인정했지만 하나님의 주님 되심을 믿지 않던 불신자였습니다. … 코로나로 인해 한동안 의지할 교회를 찾지 못했던 저희를 사랑의교회로 인도하셨습니다. 교회가 주는 감동이 매우 컸습니다. 많은 것을 누리게 되었고, 든든한 교회가 생긴 것이 큰 의지가 되었습니다." 이들에게 교회는 참된 보물이 된 것이다.

III. 하나님 나라의 현재적 통치가 임하는 곳에 인생의 진짜 이야기, 새판짜기가 시작된다

지나온 인생이 후회스러우며, 이제 새로운 시작을 갈망하는가? 깨어지고 상처받은 인생을 보물찾기처럼 다시 시작하고 싶은가? 하나님 나라의 현재적 통치를 보화로 보는 사람들에게는 인생의 진정한 이야기, 새판짜기가 시작된다. 그들은 고통 중에도 미래를 바라보며 설렘으로 살아가고, 목자의 심정으로 현실을 바라보며 문제를 한 차원 높은 수준에서 바라보며 해결한다. 하나님의 신적 개입으로 수치와 부끄러움이 물러가고 그리스도인다운 품위를 갖추게 된다.

C. S. 루이스는 《나니아 연대기》 마지막 전투에서, 나니아의 멸망 후 아이들이 하나님의 새 세상으로 귀향하는 장면을 이렇게 묘사한다. "이제부터 진짜 이야기가 시작된다. 이전까지 경험했던 모든 삶과 모험은 표지와 제목이었을 뿐이다. 앞으로 펼쳐질 각 장이 진정한 이야기가 될 것이다." 하나님 나라의 가치를 깨닫고 그 나라가 임하는 곳에는, 어떤 인생이든 새로운 이야기가 시작된다.

인생의 새판짜기는 결심과 강한 실천 의지로 얻어지는 것이 아니다. 하나님 나라가 임하는 곳에서, 그 현재적 통치를 보화로 보는 눈이 열린 자에게 주어진다. C. S 루이스의 말처럼, 그때부터 우리 인생의 진정한 이야기가 펼쳐지기 시작한다. 과거의 상처나 실패, 현재의 어려움이나 한계와 상관없이 하나님의 은혜로 완전히 새로운 삶의 장이 열리는 것이다.

모세의 삶에서 현재적 통치는 어떻게 나타났는가? 모세가 가진 것은 오직 지팡이 하나뿐이었다. 평범한 나무 막대기에 불과했던 이 지팡이를 통해 하나님 나라의 현재적 통치가 시작되는 장면이 출애굽기 4장에 나온다.

하나님이 모세에게 "네 손에 든 것이 무엇이냐"라고 물으시자, "지팡이입니다"라고 답했다. 하나님께서 "그것을 땅에 던지라"고 하셨고, 지팡이는 뱀이 되었다. 이는 죽은 나무막대기라는 무생물이 하나님의 능력으로 생명체로 변화된 것이다. 그 후 모세는 이 지팡이로 수많은 이적을 행했다. 하나님 권능의 도구가 된 지팡이로 나일강을 피로 변하게 했고, 하나님 나라의 현재적 통치의 보화를 더 깊이 발견할수록 불가능해 보였던 홍해도 갈라졌다(출 14:21). 물 없는 광야, 돌밭에서 지팡이로 반석을 치자 물이 솟아났다(출 17:6). 모세가

✳

83

영원한 천국을 소망하며 목자의 심정으로 현실을 바라보았을 때, 그의 평범한 지팡이는 하나님의 권능의 도구로 바뀐 것이다.

하나님의 통치로 변화되는 일상의 순간들

토비새 예배에서 한 자매가 첼로로 특별 연주를 했다. 하나님 나라의 보화를 발견한 자매가 연주할 때, 그 첼로는 단순한 악기가 아닌 하나님의 첼로가 되었다. 색소폰 연주와 성악 솔리스트의 찬양도 마찬가지였다. 평범한 연주가 아닌 하나님의 찬양이 된 것이다. 메마른 막대기가 하나님의 역사를 이루는 생명체로 바뀐 것과 같았다. 이것이 기독교 신앙의 독특한 세계다. 스쳐 지나가는 찬양이 있고, 생명을 살리는 찬양이 있다. 하나님 나라의 핵심인 현재적 통치를 보화로 보는 사람에게는 일상의 모든 것이 거룩한 의미를 갖게 된다. 죽은 것 같던 것에 생명이 깃들고, 평범했던 것이 거룩해지며, 단순한 악기가 하나님을 찬양하는 도구로, 일상의 노래가 영혼을 울리는 찬송으로 탈바꿈된다. 이처럼 하나님의 통치는 우리 삶의 모든 영역을 새롭게 변화시키는 놀라운 능력을 지닌다. 이 놀라운 보화를 어떻게 값으로 매길 수 있을까!

하나님 나라의 현재적 통치의 가치를 깨달은 사람은 어떤 환경에서도 다른 시각으로 세상을 바라본다. 그곳이 전쟁터든, 뜨거운 사막이든, 메마른 광야든 상관없다. 깊은 절망과 상처, 고통의 자리에서도 설렘과 기대를 품고 찬양할 수 있게 된다. 이때부터 진정한 이야기의 주인공으로서 삶이 시작되고, 하나님이 약속하신 샬롬을 경험하게 된다.

하나님 나라의 현재적 통치의 가치를 진정으로 깨달으면, 어떤 상황에서도 쓰러지지 않는다. 오히려 창의력과 용기를 가지고 새로운 꿈을 꾸며 살아간다. 마치 빈 도화지에 그림을 그리듯, 자신의 삶에 하나님 나라의 가치를 담아내게 된다. 지금 겪는 고통이 아무리 깊다 해도, 그 속에서 하나님의 샬롬을 기대하게 되는 것이다.

하나님 나라를 가슴에 품은 사람에게는 고통마저도 아름다운 시(詩)가 된다. 이러한 진리는 성경에서 특히 잘 드러난다. 수많은 세대의 가슴을 울린 시편들이 바로 인생의 비극과 슬픔 속에서 탄생했기 때문이다. 다윗의 시편 대부분은 그의 고통스러운 순간들 속에서 쓰였다. 아들 압살롬을 피해 도망할 때 지은 시편 3편, 아비멜렉 앞에서 미친 척하다 쫓겨났을 때의 시편 34편, 밧세바 사건 후 나단 선지자를 만났을 때의 시편 51편이 그러하다. 또한 블레셋에 잡혔을 때의 시편 56편, 사울을 피해 굴에 숨어 있을 때의 시편 57편, 유대 광야를 헤맬 때의 시편 63편도 모두 고난의 순간에 태어났다. 이처럼 다윗의 비극과 슬픔은 영원한 시가 되었다. 마찬가지로 우리가 겪는 고통과 상처도, 그 속에 하나님의 통치가 임하면 우리의 삶을 더 깊고 높게 승화시키는 아름다운 시가 될 수 있다.

그러나 모든 고통과 상처가 저절로 값진 진주가 되는 것은 아니다. 핵심은 그 속에 하나님이 임하시는 것이다. 화산이 지층을 뚫고 분출하듯, 우리 삶을 뒤흔드는 예기치 않은 고통과 상처에 하나님이 임하실 때, 그것은 우리 인생을 한 차원 높이는 값진 진주가 되고 다윗에게 임한 것과 같은 찬양시가 된다.

인생의 거친 바위와 가파른 절벽도 하나님이 임하시면 달라진다. 바위는 디딤돌이 되고, 절벽은 비상을 위한 활주로로 변한다. 복음주의 영성 작가 켄 가이거는 이렇게 말했다. "우리 하나님은 화산 폭발이라는 가장 무서운 사건을 웅장한 산맥으로, 지진이라는 가장

✳

비극적인 사건을 아름다운 풍경으로 바꾸신다. 이것이 하나님 나라의 역사이다."

존 뮤어(1838-1914)는 자연의 격렬한 현상들을 "자연의 심장이 들려주는, 아름다움을 만드는 사랑의 박동 소리"라고 표현했다. 이처럼 우리 삶을 집어삼킬 듯한 비극과 고통, 상처라도 하나님이 임하시면 우리의 삶을 진정으로 맥박치게 하는 생명의 소리가 된다. 거친 바위와 가파른 절벽, 지각을 뚫고 나오는 화산이 웅장한 산맥을 이루듯이, 우리 인생에 찾아온 상처와 비극도 하나님이 임하시면 인생의 보석이 되어 우리를 진정한 그리스도인으로 빚어가는 것이다.

하나님 나라를 함께 세워가는 공동창조자

비록 우리가 죄로 인해 하나님의 첫 창조의 목적에는 온전히 참여하지 못했지만, 이제 하나님 나라의 가치와 현재적 통치를 깨달으면 새로운 초대를 받게 된다. 하나님 나라를 세우는 두 번째 창조의 일에 공동 창조자로 부름받는 것이다. 이는 진정한 설렘과 기대가 넘치는 소명이다.

《하나님의 임재 연습》의 저자 로렌스 형제는 15년간 주방에서 허드렛일을 했고, 다친 다리 때문에 77세까지 수도원에서 사람들의 낡은 구두를 수선했다. 세상의 눈으로 볼 때는 하찮은 일이었지만, 그는 하나님 나라의 현재적 통치의 가치를 발견했다. 그 속에서 설렘과 기대를 누리며 하나님 나라를 세우는 공동 창조자가 되어, 수많은 그리스도인의 마음을 울리는 책을 남기게 되었다.

로렌스 형제에게 설거지와 구두 수선이 하나님의 지팡이가 된 것처럼, 우리에게는 예배가 하나님의 현재적 통치가 임하는 지팡이가

하나님 나라의 비밀을 열다

된다. 예배드리는 모든 이들이 하나님 나라의 현재적 통치를 연습하고 하나님의 임재를 경험할 때, 우리는 함께 하나님 나라의 공동 창조자가 되는 것이다.

하나님 나라의 현재적 통치를 보화로 발견하라. 하나님의 통치 안에 있는 것 자체가 보물이며, 그 통치가 없는 것이 진짜 고통이다. '200만 불'의 가치를 지닌 신앙을 가지고도 '3불'짜리 신앙으로 사는 이들이 있다. 그러나 하나님 나라의 가치에 진정으로 눈을 뜨면, 그때부터 우리의 인생은 새로운 장을 열게 된다.

인생의 새판짜기를 위한 4가지 원리들

스펄전의 통찰을 통해 본문에서 말하는 인생의 새판짜기 원리를 다음과 같이 정리할 수 있다.

첫째, 인생의 새판짜기는 꿈의 크기와 비례한다. 본문의 상인은 결코 일상적인 목표에 안주하지 않았다. 단순히 먹고사는 것이나 집을 꾸미는 것에 만족하지 않았다. 그는 자신의 인생을 사소한 것으로 채우기를 거부했다. 따라서 우리도 인생의 새판짜기를 원한다면 먼저 값진 진주를 찾는 일에 힘써야 한다.

둘째, 상인에게는 값진 진주를 알아보는 분별력이 있었다. 우리도 인생의 새판짜기를 원한다면 현재 마주한 환경과 상황에서 무엇이 진정 중요한지를 포착하는 안목이 필요하다. 이를 위해 하나님께 선한 분별력을 구하는 기도가 필요하다.

셋째, 값진 진주를 발견한 상인은 즉각 행동했다. 인생의 새판짜기는 진리에 대한 즉각적인 반응에서 시작된다. 그는 더 생각해보겠다며 망설이지 않았다. 우리도 말씀과 예배, 성도와의 교제를 통해

✳

87

영혼을 일깨우는 값진 진주를 발견했다면 즉시 반응해야 한다. 바울 사도가 "보라! 지금은 은혜 받을 만한 때"라고 말했듯이, 은혜는 지금 받는 것이지 미룰 수 있는 것이 아니다.

넷째, 상인은 자신의 선택을 후회하지 않았다. 성경에는 진주를 산 후의 모습이 나오지 않지만, 그 값진 진주가 평생 그의 기쁨이 되었을 것은 충분히 짐작할 수 있다. 그는 결코 이전의 삶을 그리워하지 않았다. 과거를 후회하지 않는 태도야말로 진정한 인생의 새판짜기를 가능하게 한다.

인생에서 최고의 보물을 찾는 자의 기도

사랑의 하나님 아버지, 우리의 평범한 일상 속에서도 하나님 나라의 현재적 통치의 가치를 보는 영적인 눈을 열어 주옵소서. 하나님 나라의 관점으로 현재를 바라보게 하시고, 목자의 심정으로 우리 주변의 모든 상황과 가족, 동료를 보게 하옵소서. 지금까지 우리가 괴로워하던 모든 상황과 사람, 환경이 주님께서 우리에게 주신 보화요 보물임을 깨닫게 하여 주옵소서. 극히 값진 진주를 발견한 상인처럼 하나님 나라의 놀라운 가치를 깨달은 자로 살게 하시고, 오늘부터 매일매일이 기쁨이 넘치는 새로운 인생이 시작되게 하옵소서.

하나님 나라의 비밀을 열다

6장

회색지대는 없다

마태복음 13:47-52

예수님은 목수셨지만, 하나님 나라와 그의 주권적 통치를 말씀하실 때에는 하늘에서부터(마 6:26) 땅(마 13:30)과 바다까지(마 13:47) 모든 영역을 아우르셨다. 예수님은 탁상공론이나 교조적 율법이 아닌, 삶의 현장에서 직접 길어 올린 현실적이고도 깊이 있는 비유로 하나님 나라를 설명하신 것이다.

그 비유들은 단순한 이야기가 아니라, 현실의 땀과 고민, 기쁨과 아픔이 생생하게 스며 있는 메시지였다. 그래서 2천 년이 지난 지금도 그분의 말씀은 우리의 심령을 사로잡고 영혼을 새롭게 한다.

예수님의 말씀 속에는 하나님 나라의 깊고 신비로운 비밀이 담겨 있다. 그래서 제자들에게 "이 모든 것을 깨달았느냐"고 물으신 후, "천국의 제자된 서기관마다 마치 새것과 옛것을 그 곳간에서 내오는 집주인과 같으니라"(52절)고 말씀하셨다.

서기관은 구약성경을 필사하고 해석하며 가르치는 전문가로, 율법에 정통했다. 하지만 신약성경에서 서기관은 대개 부정적인 모습으로 등장한다. 성경 지식은 뛰어났지만 실제 삶의 변화나 생명의 복음을 깨닫지 못한 이들이었기 때문이다(마 23:29). 머리로는 말씀을 알되 가슴으로는 받아들이지 못했던 것이다.

그런데 본문에서는 '서기관'을 긍정적인 의미로 사용하셨다. 제자들이 하나님 나라의 비유를 깨달았다고 답하자, 일곱 가지 비유를 마무리하시며 "천국의 제자 된 서기관"이라는 새로운 호칭을 부여하셨다. 이는 단순한 말씀 지식이 아닌, 예수님께 직접 가르침을 받아 천국의 비밀을 깨달은 새로운 차원의 서기관을 의미한다. 이는 그들의 영적 정체성과 사명이 완전히 새로워졌음을 보여준다.

'천국의 제자 된 서기관'은 일곱 가지 천국 비유와 하나님 나라의 복음을 깨달은 제자들에게 주신 거룩한 새 호칭이다. 오늘날도 예수님의 말씀을 진정으로 깨닫는 사람은 그 안에서 값진 진주와 같은 하나님 나라를 발견하는 천국 제자 서기관으로 살아간다.

구약에 통달한 제자들이 천국 비유와 복음을 깨닫게 되자, 구약 말씀이 더 이상 과거의 것으로 머물지 않고 신약에서 성취되는 것을 보게 된 것이다. 옛것을 바탕으로 새것을 영적으로 깨달은 서기관의 새판짜기라고 할 수 있다.

하나님 나라의 비밀을 열다

I. 향후 100년 동안, 그 이후의 시간에도 가장 중요한 질문

"4차 산업혁명의 미래는 어떻게 될까? 한반도 통일은 어떻게 될까? 저출생 문제의 해법은? 인공지능의 발전은 어디까지 이어질까?" 이런 다양하고 시급한 모든 질문들 속에서 가장 중요하고 본질적인 질문은 무엇인가? 앞으로 100년, 아니 그 이후 주님 오시는 그날까지 변치 않을 가장 핵심적인 질문은 바로 '우리의 구원' 여부다.

이 구원의 문제에는 중간이 없다. 구원받았거나 받지 못했거나, 둘 중 하나다. 존 스토트가 말했듯이 "성경은 인간을 의인과 악인, 두 가지 절대적 범주로 나눈다. 세 번째 부류는 없다." 이것은 우리를 두렵게 하지만, 동시에 인생의 선명한 방향을 제시하는 절대적 진리다. 예수님의 제자들처럼 이 진리를 깨달은 사람은 평생 두 가지 질문을 품고 산다.

첫째, 나는 구원받은 사람인가? 즉, "나는 예수님과 인격적인 교제가 있는가?"

둘째, 구원받은 자로서, 주님이 주신 은사로 어떻게 살아갈 것인가? 이는 돌아온 탕자가 깨달은 "어떻게 하면 아버지를 기쁘시게 할까?"라는 질문과 같다.

47절의 그물 비유는 당시의 저인망 어업을 생생하게 보여준다. 배 두 척이 커다란 그물의 양 끝을 잡고 호수 바닥까지 내려, 그 일대의 모든 물고기를 한꺼번에 쓸어 올리는 방식이다. 갈릴리 박물관에는 베드로 시대에 사용된 2천 년 된 어선들이 지금도 보존되어 있어, 당시의 어업 방식을 엿볼 수 있다. 어부들은 그물에 가득 잡힌 물고기를 호숫가로 끌어올려 단 두 종류로 분류했다. "좋은 것은 그릇에 담고 못된 것은 내버리느니라." 중간이란 없었다.

본문은 '좋은 물고기'보다는 '못된 물고기'에 더 초점을 맞추고 있다. 여기서 '못된 물고기'는 도덕적으로 열등한 존재가 아닌, 영적으로 '악한 사람'을 상징한다.

그렇다면 악한 사람은 누구인가? 이들은 도덕적으로 악한 사람이라기보다는 예수님의 십자가 보혈을 믿지 않는 사람들이다. 쉽게 말해, 생명의 복음과 연결되지 않은 사람, 십자가와 상관없는 사람, 그리고 하나님과 천국에 대립하는 사람들을 가리킨다. 이들은 30절에서 불사름을 당하는 가라지와 동일한 존재이며, 41절에서는 "모든 넘어지게 하는 것과 불법을 행하는 자들"로 표현된다. 이들은 천국을 사모하며 하나님을 따르려는 이들을 방해하고, 하나님의 말씀을 멸시하며 조롱한다. 특히 자기만의 도덕적 우월감을 내세워 기독교를 비판하고 도전하는 세속적 인본주의자나 오만한 인본주의자들이 이에 해당한다.

'못된 물고기'의 대표적 예가 가룟 유다다. 그의 배신은 초대교회에 깊은 상처를 남겼다. 오늘날 한국 교회에도 이런 이들이 있다. 교회의 본질적 사명인 생명 구원과 복음 전파, 하나님의 사람을 키우는 일은 외면한 채, 교회 내부의 문제들만 확대 재생산하는 데 집중한다. 그럴듯한 말로 포장하지만, 실상은 주님의 몸 된 교회를 해치는 자들이다.

성경에서 말하는 '좋은 물고기', 즉 의인은 단순히 도덕적 성품이나 가치로 구분되지 않는다. 이는 예수 그리스도의 피로 의롭게 되고, 그분으로 인해 새롭게 된 사람을 뜻한다. 하나님과 그의 나라를 사랑하고, 교회를 귀하게 여기는 이들이 바로 성경이 말하는 "좋은 물고기"요 "좋은 씨"이며 "천국의 아들들"이다(마 13:38).

✳

이 의인들은 천국에서 해처럼 빛난다. "자기 아버지 나라에서 해와 같이 빛나리라"(43절)는 약속이 그들에게 주어졌다. 우리가 주일마다 "해와 같이 빛나는 얼굴로 만나자"고 하는 인사하는 이유가 여기에 있다. 비록 우리는 하나님 앞에 늘 부끄럽고 황송하지만, 예수님의 피로 의롭게 된 사람들이다. 우리는 이 영광스러운 정체성을 가진 '천국의 아들들'로서 매주 해와 같이 빛나는 얼굴로 만난다.

물고기 비유가 보여주는 최후의 분리

"나는 정말 좋은 물고기인가?" 이는 두렵고 떨리는 질문이다. 마지막 날, 주님 앞에서 우리는 무엇으로 답할 수 있을까? 이것이 바로 앞서 언급한 향후 100년간 가장 중요한 질문이다. 재림의 나팔 소리가 울릴 때 내 이름이 불리지 않는다면? 그러나 우리는 기억해야 한다. 우리는 자신의 의로움이 아닌 예수님의 의로움으로, 우리의 공로가 아닌 예수님의 피 공로로 천국에 들어가는 것이다.

악인을 바라보는 세상과 성경의 시각은 근본적으로 다르다. D. A. 카슨이 지적했듯이, 세상은 죄와의 타협을 관용이라 부르고, 하나님께 대한 불순종을 자유라 착각한다. 하지만 성경은 다른 관점을 보여준다. 성경에서 진정한 관용은 죄인을 향한 하나님의 오래 참으심이며, 진정한 자유는 그리스도의 피로 말미암은 죄로부터의 해방이다. "예수의 피가 우리를 모든 죄에서 깨끗하게 하실 것이요"(요일 1:7), "그리스도께서 우리를 자유롭게 하려고 자유를 주셨으니 그러므로 굳건하게 서서 다시는 종의 멍에를 메지 말라"(갈 5:1).

성경은 인간이 의롭게 되는 과정을 명확히 보여준다. 의의 주체는 하나님이시며(롬 3:24), 의에 이르는 방편은 그리스도의 피다(롬 5:9). 우

✳

93

리는 오직 믿음으로 이 의에 이르며(롬 3:22), 우리의 행위는 이 하나님의 의가 드러나는 표현이 된다(약 2:26).

49절에서 예수님은 "세상 끝에도 이러하리라"라고 말씀하시며, 종말에 일어날 사건에 대해 명확히 경고하셨다. "천사들이 와서 의인 중에서 악인을 갈라 내어." 그날에는 천사들이 와서 의인과 악인을 구별할 것이다. 천사들은 우리가 죽은 후 영혼을 품에 안아 천국으로 인도하여 하나님께 올려드린다. 그러나 동시에 천사들은 악인을 지옥으로 데려가 풀무불에 던지는 역할도 맡고 있다. 안타깝게도 오늘날 많은 교회는 천사가 죽음 이후 우리의 영혼을 천국과 지옥으로 인도한다는 사실을 충분히 가르치지 않고 있다.

50절에서 예수님은 악인의 최후에 대해 매우 분명히 말씀하셨다. 악인들은 지옥 불에 던져지고, 그곳에서 슬피 울며 이를 갈게 될 것이다. "풀무불에 던져 넣으리니 거기서 울며 이를 갈리라"는 말씀은, 악인들이 천국에서 하나님 백성이 구원받아 기쁨 속에 있는 모습을 보고 통탄하며 절망한다는 의미를 담고 있다. 구원과 심판, 천국과 지옥은 애매한 회색지대 없이 명확히 나뉜다. 예수님만이 우리의 구원자이시며, 우리의 심판자이시고, 우리의 최후를 결정하시는 분이다.

그물 비유의 결론은 악인의 종말에 대한 경고로 집중되어 있다. 이 비유는 악인이 영원히 구원받지 못한다는 사실을 분명히 알려준다. 마지막 때, 의인과 악인은 완전히 분리되며, 의인은 천국으로, 악인은 지옥으로 귀결된다. 이러한 점에서 그물 비유의 핵심은 종말에 일어날 거룩한 분리를 강조한다.

사탄의 나라와 하나님 나라는 결코 섞일 수 없다. 마태가 기록한 것처럼, 좋은 물고기와 못된 물고기는 결국 함께할 수 없다. 의인과 악인이 분리되면서 구원과 멸망, 천국과 지옥, 영생과 영멸, 영원한 복락과 저주가 명확히 나뉜다. 이 모든 분리는 인간의 도덕적 행위나 선행, 혹은 성품에 의해 결정되는 것이 아니라, 예수님의 보혈을 믿는 믿음에 의해 결정된다.

심령의 문설주에 예수님의 피가 발라져 있는가?

인간의 종말에 있을 거룩한 분리를 앞두고, 우리가 두려운 마음으로 던져야 할 질문이 있다. "당신은 예수님의 보혈로 적셔져 있는가?" 인간의 종말적 운명은 바로 이 질문, 즉 '예수님의 보혈이 내 심령의 문설주에 발라져 있는가?'에 달려 있다.

출애굽 이야기의 클라이맥스는 어린 양의 피를 문설주에 발라놓는 사건이다. 이것은 구약에 나타난 예수님 보혈의 강력한 예표다. 거룩한 분리를 강조하며, 예수님은 이렇게 말씀하셨다. "너희는 세상에 속한 자가 아니[다]"(요 15:19). 오늘날 그물 비유를 통해 풀어보자면, 좋은 물고기는 같은 물속에 있지만 본질적으로는 못된 물고기와 완전히 다른 존재임을 의미한다.

바울은 이에 대해 명확한 영적 통찰을 제시한다. "옳다 인정함을 받는 자는 자기를 칭찬하는 자가 아니요, 오직 주께서 칭찬하시는 자니라"(고후 10:18). 성경은 인간을 두 가지로만 구분한다. 48절의 좋은 물고기와 못된 물고기처럼, '주님께 인정받는 사람'과 '인정받지 못하는 사람'뿐이다.

세상은 사람을 다양한 기준으로 구분한다. 착한 사람, 나쁜 사람, 용기 있는 사람, 겁 많은 사람, 희생적인 사람, 이기적인 사람, 정직한 사람, 거짓말하는 사람 등 수많은 분류가 있다. 그러나 성경은 단

두 가지 기준만을 제시한다. 예수님의 피로 의롭게 된 사람과 그렇지 않은 사람. 이 분명한 기준을 예수님께서는 그물 비유로 말씀하셨다.

세상은 이 기준을 쉽게 이해하지 못한다. 죄로 오염된 상식에 사로잡힌 사람들은 이 진리를 받아들이기 어렵다. 대표적인 예는 예수님과 함께 십자가에 달렸던 두 강도이다. 누가복음 23장 39절 이하에 기록된 이 사건은 의인과 악인이 도덕적 행위나 성품으로 결정되지 않고, 오직 예수 그리스도의 보혈의 복음으로 결정된다는 것을 명확히 보여준다.

어떻게 예수님은 단 한 번도 만난 적 없는 강도에게 "오늘 나와 함께 낙원에 있으리라"라고 하실 수 있었는가? 강도는 십자가형에 처해질 정도로 극악한 죄를 저질렀던 자였다. 당시 사회에서 그가 지옥에 가는 것은 너무도 당연해 보였을 것이다. 그러나 예수님은 그를 낙원으로 인도하셨다. 세상의 인과응보의 법칙으로는 결코 이해할 수 없는 이 사건은, 오직 예수님의 십자가 보혈로 주어진 은혜를 보여준다.

바울은 로마서 5장 9절에서 이렇게 말한다. "그러면 이제 우리가 그의 피로 말미암아 의롭다 하심을 받았으니 더욱 그로 말미암아 진노하심에서 구원을 받을 것이니." 우리의 의로움과 구원은 오직 예수님의 피에 달려 있다.

그러므로 이 질문은 그리스도인의 삶과 영혼의 중심에 있어야 한다. "당신 심령의 문설주에 예수님의 피가 발라져 있는가?" 그리스도인이 일평생 붙들고 가슴에 녹여야 할 질문이다. 인간을 의롭게 하는 것, 즉 '칭의'는 도덕적 행위나 성품에서 나오는 것이 아니다. 오직 예수님의 피에 의해 주어지는 은혜다.

II. 복음의 급진성: 예수님은 왜 이렇게까지 말씀하셨는가?

그물 비유가 전달하는 핵심은 이것이다. '좋은 물고기'와 '못된 물고기'가 마지막 심판대 앞에 서게 될 때, 선악의 기준은 우리가 정하는 것이 아니다. 그것은 말씀과 생명의 복음, 피의 복음 앞에서 우리가 어떤 반응을 보였는가에 따라 결정된다. 이런 이유로 예수님께서는 이 진리를 강조하며 절실하고 간절한 마음으로 외치신 것이다.

코로나 이후, 많은 이들이 가상현실(virtual reality), 증강현실(augmented reality) 그리고 메타버스(Metaverse)에 익숙해지면서 진실과 거짓의 경계가 모호해졌다. 절대 진리의 기준이 흐려지고, 세상은 수많은 회색지대로 가득 찬 것처럼 보인다. 진리와 생명을 대면하지 못한 채, 가상현실과 증강현실의 세계로 도피하는 사람들이 늘고 있다. 그 결과, "가상현실의 환상이 우리를 행복하게 해주리라"는 잘못된 믿음이 사람들의 마음을 사로잡고 있다.

하지만 그 환상을 붙잡는 순간, 그것은 비눗방울처럼 터지고, 신기루처럼 사라져버린다. 남는 것은 실망과 허탈감 그리고 깊은 좌절감뿐이다. 그렇기 때문에 우리는 참과 거짓, 진리와 환상을 분명히 구별할 줄 알아야 한다. 진리는 결코 가상현실의 환상으로 대체될 수 없으며, 오직 생명의 복음과 말씀만이 영원히 흔들리지 않는 기준이 된다.

왜 사랑의 예수님께서, 이렇게도 무섭게 말씀하시는가?

진리와 환상을 구분하기 위해 우리는 질문해야 한다. "왜 사랑의 예수님께서 심판과 종말에 대해 이렇게도 두렵게 하는 말씀을 하셨을까?" 예수님은 심지어 "풀무 불에 던져 넣으리니 거기서 울며 이를 갈리라"(50절)고 하셨다. 여기서 '운다'는 회한과 슬픔을, '이를 간다'는 좌절과 분노를 의미한다. 또한, '풀무 불'은 영원히 꺼지지 않는 형벌의 불을 상징한다.

강단에서 하나님의 심판과 진노, 지옥의 불에 대해 이야기하는 것은 설교자로서 결코 쉬운 일이 아니다. 많은 사람은 교회에서 하나님의 사랑과 위로, 평안만을 듣기를 기대한다. 이들에게 심판과 지옥을 말하면 불편함을 느낄 수밖에 없다. 그러나 사랑의 예수님께서 인간의 종말과 심판을 이렇게도 단호히 말씀하신 이유는, 우리를 깊이 사랑하시기 때문이다. 예수님은 우리가 거짓 진리가 아닌 참된 진리 안에 거하기를 원하신다. 마치 의사가 중병에 걸린 환자를 진정으로 사랑한다면, 환자가 두려워하더라도 병을 있는 그대로 알려주는 것이 치유의 시작이듯, 예수님도 우리를 사랑하시기에 심판과 종말을 말씀하신 것이다.

우리가 간과해서는 안 되는 중요한 사실은, 신약성경에서 '심판', '진노', '지옥 불', '형벌'에 대해 가장 자주 말씀하신 분이 예수님이라는 점이다. 양을 위해 목숨을 버리시는 선한 목자(요 10:11)요, 큰 목자로서 무한한 긍휼의 마음을 가지신 예수님께서, 심판과 진노를 그토록 자주 언급하셨다는 것은 깊이 새겨야 할 경종이다. 지금도 이 물질과 모래 같은 우리를 품어 진주로 만드시고, 양팔을 벌려 병들고 상처 입은 이들을 치유하시는 그 긍휼하신 주님께서, 하나님을 거부한 악한 물고기에 대해 이토록 두려운 심판을 단호히 말씀하시고, 은혜를 거부한 이들의 종말을 이처럼 엄중히 경고하시는 것은, 결국 그들마저도 구원받아 천국에 이르기를 간절히 원하시는 사랑

때문이다.

왜 사랑의 주님께서 이토록 엄중한 심판을 말씀하셨을까? 사도 요한의 예가 우리에게 실마리를 준다. 신약에서 '사랑'이란 단어를 가장 많이 사용해 "사랑의 사도"로 불린 요한이, 놀랍게도 사복음서 중 '심판'을 가장 많이 언급했다. 그의 서신서에서도 하나님의 심판이 강력하게 강조된다.

이유는 분명했다. "이로써 사랑이 우리에게 온전히 이루어진 것은 우리로 심판 날에 담대함을 가지게 하려 함이니"(요일 4:17). 어거스틴도 같은 맥락에서 "심판에 대한 두려움이 하나님의 사랑을 더욱 깊이 깨닫게 하는 열쇠"라고 말했다. 지옥과 영원한 불에 대한 거룩한 두려움이 오히려 하나님의 사랑으로 들어가는 문을 열어준다는 것이다.

이때의 두려움은 단순한 공포가 아닌 "사랑의 두려움, 거룩한 두려움"이며, 그 자체로 은혜다. 심판에 대한 두려움이 역설적으로 우리를 향한 하나님의 크신 사랑을 깨닫게 하는 열쇠가 되는 것이다. 결국 사랑의 예수님께서 심판을 강조하신 것은, 우리가 의의 재판장이신 하나님 앞에 담대히 설 수 있게 하시려는 깊은 사랑의 표현이었다.

이 사실은 너무도 중요한 진리이며 아무리 강조해도 지나침이 없는 진리이다. 예수님이 악인의 심판을 강조하신 것은 우리를 위협하거나 두렵게 하려는 것이 아니다. 오히려 '심판'이라는 렌즈를 통해 우리의 죄를 직시하고 그 종 됨에서 벗어나게 하시려는 것이다. 죽음 이후의 심판을 부정하는 사람과 그것을 확신하는 사람은, 눈앞의 죄를 대하는 태도가 근본적으로 다를 수밖에 없다. 심판의 진리는 우리로 하여금 자신의 무능을 깨닫고 주님께 온전히 의탁하게 한다.

그리스도인은 자아실현이 아닌 자기 부인을 통해 하나님께 나아가는 사람이기 때문이다.

만약 하나님의 심판이 없다면, 이 세상에서 소외되고 억울한 이들은 어떻게 되겠는가? 오만한 인본주의자들의 조롱과 멸시 앞에서 우리가 어떻게 견디겠는가? 바울이 "만일 그리스도 안에서 우리가 바라는 것이 다만 이 세상의 삶뿐이면 모든 사람 가운데 우리가 더욱 불쌍한 자이리라"(고전 15:19)고 말한 이유가 여기에 있다. 불의한 세상 속에서 부당한 법적 심판을 받은 이들에게 하나님의 공의로운 심판은 유일하고도 궁극적인 희망이 된다.

마지막 순간의 후회를 피하라

주님은 모든 이의 구원을 원하시지만, 때가 지나면 반응할 기회조차 사라진다. 천사들이 와서 불신자들을 지옥 불에 던질 때는 어떤 발버둥이나 애원도 소용없다. 주님은 오래 기다리시지만, 영원히 기다리지는 않으신다. 그러므로 향후 100년의 가장 중요한 질문은 단 하나다. "나는 구원받았는가?" "예수님을 만나 변화되었고, 지금도 그분을 사모하며 계속 변화되고 있는가?" 바울은 이를 깨닫고 "보라 지금은 구원의 날이로다"(고후 6:2)라고 선포했다.

이 생에서 예수님을 믿지 않으면 그것으로 끝이다. 구원의 다른 길은 없다. 마지막 그물로 악인과 의인이 구분될 때, 사랑하는 이들과 영원한 이별을 하게 된다. 지옥은 극도로 외로운 곳이다. 자유주의 신학이 지옥을 비유적인 것이라 주장하지만, 성경은 분명히 실존하는 장소라고 말한다. 부자와 나사로 비유에서도 이를 확인할 수 있다. 악을 행한 부자는 지옥의 고통 중에서 자신의 형제들만이라도 이곳에 오지 않기를 간청했지만(눅 16:25-28), 이미 늦었다.

지옥은 실재하며, 영원히 탈출할 수 없는 곳이다. 사형수가 감옥에 들어가더라도 언젠가는 그 감옥에서 나올 길이 있다. 죽음을 맞이하면 감옥에서 벗어날 수 있는 것이다. 그러나 지옥은 죽음조차도 벗어날 수 없는, 영원히 갇히는 곳이다.

사랑하는 자녀, 형제, 친구가 있는가? 그렇다면 '어리석은 부자'처럼 후회하는 일이 없어야 한다. 살아 있는 동안 자녀들에게 지옥의 실재와 고통을 예수님께서 가르치신 것처럼 바르게 전해야 한다. 예수님이 "네가 이것을 깨닫느냐?"라고 물으실 때, "그러하오이다"라고 대답할 수 있도록 거듭난 '천국의 제자 된 서기관'이 된다면, 지옥에 대한 두려움에서 벗어날 수 있다.

또 하나, 우리의 사명은 "그물을 물가로 함께 끌어내는 것"이다. 48절의 "끌어내고"가 복수형인 것처럼, 이는 혼자 할 수 없는 일이다. 끝까지 팀워크로 해내야 할 일이다.

예수님의 그물 비유를 깨달은 사람은 이제 더 이상 과거의 모습으로 살아갈 수 없다. 새로운 인생의 제2막을 열어야 한다. 주님께서 우리에게 주신 은사를 어떻게 사용할 것인지 깊이 고민하며, 구원의 심판에는 결코 회색지대가 없다는 사실을 가슴에 새겨야 한다. 또한, 교회 주위에 "자동차로 동서남북 1시간 거리 내에 천만 명의 불신 영혼이 있다"는 현실을 인식하고, 강력하게 영혼 구원의 사역에 불을 붙여야 한다.

나와 내 가족, 그리고 우리 교회만 안전지대에 머무는 것으로는 충분하지 않다. 교회는 원색적인 복음을, 때를 얻든지 못 얻든지 가감 없이 선포해야 한다. 생명을 살리는 복음은 결코 타협할 수 없는 것이며, 주저 없이 생명을 건 결단으로 선포해야 한다.

✳

우리 모두는 '세상의 서기관'이 아니라, 예수님의 보혈에 본능적으로 반응하는 '천국의 제자 된 서기관'이 되어야 한다. 예수님의 심판대 앞에 주저함 없이 설 수 있는 회심한 서기관, 일평생 사명을 따라 살며 순명하는 새 판을 짠 서기관으로 결단해야 한다. 이 사명을 가슴에 새기고, 주님의 뜻을 이루는 삶을 살아가야 할 것이다.

하나님 나라에는 회색지대가 없음을 각성한 자의 기도

주님, 그물 비유를 통하여 하나님 나라에는 회색지대가 없음을 깨닫게 하시니 감사합니다. 어제와 오늘, 그리고 내일도 피의 복음에는 중간이 없다는 분명한 진리가 우리의 심령을 포박하게 하옵소서. 그리스도의 생명의 능력으로 우리의 심장이 영혼 구원의 열정으로 뜨겁게 뛰게 하옵소서. 더 나아가 우리를 사용하사, 가족과 이웃과 동료들의 영혼을 지옥의 풀무 불에서 건져내어 그리스도께로 인도하는 귀한 주의 종으로 쓰임받게 하옵소서.

2부

하나님 나라의
가치를 살아내다

7장

하나님께
참으로 부요한 자

누가복음 12:16-21

본문은 "어리석은 부자 비유"로 널리 알려져 있다. 당시 농경사회에서는 추수량이 그 사람의 재산과 부를 결정짓는 시대였다. 이 부자는 해마다 수확이 늘어나 손만 대면 황금알을 낳는 듯한 큰 부를 누리게 되었다. 그는 넘쳐나는 재물을 쌓기 위해 끊임없이 창고를 지었다.

이 농부는 추수한 곡식을 더 쌓을 곳이 없을 만큼 큰 부자가 되었다. "심중에 생각하여 이르되 내가 곡식 쌓아둘 곳이 없으니 어찌할까."" 내 곳간을 헐고 더 크게 짓고 내 모든 곡식과 물건을 거기 쌓아두리라." 그러다 보니 어느 순간 그의 마음에 교만한 생각이 스며들었다.

"내가 내 영혼에게 이르되 영혼아 여러 해 쓸 물건을 많이 쌓아두었으니 평안히 쉬고 먹고 마시고 즐거워하자"고 했다(19절). 겉으로는 모든 것이 완벽해 보였지만, 하나님께서는 그 내면의 숨은 생각을 아시고, "어리석은 자여 오늘 밤에 네 영혼을 도로 찾으리니 그러면 네 준비한 것이 누구의 것이 되겠느냐" 하시며 그날 밤 그의 영혼을 데려가셨다.

I. 왜 부자가 어리석었는가?

첫째, 부자는 재산의 주인이 자신이 아님을 몰랐다. 그는 하나님이 주인이시고 자신은 관리자일 뿐이라는 진실을 망각했다. 부자는 자기 손에 있으니 자기 것이라는 생각이었다. 인간의 모든 소유는 세상에 사는 동안 잠시 맡겨주신 것인데, 자기 것이라고 착각하며 살았다. 이에 대해 성경은 분명히 말씀한다. "천지에 있는 것이 다 주의 것이로소이다… 부와 귀가 주께로 말미암고"(대상 29:11-12). 이는 엄청난 부를 누렸던 다윗왕의 고백이다. 부자는 이 진리를 보지 못했다. 재산의 주인이 자신이 아님을 몰랐을 뿐 아니라, 자신이 쌓아둔 재물이 생명을 연장하거나 보장해주지 못한다는 것도 알지 못했다.

둘째, 부자는 재물을 쌓고 즐기는 것만 중요하게 여겼지, 어떻게 써야 재물의 참된 가치를 누리며 살 수 있는지를 몰랐다. 하나님이 주신 재물을 선하게 쓰는 것에는 관심이 없었고, 재물은 자신이 즐기기 위한 것이라고만 생각했다. 본문을 원어로 보면 '나의'라는 단어가 4번, '나는'이라는 단어가 8번 반복해서 나온다. 이 부자는 오직 자신에게만 관심이 있었다. 그러나 선한 청지기는 재물 소유권이 하나님께 있음을 알고, 가진 재물로 다른 사람을 돕고 사회의 그늘진 곳에 빛을 나누는 일에 쓴다.

셋째, 자신이 하나님 앞에 설 때 빈손으로 죽을 것을 전혀 생각하지 못했다. 땅에 있는 곳간에는 재물을 가득 쌓아두었지만, 막상 죽어보니 빈손이었다. 누구나 죽을 때는 한 푼도 가져가지 못하고, 이 세상의 모든 것을 남겨두고 떠난다. 사람들은 이 사실을 머리로는 알지만, 마음으로는 인정하지 않고 산다. 수많은 장례식장에 다니면서도, 죽음은 아직 자신과는 상관없다고 생각한다.

이를 성경은 어떻게 증거하고 있는가? 우리가 죽을 때 빈손으로 떠난다는 사실은 세상도 잘 알고 있다. 세상의 어떤 부자라도 죽어서 영구차에 실릴 때는 관 하나가 전부다. 이 진리를 성경은 분명하게 말씀한다. 시편 49편 17절이다. "그가 죽으매 가져가는 것이 없고 그의 영광이 그를 따라 내려가지 못함이로다." 이처럼 세상에서 아무리 큰 부자라도 죽을 때는 빈손이며, 아무리 큰 영광을 누린 사람도 그것을 무덤 너머로 가져갈 수 없다는 것을 성경은 분명히 보여준다. 그렇게 분명한 말씀을 보면서도 여전히 자기 재산을 순전히 내 것이라 고집하며 죽을 때까지 재물에 집착한다면, 그 사람은 진정한 신앙인이 아닐 것이다.

부자가 많이 번 것 자체는 나쁜 것이 아니다. 열심히 일한 것이 잘못이 아니다. 땅을 열심히 일구어서 큰 수확을 얻은 것도 잘못이 아니다. 문제의 핵심은 재물을 대하는 어리석은 마음가짐이다. 부자가

하나님 나라의 비밀을 열다

천국에 못 들어간 것은 돈이 많아서가 아니라, 하나님의 다스림을 받아야 할 사람이 돈의 다스림을 받았기 때문이다.

선한 청지기 의식을 확인하는 4가지 질문

본문의 부자는 자신이 청지기임을 알지 못했고, 물질을 어떻게 써야 할지 영적 분별력이 없었으며, 빈손으로 죽을 것을 깨닫지 못한 어리석음이 있었다. 부자의 이런 어리석음과 대조되는 것이 바로 성경이 가르치는 청지기 의식이다. 청지기는 하나님의 것을 이 땅에서 관리하는 자인데, 우리의 모든 것이 하나님의 것임을 보여주는 말씀이 고린도전서 6장 20절이다. "하나님은 값을 치르고 여러분을 사셨습니다. 그러므로 여러분의 몸으로 하나님께 영광을 돌리십시오"(현대인의성경).

　진정한 신앙의 청지기 의식은 무엇인가? 많은 사람이 자신이 가진 것을 하나님을 위해 쓰는 것이라고 생각한다. 틀린 말은 아니지만, 만일 내가 가진 것이 내 것이라는 뜻이라면 잘못된 생각이다. 올바른 청지기 의식은 모든 것이 하나님의 것임을 인정하고 그분의 뜻대로 사용하는 것이다. 요한 웨슬리는 신앙인의 청지기 의식을 확인하는 4가지 질문을 다음과 같이 제시했다.

> 첫째, 돈을 쓸 때 내가 그것을 소유한 것처럼 행동하는가, 아니면 주님의 관리인으로 행동하는가?
> 둘째, 어떤 성경 구절이 이 돈을 이런 목적으로 쓰도록 말씀하고 있는가?
> 셋째, 이 돈으로 산 것을 주님께 제물로 바칠 수 있는가?
> 넷째, 성도가 부활할 때, 이 지출에 대해 하나님이 상급을 주실까?

II. 능력을 넘어선 성공이 문제다

16절에서 "그 밭에 소출이 풍성하매"라고 기록되어 있다. 사업이 번창하고, 승진하며, 연봉이 오르고, 투자 가치가 상승하는 것은 잘 못된 일이 아니다. 그런데도 20절에서 예수님은 왜 부자에게 "어리석은 자여"라고 말씀하셨는가?

부자는 "여러 해 쓸 물건을 많이 쌓아두었으니 평안히 쉬고 먹고 마시고 즐거워하자"(19절)라고 생각했다. 자신의 부가 자신의 평안을 보장할 것이라고 믿은 것이 문제였다. 부자의 진짜 문제는 그의 능력을 넘어선 성공이었다. 그는 기대 이상으로 많은 곡식을 추수했고, 이를 보관할 창고가 부족하자 더 큰 창고를 짓기로 결정했다.

자신이 감당할 수 있는 한계를 넘어선 부는 축복이 아닌 재앙이 된다. 무슨 뜻인가? 관리할 수 있는 것보다 돈이 많고, 먹을 수 있는 것보다 음식이 많으며, 입을 수 있는 옷보다 옷이 많고, 머물 곳보다 집이 많을 때 문제가 발생한다. 하나님께서는 부자의 성공 자체를 벌하신 것이 아니다. 문제는 자신의 통제 밖에 있는 성공이 탐욕적인 마음을 자극하여 어리석은 판단으로 이어졌다는 데 있다.

우리는 J. R. R. 톨킨의 소설 《반지의 제왕》에서 절대반지 이야기를 떠올린다. 이 소설은 절대반지를 가지려는 자들과 그것을 막으려는 자들의 싸움, 그리고 인간의 탐욕을 생생하게 묘사한다. 절대반지는 소유하는 자의 욕망을 키우며, 결국 그 주인을 파괴한다. 마찬가지로, 인간에게 재물이 '절대반지'가 된다면 탐욕과 교만, 욕망을 통제하지 못하는 순간부터 인생은 비극으로 치닫는다.

성경은 하나님을 잊고 탐욕에 빠진 어리석은 부자를 통해 넘치는

하나님 나라의 비밀을 열다

재물이 오히려 재앙이 될 수 있음을 분명히 경고한다. 어리석은 부자의 죄는 많은 재물을 가진 것이 아니라, 그 축복의 근원이신 하나님을 잊어버린 것이다. 또한 현재만 바라보고 미래는 보지 못한 채, 재물을 땅에만 쌓고 하늘에는 쌓지 않은 것이다.

인생은 결코 두 주인을 동시에 섬길 수 없다. "너희가 하나님과 재물을 겸하여 섬기지 못하느니라"(마 6:24). 삶의 고귀한 사명은 잊은 채 풍족한 재물에만 의지해 살아가는 것, 이것이 바로 인생 비극의 시작이다. 어리석은 부자의 이야기는 바로 이 교훈을 생생하게 보여 준다. 재물이 아니라, 재물의 참된 주인이신 하나님을 기억하고 섬길 때에만, 우리는 인생의 진정한 평안과 의미를 누릴 수 있다.

III. 하나님께 대한 참된 부요함

인생을 즐기는 것 자체는 잘못이 아니다. 문제는 영원하신 하나님과 영원한 삶을 모른 채 즐기는 것이다. 바울은 이렇게 선포했다. "내가 사람의 방법으로 에베소에서 맹수와 더불어 싸웠다면 내게 무슨 유익이 있으리요 죽은 자가 다시 살아나지 못한다면 내일 죽을 터이니 먹고 마시자 하리라"(고전 15:32).

누구든 내일이 없다면, 영원한 것이 없다면, 오늘 먹고 즐기는 것이 이상할 게 없다. 그러나 영원한 세계와 하나님을 모른 채 쌓은 재물을 하나님보다 더 소중히 여기는 것은 돌이킬 수 없는 재앙이다. 어리석은 부자에 대해 성경은 엄중히 말씀했다. "자기를 위하여 재물을 쌓아두고 하나님께 대하여 부요하지 못한 자가 이와 같으니라."

하나님께 대해 부요하다는 말은 그 반대를 보면 쉽게 이해된다. 그 반대는 자신을 위해 이 땅에 재물을 쌓는 것이다. 자신을 위해 재물을 쌓는 것이 왜 문제가 되는가? 창조주 하나님이 우리를 지으신 본래 뜻과 정반대로 사는 것이기 때문이다. 피조물은 하나님을 의지해야 하는데 자신을 의지하는 것이다. 하나님보다 자기가 쌓은 부를 더 믿는 것이다. 이것이 잘못이다.

인생에서 짜증 나고, 화나고, 불안하고, 불만이 가득한 것은 대개 내가 의지하는 것이 나를 지켜주지 못하기 때문이다. 의지하는 대상이 남편이든, 아내든, 자녀든, 은행 잔고든, 학위든 그것이 자신을 보호하지 못할 때, 사람들은 예민해지고 화를 낸다.

본문의 부자는 인생의 성공이 모은 재산과 비례한다고 여겼다. 지금 식으로 말하면, 통장 잔고가 인생의 성공이라 생각한 것이다. 그러나 결국 자신이 믿던 안전망과 인간관계는 하룻밤 사이에 빈 껍데기가 된다. '권력의 창고', '지식의 창고', '재물의 창고'를 지어보라. 그리고 이것들이 정말 자신을 구원하는지 살펴보라. 하나님을 의지해야 하는데, 지식과 권력과 부를 의지하면 남는 것은 "어리석은 자여 오늘 밤에 네 영혼을 도로 찾으리라"는 날벼락 같은 하나님의 말씀뿐이다.

그러면 우리는 어떻게 해야 하는가? 하나님께 대하여 부요하라고 하신다. 무엇이 하나님께 대한 부요함인가? 그것은 마음을 하나님께 두는 것이다. 세상의 큰 부를 얻게 되었을 때도, 그 부를 통해 하나님을 더욱 의지하며 사는 것이다. 이것이 성경이 말하는 믿음에 부요한 자이다.

야고보서 2장 5절은 "믿음에 부요하게 하시고"라고 말한다. 누가복음 12장 21절에서 '부요'를 뜻하는 헬라어 '플루테오'와 야고보서

2장 5절의 "믿음에 부요하게 하시고"의 '플루시오스'는 같은 어원에서 나왔다. 그리스도인이라면 자신의 부로 하나님을 더욱 의지함을 보여야 한다. 부가 하나님을 의지하는 증거가 되어야 한다. 하나님께 믿음으로 자신을 드리는 사람에게 하나님은 작은 것으로도 큰 역사를 이루신다. 요한복음 6장의 오병이어 기적이 바로 그것이다. 작은 아이가 가진 보리떡 다섯 개와 물고기 두 마리로 5천 명을 배부르게 하신 놀라운 기적이 이를 잘 보여준다.

영원한 보물을 쌓는 사람들

하나님께 부요하다는 것은 무슨 뜻인가? 하나님 앞에서 부자라는 뜻이다. 쉽게 말하면 하나님의 천국 계좌에 자산이 쌓이는 사람이다. 마태복음 6장 20절은 이를 하늘에 보물을 쌓는 것이라고 말씀한다. 그러면 누가 하늘에 보물을 쌓는 자인가?

첫째는, 믿음으로 하나님 말씀에 뜻을 두고 사는 사람이다. 세상적으로는 순종하기 어려운 상황에서도 주님의 말씀이라면 순종하는 것이 하늘에 보물을 쌓는 일이다. 아브라함은 믿음으로 말씀에 순종하여 축복을 받았다.

둘째는, 믿음으로 하나님을 위한 고난을 기꺼이 받아들이는 사람이다. 모세는 하나님과 함께 고난받는 것을 죄악의 낙을 누리는 것보다 더 좋아했다. 그가 믿음으로 상 주심을 바라보았기 때문이다(히 11:24-26).

셋째는, 믿음으로 예수님을 알기 위해 자신의 것을 내려놓을 줄 아는 사람이다. 바울은 자신이 가진 모든 특권을 그리스도를 위해 포기했다. 예수님을 아는 것을 세상의 어떤 것보다 귀하게 여겼기

✳

111

7장. 하나님께 참으로 부요한 자

때문이다(빌 3:7-8).

그러므로 아브라함처럼 믿음으로 말씀에 순종하고, 모세처럼 믿음으로 하나님을 위한 고난을 기쁘게 여기며 상주심을 바라보고, 바울처럼 예수님을 아는 것을 가장 귀한 것으로 여기며 사는 것, 이것이 하나님께 자신을 온전히 맡기는 것이며 하나님께 부요해지는 것이요, 천국 계좌에 보물을 쌓는 일이다.

IV. 하나님께 부요함을 이루는 구체적 실천

이런 삶을 살려면 내가 하나님께 받은 은혜가 얼마나 큰지 깊이 깨달아야 한다. 지금 내 인생이 끝이 아니게 하시고, 영원한 하나님 나라를 준비하시며, 그리스도의 피로 그 나라에 들어갈 수 있는 은총을 주신 것이 얼마나 감사한가! 이 광대한 우주 가운데서도 나를 사랑하시는 하나님의 지극한 은혜에 마음 깊은 곳에서 감사가 솟아나지 않을 수 없다. 시인의 고백처럼 "내게 주신 모든 은혜를 내가 여호와께 무엇으로 보답할까"여야 한다(시 116:12). 복음성가의 가사가 이 감사를 잘 표현하고 있다. "어찌하여야 그 크신 은혜 갚으리. 무슨 말로써 그 사랑 참 감사하리요. 하늘의 천군천사라도 나의 마음 모르리라. 나 이제 새 소망이 있음은 당신의 은혜라. 바치리라 모두 주님께."

하나님의 은혜를 깊이 깨달은 사람은 자연스럽게 시간과 재물을 기쁘게 드리고, 첫 열매로 주님을 높이게 된다. 우리가 드리는 시간과 재물을 통해 영원한 하나님 나라의 일에 동참하게 되는 것이다.

헌금은 사라지는 것이 아니라 하나님 나라에 쌓는 것이다. 그래서 헌금만큼 기쁘고 즐거운 일도 드물다. 이 땅에서 통용되는 화폐와 천국에서 통용되는 화폐는 다르다. 물질뿐 아니라 내 몸과 생명까지 드리고 싶어 하는 마음, 이것이 바로 하나님께 대한 부요한 생각이다.

고린도후서 8장 1-6절의 마게도냐 교회와 성도들은 하나님의 은혜에 감사하여 기쁘게 물질을 드린 살아 있는 증거다. 그들은 하나님께서 부어주신 놀라운 은혜를 받고 가만히 있을 수 없었다. 하나님의 은혜는 한여름 쏟아지는 빗줄기처럼 그들의 마음을 두드렸고, 삶을 거룩한 감동으로 채웠으며, 현장에서 살아있는 실체로 드러났다. 바람이 보이지 않아도 흔들리는 나뭇가지를 보며 바람을 알 수 있듯이, 은혜는 보이지 않지만 우리 안에 들어오면 심장이 뛰고, 감사의 눈물이 흐르며, 가슴 벅찬 기쁨이 나타난다. 진정한 은혜를 받으면 작은 것이라도 하나님께 드리고 싶은 마음이 솟아난다.

마게도냐 교회는 큰 환난 속에서도 기쁨이 넘쳤고, 극심한 가난 속에서도 풍성한 연보를 했다. 이는 은혜의 법칙으로만 설명할 수 있다. 내가 가진 모든 것이 하나님께로부터 왔기에, 고통과 상처조차도 감사의 제목이 되는 것이다. 큰 환난 속의 기쁨, 극심한 가난 속의 풍성한 나눔을 세상 논리로는 이해할 수 없다. 이것이야말로 고난 중에도 하나님의 은혜를 고백하며 그분께 부요한 자로 사는 삶이다.

더욱 놀라운 것은 4절의 내용이다. 그들은 헌금으로 교회와 성도를 섬기는 것을 특권으로 여겼고, 이 특권에 동참하게 해달라고 간절히 청했다. 이는 나의 모든 것이 하나님께 속했음을 고백하는 참된 헌신의 모습이다. 헌금이나 헌물을 드릴 때 자랑하는 것이 아니라, 오히려 그렇게 드릴 수 있게 해달라고 간청하는 것이다.

✳

113

천국의 부요함을 아는 사람은 드리면서도 늘 부끄러워한다. 많이 드릴수록 "이것밖에 드리지 못해 죄송한 마음으로" 기쁘게 드린다. 히니님은 억지가 아닌, 진심에서 우러나는 헌신을 기뻐하신다. 이런 사람에게 하나님은 특별한 은혜를 부으시며, 준비된 그릇에게는 재정적인 기적도 허락하신다. 또한 재물이 적어도 그 어떤 것과도 비교할 수 없는 영적 기쁨을 주신다. 이것을 깨닫게 되면 우리는 기쁨으로 즐겁게 헌금할 수 있다. 이것이 바로 주님을 향한 마음의 부요함이다. 존 스토트는 "헌금의 기쁨, 드림의 기쁨은 우리 안에 성령이 계시는 증거"라고 했다.

지금 당신에게 헌금은 열정 넘치는 예배인가, 아니면 단순한 의무인가? 앤디 스탠리는 "기쁨으로 드리는 헌금은 열정으로 가득 찬 흥미진진한 예배이다"라고 했다. 참된 예배의 증거는 기쁨에 있다. 하나님께 드리는 것이 의무가 아닌 기쁨으로 다가온다면, 그때 당신의 헌금은 이미 생명력 있는 예배가 되고 있는 것이다. 우리의 헌금은 이처럼 열정 넘치는 생생한 예배가 되어야 한다. 그때 우리의 재물은 하나님께 대한 부요함으로 이어진다.

영혼의 부자가 진짜 부자이다

하나님께 대하여 부요한 자가 되는 것은 영혼 구원을 통해서도 나타난다. 우리가 새생명축제와 대각성전도집회를 하는 이유가 여기에 있다. 주변을 보라. 자본주의 사회는 돈을 쌓는 데만 혈안이 되어 있다. 어리석은 부자처럼 재물을 쌓을 창고를 짓는 것으로 삶의 의미를 찾는 사람들이 가득하다.

세상에는 물리적 중력도 있고 심리적 중력도 있다. 그러나 어떤

하나님 나라의 비밀을 열다

중력도 돈이 끌어당기는 힘만큼 강력하지는 않다. 이 사실을 가장 잘 아는 존재가 마귀다. 죄로 물든 본성은 돈의 유혹, 돈의 중력에서 벗어날 힘이 없다. 마귀는 세상을 돈의 소용돌이 속으로 몰아넣어 인간을 불안에 떨게 만들었다. 성경은 인간 생존의 첫째 조건이 하나님의 말씀이라 하지만, 세상은 그것이 돈이라 말한다. 마귀는 사방에 돈이라는 거미줄을 쳐서 그 끈적한 영향력에서 벗어나지 못하게 한다.

이처럼 재물에 빠진 사회일수록 생명의 존엄성은 흐려지고 사회는 병들 수밖에 없다. 우리가 매년 온 힘을 다해 새생명축제를 하는 것은 영혼을 구원하여 영원한 천국으로 인도하기 위함이다. 이는 동시에 물질만능주의에 빠진 이 시대에 영적 생명을 회복시키는 거룩한 사명이기도 하다. 이런 점에서 영혼의 부자가 진정한 부자다.

우리가 하나님께 부요한 자로서 영혼 구원에 힘쓸 때, 하나님은 우리의 가정과 사회를 치유하시고 이 땅에 소망을 주실 것이다. 나아가 우리가 하늘에 쌓는 재물을 통해 하나님은 우리나라를 세계 선교를 완성하는 국가로 삼으실 것이며, 하나님 영광이 임하는 나라, 후손들이 평안히 살 수 있는 나라로 축복하실 것이다. 대한민국이 진정으로 부요해지는 길은 경제성장이 아니라 하나님께 부요한 나라가 되는 것이다. 하나님이 주시는 부요함 없이 경제만 성장하면 한국 교회는 유럽 교회의 전철을 밟게 될 것이다. 대한민국은 귀족이 다스린 고려도, 양반이 이끈 조선도 아닌, 기독교 정신으로 세워진 나라다. 이 나라는 땅끝까지 선교의 사명을 감당하기 위해 부요한 나라가 되어야 한다. 예수님으로 말미암아 부요해져야 할 영혼이 한국 땅에 아직도 80퍼센트 넘게 남아 있다.

"우리 주 예수 그리스도의 은혜를 너희가 알거니와 부요하신 이

115

7장. 하나님께 참으로 부요한 자

로서 너희를 위하여 가난하게 되심은 그의 가난함으로 말미암아 너희를 부요하게 하려 하심이라"(고후 8:9). 이 말씀대로 주님이 주신 부요함이 우리 삶에서 드러나야 한다. 우리는 재물의 소유권을 하나님께 드림으로써 신앙인의 품격을 지니고 돈의 중력에서 벗어나 은혜의 가도(歌道)를 뚜벅뚜벅 걸어가야 한다.

하나님의 부요를 삶으로 누리기를 원하는 자의 기도

우리를 넉넉하게 하시는 자비의 하나님 아버지, 우리의 마음이 돈의 속박에서 벗어나 하나님께 부요한 자로 살게 하소서. 우리 인생의 창고를 이기적 욕망이 아닌 영원하신 하나님의 풍성함으로 채우는 복된 삶이 되게 하소서. 이를 위해 물질의 신실한 청지기가 되게 하시고, 특별히 영혼 구원을 위해 재물을 사용하게 하셔서, 평생 우리의 모든 소유가 하나님의 다스림 아래 있는 참된 부요한 자로 살게 하소서.

8장

우리 서로
기쁜 날

누가복음 15:1-7

잃어버린 양 비유는 효율성과 숫자만을 중시하는 현대인의 관점으로는 받아들이기 어려운 말씀이다. "요즘 같은 세상에 99마리를 놔두고 한 마리를 찾는다는 게 말이 되나?" 이런 생각이 들수록 우리의 마음은 더욱 하나님께로 향해야 한다.

　이 말씀을 듣는 대상은 세리와 죄인들, 그리고 바리새인과 서기관이라는 정반대 부류였다. 세리와 죄인들은 멸시받는 계층이었고, 바리새인과 서기관은 당시 지도층이었다.

복음의 불, 기쁨의 불

성경을 읽다 보면 마음에 깊이 와닿는 구절이 있어, 그 감동이 다시 일어나기를 간절히 바랄 때가 있다. 이 말씀이 지금 여기서 다시 일어난다면 얼마나 좋을까 하는 생각에 가슴이 뜨거워지고 기쁨이 벅차오르는 구절들이 있다. 본문의 5-7절이 그렇다. 이 구절들에는 반복되는 단어가 있는데, 이것이 예수님 비유의 핵심이라 할 수 있다.

"내가 너희에게 이르노니 이와 같이 죄인 한 사람이 회개하면 하늘에서는 회개할 것 없는 의인 아흔아홉으로 말미암아 기뻐하는 것보다 더하리라." 5절의 "즐거워", 6절의 "즐기자", 7절의 "기뻐한다"는 모두 같은 헬라어 어근에서 왔다. 이 말씀의 진정한 의미를 깨닫고 자신의 것으로 받아들이면, 세상이 알지 못하는 특별한 기쁨을 평생 누리며 살 수 있다.

"그 성에 큰 기쁨이 있더라." 사도행전 8장 8절은 이 말씀과 연결되어 우리의 가슴을 뜨겁게 한다. 이는 참으로 놀라운 말씀인데, 바로 앞에서 스데반이 순교하고 예루살렘 교회가 큰 박해를 받아 성도들이 흩어진 상황에서 나온 말씀이기 때문이다. 한번 생각해보라. 신앙 때문에 교회 지도자가 순교하고, 믿는 이들을 죽이려 혈안이 된 그 상황에서도 복음을 전했다. "그 흩어진 사람들이 두루 다니며 복음의 말씀을 전할새"(행 8:4).

몸 하나 지키기도 힘들고 죽음의 위협이 있는 상황인데도 도망가거나 숨지 않고 오히려 복음을 전한 것이다. 그 이유는 그들 속에 있는 '복음의 기쁨' 때문이었다. 기쁨이 은혜가 되어 어떤 어려움도 뛰어넘게 된 것이다. '불'이 가슴속에 있으면 누구도 가만히 있을 수 없다. 당시 핍박받는 예루살렘 성도들의 마음속에는 "복음과 생명의 불"이 있었다. 그 불이 그들로 하여금 복음을 전하지 않고는 견딜 수 없게 만든 것이다. 그래서 성 안에 복음의 역사가 일어났고, 많은 이들이 치유받고 귀신이 떠나가는 기적이 나타났다. 그 결과 그 성에 큰 기쁨이 있었다.

세상 사람들은 좋은 것을 사고, 맛있는 것을 먹고, 아름다운 것을 보는 데서 기쁨을 찾는다. 하지만 본문과 사도행전 8장 8절의 기쁨은 전혀 다른 차원의 것이다. 잃어버린 영혼이 구원받는 기쁨이요, 상처받고 깨어진 사람들이 치유되고 회복됨으로써 얻는 밀물처럼 밀려오는 기쁨이다.

'복음의 불'과 '기쁨의 불'이 우리 안에 타오르면 가만히 머물러 있을 수 없다. "내가 여호와를 선포하지 아니하면 마음이 불붙는 것 같아서 답답하여 견딜 수 없나이다"(렘 20:9)라고 고백한 예레미야처럼 말이다. 이 말씀을 읽을 때 우리 속에서도 "복음의 불, 기쁨의 불"이 타올라야 한다. 예수님께서 잃어버린 한 마리의 양을 찾으시는 그 간절한 마음을 느껴야 한다. 그때 이 말씀이 주는 기쁨이 우리 가슴속에 뜨겁게 흘러들 수 있다.

유대 땅에서 목자와 양의 관계는 한국의 그것과는 근본적으로 다르다. 유대인에게 양은 가족과 같다. 목자는 양을 하루 종일 푸른 초장과 쉴 만한 물가로 자녀를 돌보듯 데리고 다니다가, 해 질 무렵 양 우리에 들인다. 백 마리쯤 되는 양을 한 마리씩 세어가며 우리에 넣는다. 수가 맞으면 비로소 목자는 마음 놓고 그날 밤을 쉴 수 있다.

그런데 어느 날, 종일 양 떼를 돌보다가 저녁에 양을 점검하는데 한 마리가 보이지 않았다. 아무리 세어도 한 마리를 찾을 수 없었다. "너희 중에 어떤 사람이 양 백 마리가 있는데 그중의 하나를 잃으면 아흔아홉 마리를 들에 두고 그 잃은 것을 찾아내기까지 찾아다니지 아니하겠느냐."

양 한 마리가 한눈팔다 길을 잃었거나 뒤처졌을 것이다. 목자에게
는 이것이 큰일이다. '맹수의 밥이 된 것은 아닌가? 절벽에서 떨어진
것은 아닌가? 가시덤불에 걸려 피를 흘리고 있는 것은 아닌가?' 이런
염려에 나가서 밤새도록 양의 이름을 부르며 찾아 헤맨다. 밤새 찾던
중 어느 순간 양이 목자의 음성을 듣고 '음매' 하고 대답한다. 찾아가
보니 산기슭 가시덤불 속에 옴짝달싹 못 하고 걸려 있었다. 목자는
손에 가시가 찔리고 피를 흘리면서도 가시덤불을 헤치면서 양을 구
해내어 안고 돌아온다. 그리고 양을 찾은 기쁨이 넘쳐흐른다. "찾아
낸즉 즐거워 어깨에 메고 집에 와서 그 벗과 이웃을 불러 모으고 말
하되 나와 함께 즐기자 나의 잃은 양을 찾아내었노라"(5-6절).

주님께서 왜 이 비유를 말씀하셨을까? 유대인들의 뿌리 깊은 분
리주의적 편견을 깨뜨리시기 위해서였다. 이 말씀은 잃어버린 드라
크마 비유, 그리고 돌아온 탕자 비유와 맥을 같이한다. 여기에는 목
자 되신 하나님의 마음이 담겨 있다. 예수님의 이런 목자의 마음을
이해하는 자만이 진정한 신앙인이다.

I. 모든 영혼을 부르시는 사랑

복음은 어떤 영혼도 포기하지 않는다

당시 바리새인과 서기관 같은 종교 지도자들에게는 큰 편견이 있었
다. "악한 사람은 절대 좋은 사람이 될 수 없다"고 하면서, 선한 사

람은 죄인과 어울리면 안 된다는 분리의식이 깊었다. 그들의 메시아 관도 이와 같았다. "어찌 거룩하신 하나님이 죄인의 몸을 입고 오실 수 있는가?"라고 생각했다. 메시아는 '정복자요 초월자'로 와야지, 가시관을 쓰고 고난받는 모습은 상상조차 할 수 없었다. 그래서 그들은 평범한 모습으로 오신 예수님을 메시아로 받아들일 수 없었다.

특히 그들은 예수님이 세리와 죄인들을 만나고 함께 식사하시는 것을 참을 수 없었다. "바리새인과 서기관들이 수군거려 이르되 이 사람이 죄인을 영접하고 음식을 같이 먹는다"(2절). 여기서 '이 사람'이란 헬라어 '후토스'(Houtos)인데 "이 자식"이란 경멸의 표현이다. "이 자가 죄인과 한통속이 되다니!" 하는 멸시가 가득했다.

종교 지도자들은 예수님이 세리와 창기 같은 이들과 함께하는 것을 견딜 수 없었다. "어찌 거룩하신 분이 죄인과 음식을 나누시는 가?" 이런 완고한 분리 의식에 사로잡힌 그들에게, 잃은 양들을 위해 목자가 목숨을 바친다는 예수님의 말씀은 충격적인 경고였다. 바리새인과 서기관들도 하나님을 믿고 성경을 따랐으며 영적인 일에 열심이었다. 하나님의 권위도 인정하고 말씀도 지켰다. 그러나 죄인이 하나님께 돌아올 수 있다는 사실만은 끝내 받아들이지 못했다.

오늘날에도 자기 집단만이 선택받았다고 여기는 분리 의식과 차별 의식이 있다. 겉으로는 신앙의 옷을 입었지만 실상은 자기 의에 사로잡힌 모습이다. 이런 분리주의적 성향은 진영논리에 갇혀 상대를 적대시하는 한국 사회의 DNA 속에도 깊이 자리 잡은 듯하다. 우리 사회는 서로를 내 편과 네 편으로 가르고, 다르면 적으로 여기는 생각이 깊이 뿌리박혀 있다. 이런 편 가르기는 점차 극단적인 사고방식으로 굳어져, 겉으로는 믿음을 말하면서도 실제로는 예수님의 사랑과는 정반대로 가는 길이 되고 만다.

이것은 남의 이야기가 아니다. 우리 안에도 이런 분리 의식과 차별 의식이 숨어 있다. "저 사람은 구제불능이야", "저 사람은 아무리 해도 구원받지 못해", "저 사람은 안 돼"라고 생각하는 것도 분리 주의요 차별주의의 모습이다. 그리스도인인 우리부터 이러한 편견을 극복할 때, 비로소 사회가 앓고 있는 흑백논리와 이념의 장벽을 허물 수 있을 것이다.

오늘날에도 우리는 "구원받기 어렵다"고 생각하는 부류를 만든다. 기독교에 적대적인 사람, 신앙에 무관심한 사람, 세속적인 사람, 자기 의에 빠진 사람, 자기 숭배자들을 보며 "저런 사람은 절대 구원받지 못할 거야"라고 단정 짓는다. 그러나 복음은 어떤 영혼도 포기하지 않는다. 십자가 위의 강도까지도 품어 안는 것이 예수님의 보혈의 복음이다.

"그 사람은 예수 믿을 사람이 아니다"라는 편견

성경에는 참으로 놀라운 고백이 있다. "베드로가 이르되 주여 그럴 수 없나이다"(행 10:14). 교회의 반석이요 제자들 중 으뜸인 베드로가 한 말이라는 점에서 더욱 놀랍다. 주님은 베드로에게 나가서 복음을 전하라 말씀하시지만, 베드로는 주님의 말씀을 따를 수 없다고 답한다. 당시 유대인은 이방인을 그 자체로 부정한 사람들로 취급했다. 이방인을 구원의 대상으로 여기지 않고 지옥의 땔감으로 여겼으며, 이방인과 교제하며 가까이하는 것조차 위법으로 보았다. 유대인의 선민의식에서 자유롭지 못했던 베드로는 이방인과 식사 교제하다가 유대인들이 들어오자 그 자리를 피하기까지 했다(갈 2:13). 그러니 하나님께서 얼마나 안타까우셨으면 "내가 정하다 한 것을 네가 부정하다고 하지 말라" 하며 환상을 보여주셨겠는가! 결국 이방인 고넬료가 구원받게 하시려고, 보자기 환상을 통해 부정한 음식을 먹으라 하심으로써 베드로의 편견을 바꿔주셨다.

오늘날 전도에 대해서도 형태는 다르지만 베드로와 같은 말을 하는 사람들이 적지 않다. 예수님께서 베드로에게 하신 것처럼 누구에게 복음을 전하라고 말씀하시지만, 주님께 그럴 수 없다고 하며 그럴 듯한 핑계를 댄다. "그는 평소의 언행을 보면 결코 예수 믿을 사람이 아닙니다. 그는 자기 의로 가득 차 있습니다. 그는 너무도 세속적인 사람입니다. 그는 신앙에 관심이 없습니다. 그는 기독교에 적대적인 사람입니다. 그렇기 때문에 그는 결코 예수 믿을 사람이 아닙니다."

주님은 지금 우리에게도 복음을 전하라 말씀하시지만, 이런저런 객관적이고 상식적인 이유를 들어 마음으로는 "주여 그럴 수 없나이다"라고 말하는 사람은 없는가? 이는 베드로가 주님께 했던 "주여 그럴 수 없나이다"의 21세기 버전이다.

우리는 자신의 상식과 신념, 고집 때문에 또는 상대방의 언행과 복장, 소속, 가치관 때문에 복음을 듣더라도 누구는 구원받을 수 없다고 단정 짓는다. 우리가 스스로 복음의 장벽을 쌓아 사람들을 흑백논리로 가르는 잘못을 범하는 것이다.

이는 사도행전 17장 26절, "하나님께서 인류의 모든 족속을 한 혈통으로 만드사"라는 말씀을 이해하지 못하기 때문이다. 예수님의 죽음은 하나님과 사람 사이의 분리된 담을 허물고, 사람과 사람 사이의 담도 무너뜨리기 위함인데, 복음 전파를 거부하며 "주여 그럴 수 없나이다"라고 말하는 것은 주님께서 허무신 담을 다시 쌓는 어리석은 일이다.

✳

II. 찾도록 찾으시는 목자의 심정

바리새인과 서기관들은 죄인들을 멀리하며 분리의식과 편견을 가지고 있었다. 그러나 예수님은 이들과 달리, 잃어버린 양을 찾아 헤매는 목자의 심정으로 이스라엘 백성을 바라보셨다. 4절에서 목자가 "잃은 양을 찾아내기까지 찾아다닌다"고 했는데, 7절의 "이와 같이"는 바로 이 목자의 적극적인 구원 의지를 가리킨다. 예수님은 진정한 목자로서 양들을 찾기 위해 피를 흘리고, 굶주림도 견디며, 밤새도록 목이 쉬게 부르짖으면서까지 잃어버린 양들을 찾아 나서셨다.

"찾아내기까지 찾아다닌다"는 것은 시간의 제약 없이 끝까지 찾아나선다는 의미이다. 6개월이 걸리든 1년이 걸리든, '찾을 때까지' 끝까지 포기하지 않고 찾아나선다는 말이다. 새생명축제 간증을 들어보면, 어떤 성도는 계속 거절당하면서도 눈물로 8번이나 초청했다. 이것이 바로 "찾아내기까지 찾는 것"이다.

어떤 성도는 태신자로 4명을 작정했는데, 2명은 수락했지만 나머지는 계속 피했다. 그래서 그들을 데려오는 것이 귀찮고 번거로웠으나, 한 태신자를 8년 동안 초청했다는 이야기를 듣고 그런 마음이 사라졌다고 한다. 이처럼 성도들은 저마다의 방법으로 복음을 전한다. 병원 원장은 무료 진료권으로, 피부관리사는 무료 스킨케어로, 미용사는 무료 커트로 사람들을 섬기며 복음의 문을 연다. 이것이 바로 찾아내기까지 찾아다니는 것이며, 목자의 심정이다.

필립 얀시는 죄인을 사랑하시는 목자의 심정을 이렇게 묘사했다. "죄인에 대한 문제라면 하나님은 그냥 팔 벌리고 서서 '이리 오라'고 말씀만 하지 않으신다. 줄곧 서서 기다리신다. 탕자의 아버지가 그랬던 것처럼. 아니다, 그분은 서서 기다리지 않는다. 찾아 나서신다. 목자가 잃은 양을 찾아 나선 것처럼. 그분은 양을 찾기 위해 가신다. 아니다, 그분은 이미 가셨다. 진정 그분은 하나님의 신분에서 인간 신분이 되기 위해 무한히 먼 길을 가셨다. 그렇게 죄인들을 찾아오신 것이다."

형제를 위해 기다리고, 찾아 나서며, 자신을 내어놓는 것, 이것이 우리가 가슴에 품어야 할 목자의 심정이다.

현대사회의 효율성과 숫자에 매몰된 우리는 "100마리 중 한 마리를 잃어버렸다"는 말에 심각성을 느끼지 못할 수 있다. 하지만 유대인에게 양은 가족과 같았다. 사무엘상 17장을 보면, 다윗은 양을 사랑한 나머지 사자와 곰이 양을 물고 가면 입을 찢어 양을 구해내고, 목숨을 걸고 피를 흘리면서 양을 지켰다. 이처럼 유대인들에게 양은 생명을 거는 관계였다. 이것이 목자와 양의 관계다. 다윗이 고백한 "여호와는 나의 목자시니 내게 부족함이 없으리로다"는 말씀은 주님과 나의 관계를 생명의 관계로 설명한 것이다. 양이 이리에게 뜯길 때 목자가 목숨을 걸고 구하러 오는 관계다. 이런 이유로 예수님은 요한복음 10장 11절에서 "나는 선한 목자라 선한 목자는 양들을 위하여 목숨을 버리거니와"라고 말씀하셨다. 이것이 참 목자와 양의 관계다.

잃어버린 것이 양이 아닌 자식이라고 생각해보자. 열 명의 자녀가 있는 집에서 놀이공원에 갔다가 아이를 잃어버린다면, "열 명 중 하나 잃어버린 것이니 괜찮아"라고 생각할 부모가 있겠는가? 목이 쉬도록 자식을 부르다가 며칠 만에 찾았을 때, 아이를 안고 "괜찮니? 밥은 먹었니? 잠은 잤니?" 하면서 함께 우는 것이다. 본문에서 목자가 양을 잃어버린 심정이 바로 이와 같았다.

주님은 우리가 이 마음을 깨닫기를 원하신다. 자식 열 명이 있다고 해서 사랑을 10분의 1씩 나누는 것이 아니다. 첫째도 온전히, 둘째도 온전히, 셋째도 온전히 사랑하는 것이다. 혹시 우리가 "아이 하나도 키우기 힘든데, 셋을 어떻게 사랑하나?" "어떻게 한 마리 양을 찾으러 아흔아홉 마리를 두고 갈 수 있나?"라고 말한다면, 이는 어머니의 마음, 목자의 심정을 모르고 하는 말이다.

III. 하늘의 참 기쁨이 회복되는 시간

목자가 온 힘을 다해 찾아 헤매던 양을 마침내 발견했을 때의 기쁨은 어떠했을까?

첫째, 목자는 지금까지의 고생도, 앞으로 남은 험한 길도 잊을 만큼 기뻐했다. 목자가 양을 발견했을 때 그는 아직 광야에 있었다. 돌아갈 길도 멀었고 양을 어깨에 메고 가야 했지만, 그래도 기뻐했다. 목자는 양을 향해 "이 멍청한 놈, 네가 얼마나 고생시켰는지 알아? 다시 이러면 털을 밀어버릴 거야"며 꾸짖지 않았다. 대신 어깨에 메고 기뻐했다. 이것이 바로 복음이다.

둘째, 기쁨을 함께 나누었다. "집에 와서 그 벗과 이웃을 불러 모으고 말하되 나와 함께 즐기자 나의 잃은 양을 찾아내었노라 하리라." 목자의 심정을 아는 이웃들도 "저 한 마리 때문에 시간과 돈 낭비했네"라고 하지 않았다. 대신 모두가 목자의 기쁨에 동참했다.

하나님은 아흔아홉 마리 양을 돌보시는 것만큼 잃어버린 양 한 마리도 똑같이 아끼신다. 더 깊이 들여다보면, 잃어버린 한 마리를

하나님 나라의 비밀을 열다

아끼시는 그 마음으로 아흔아홉 마리 각각을 모두 귀하게 여기신다. 하나님은 그 누구도 소홀히 대하지 않으신다.

사랑할 자가 나밖에 없는 것처럼 나를 사랑하시는 하나님

복음을 깨닫고 은혜를 받을 때 우리는 인생을 바꾸는 깊은 각성을 경험한다. "하나님은 나를 수많은 사람 중 하나로 대하지 않으시고, 마치 사랑할 사람이 나밖에 없는 것처럼 찾아오셔서 만나주시고 치유하셨다." 이것이 하나님의 성품이고 사랑이다. 이 깨달음은 이후 모든 신앙생활과 사역의 중심이 된다. 이런 영적 각성을 통해 인격적으로 주님을 만나게 된다.

잃어버린 한 마리 양을 찾기까지 밤새워 다니시는 목자장 예수님이 우리 안에 계시는 한, 우리는 결코 절망할 수 없다. 더욱이 죄인 한 명 한 명을 돌보시고 성대한 기쁨의 잔치를 베푸시는 하나님이시다. 이 사랑을 깨닫는다면 우리는 더 이상 환경이나 다른 이들과 자신을 비교하지 않게 된다. 내 고유한 가치는 하나님과 나의 관계에 있기에, 더욱 주님을 사랑하고 충성하게 되는 것이다. 하나님께서 잃어버린 양을 찾으시듯 우리 한 사람 한 사람을 인격적으로 만나주시는 이 진리가 지난 2000년 교회 역사를 지탱해온 힘이다.

잃은 양을 찾아 집으로 돌아온 목자는 이웃과 친구들을 불러 "나와 함께 즐기자. 나의 잃은 양을 찾아내었노라"고 기쁨을 나눈다. 이에 대해 예수님은 "내가 너희에게 이르노니 이와 같이 죄인 한 사람이 회개하면 하늘에서는 회개할 것 없는 의인 아흔아홉으로 말미암아 기뻐하는 것보다 더하리라"(7절)고 말씀하셨다.

이 말씀에는 두 가지 중요한 의미가 담겨있다. 첫째, 잃어버린 양을 찾은 기쁨이 다른 모든 기쁨을 압도한다는 것이다. 단 한 영혼이 구원받을 때의 기쁨은 하늘 전체를 기쁨의 강물로 흘러넘치게 할 만큼 크다. 둘째, 양우리 안에서 주님을 닮아가려 노력하는 아흔아홉 마리의 양도 소중하지만, 잃어버린 한 마리의 양이 주님 앞에 돌아올 때 하늘에는 더 큰 기쁨이 있다는 것이다. 한 사람이 구원받을 때의 압도적인 기쁨은 은혜의 강수가 되어 개인은 물론 온 교회에 흘러넘친다. 세례식에서 은혜로운 간증으로 수천 명의 가슴에 기쁨의 강물이 흐르는 것도 같은 맥락이다.

성경은 이 기쁨을 더 큰 차원에서 표현했다. "죄인 한 사람이 회개하면 하나님의 사자들 앞에 기쁨이 되느니라"(10절). 이는 하나님의 보좌를 둘러싼 사자들이 하나님 마음속의 크나큰 기쁨을 목격하고 그 기쁨에 동참한다는 뜻이다. 이것이 바로 주님의 기쁨이 우리의 기쁨이 된다는 의미이기도 하다. 믿지 않는 자녀들, 이웃들, 친구들, 친척들에게 나아가야 한다. 예수님처럼 찾을 때까지 포기하지 말아야 한다. 하나님께서 보시기에 잃어버린 영혼들이 생명을 얻는 것보다 더 큰 기쁨은 이 땅에 없다.

이 비유가 드러내는 아버지의 마음과 기쁨의 본질을 두 가지로 살펴보자.

첫째, 진정한 기쁨은 목자이신 예수님을 만날 때 온다. 우리는 때로 주님의 마음을 아프게 할 때도 있고, 잘할 때도 있지만 헤맬 때도 많다. 그러나 헤매다가 주님께 돌아올 때 주님은 기뻐하신다. 공동체도 마찬가지다. 하나님은 공동체가 회복되는 것을 기뻐하신다(느 12:43).

둘째, 구원에는 어떤 장벽도, 어떤 한계도 있을 수 없다. 선입견으로 "저 사람은 안 돼, 저 사람은 망가졌어"라고 단정 지은 이들, 즉 망가진 양, 파괴된 양, 허물로 지친 양, 선입견으로 포기한 양들이 돌

128
하나님 나라의 비밀을 열다

아올 때 하늘에서는 무슨 일이 벌어지는가? 하늘에서는 영광의 축포가 터지고 천사들의 찬양이 울려 퍼지며 기쁨의 대잔치가 벌어진다.

잃어버린 양 비유는 "안 된다"는 분리주의적 독소에 물든 우리의 사고방식에 하나님의 심정, 천국의 심장을 보여준다. 잃어버린 양 한 마리가 돌아오면 천국에서는 기쁨과 희락의 국경일이 선포되고 새생명의 대잔치가 열린다. 이 땅에서 "나의 잃은 양을 찾아내었노라" 기뻐할 때, 하늘에서는 기쁨과 희락의 강수가 넘실대며 기쁨의 축포가 터지는 잔치가 벌어지는 것이다.

성도와 교회가 기쁨을 회복하는 가장 큰길

오늘날 한국 교회는 왜 기쁨을 잃어버렸는가? 우리 성도들의 기쁨에 왜 먹구름이 끼었는가? 왜 기쁨의 저장고가 비어 있는가? 우리가 무엇을 하면 하나님께서 가장 기뻐하실까? 한국 교회는 이미지도 새롭게 회복해야 하고, 구제와 봉사도 해야 하며, 남북통일과 나라를 위한 기도도 필요하다. 하지만 무엇보다 가장 먼저 해야 할 일은 기쁨의 근원, 기쁨의 모퉁잇돌, 기쁨의 초석을 세우고 희락의 만세 반석을 튼실히 하는 것이다. 그것이 바로 잃어버린 양이 돌아오는 것, 잃어버린 양이 구원받는 것이다.

당신의 삶이 지루하고 우울하며 무기력한가? 그렇다면 복음을 전하라. 영혼을 살리는 일에 동참할 때 당신의 삶은 기쁨으로 가득 찰 것이다. 성경은 '모든 세리와 죄인들이 말씀을 들으러 가까이 나아오니'라고 말씀한다. 우리도 모든 이에게 예수님을 만날 기회를 열어주어야 한다. 지금도 우리 주변에는 구원받아야 할 영혼들이 가득하다. 한 마리 잃은 양을 찾아 밤새워 헤매시는 예수님의 목자의 심정으로 복음을 전하자. 지금이야말로 진정한 기회다.

중국의 기독교 지도자 C. K. 리는 미국의 한 대학에서 예수님에 관해 강의했다. 학생들과 질의응답 시간에 "중국에는 유교와 공자가 있는데 왜 기독교를 전해야 하는가?"라는 질문을 받았다. 그때 C. K. 리는 이렇게 답했다.

> 첫째, 공자는 선생이었으나 예수 그리스도는 구세주시다. 중국은 지금 선생이 아닌 구세주가 필요하다. 둘째, 공자는 죽었으나 예수 그리스도는 부활하셔서 살아계신다. 중국은 부활하신 구세주가 절실히 필요하다. 셋째, 공자도 언젠가 예수 그리스도 앞에 서서 심판받게 될 것이다. 중국인들은 예수님을 심판자로 만나기보다 구세주로 만나야 한다.

C. K. 리의 이 말은 우리에게도 그대로 적용된다. 믿음을 먼저 받은 우리는 부활하신 구세주를 전함으로써 우리의 형제와 동료가 예수님을 구세주로 만나도록 할 책임이 있다.

한 마리 양을 위해 피 흘리시고 가시관을 쓰신 예수님, 천하만민의 유일한 생명의 길 되시는 예수님, 이 생명의 핵심 진리는 결코 타협할 수 없다. 타 종교를 존중하고 평화롭게 공존해야 하지만, 복음을 희석시킨 물 탄 복음, 가짜 복음을 전해서는 안 된다.

복음은 머리의 지식이 아닌 가슴의 사랑으로 전하는 것이다. 전도의 비결은 바로 그 기쁨을 직접 경험하는 데 있다. 한 번의 전도로 얻는 기쁨은 또 다른 전도의 열매를 맺게 한다.

교회의 한 성도는 이혼 위기에 처했을 때 친구로부터 "부적도, 굿도 다 해봤으니 이제 교회나 한번 가보지 그래?"라는 말을 듣고 교회에 나왔다가 예수님을 만나 모든 것이 회복되었다. 이처럼 전도는 전하는 이에게도, 받는 이에게도 형언할 수 없는 기쁨을 준다. 기쁨이 있어야 전할 수 있고, 전할수록 그 기쁨은 더욱 커진다. 하나님은 살리는 영이시요, 생명의 영이시기 때문이다. 이 기쁨이 넘칠 때 생명의 영도 우리 가운데 충만해진다.

인생이란 결국 참된 기쁨을 찾아가는 여정이 아니던가. 그런데 그 기쁨이 바로 눈앞에 있고 손만 뻗으면 잡을 수 있는데도, 다른 곳에서 헛된 수고를 한다면 이보다 더 안타까운 일이 어디 있겠는가!

우리는 잃어버린 영혼들을 주님께로 인도하는 복음 전파의 사명을 통해 세상이 줄 수 없는 참된 기쁨을 맛보게 될 것이다. 주님께서 우리에게 맡기신 이 거룩한 사명에 충실할 때, 하늘의 기쁨이 우리의 기쁨이 될 것이다.

하늘의 신령한 기쁨으로 살기를 원하는 자의 기도

사랑의 하나님 아버지, 디지털 시대의 과중한 부담으로 지친 저희에게 생명의 복음과 목자의 심정을 알게 하시고, 영혼을 구원하는 생명의 역사에 눈을 열어주시니 감사드립니다. 잃어버린 양을 찾아 밤을 지새우는 목자의 심정으로, 한 영혼을 찾기까지 멈추지 않는 구령의 열정을 부어주옵소서. 남은 생애 동안 복음을 전하는 기쁨을 날마다 경험하며 살아가게 하옵소서.

9장

용서할 줄 모르는
종 비유

마태복음 18:21-35

"증오는 우리를 과거의 감옥에 가두고, 용서는 우리에게 미래의 이력서를 쓰게 한다." 이런 용서의 유익을 알면서도 '나를 이토록 상처주고 어렵게 했던 사람을 용서하느니 차라리 지옥으로 가겠다'고 말하는 이들이 있다.

왜 용서가 이토록 어려울까? 인간의 용서는 언제나 조건이 따르기 때문이다. 가해자가 먼저 잘못을 빌고 변화된 모습을 보여야만 용서의 문이 열린다. 그러나 기독교의 용서는 전혀 다르다. 그 주체는 내가 아닌 하나님이시며, 놀랍게도 피해자의 희생을 통해 이루어진다. 본문은 세상의 논리를 뛰어넘는 용서를 통해 우리를 증오의 포로에서 해방시키는 은혜의 길을 보여준다.

나는 용서할 수 없지만 예수님을 믿는 나는 용서할 수 있다

용서는 하나님으로부터 시작되어 우리에게 내려왔다. 참된 용서는 하나님의 은혜가 우리 마음을 촉촉이 적실 때 비로소 시작된다. 달리 말해 온전한 용서는 복음의 은혜로만 가능한데, 이는 죄성을 가진 인간이 용서의 능력을 상실했기 때문이다. 인간이 자신의 의지로 하는 용서에는 늘 잔재가 남는다. 타락한 인간은 아무리 노력해도 자기 의와 공로의식에서 벗어나지 못하기 때문이다.

　기독교의 용서는 그 주체가 '나'가 아닌 '하나님'이시다. 보통 우리는 용서를 세상적 사고방식으로 판단한다. 세상은 가해자가 회개하거나 변화하는 등 용서의 조건을 충족해야만 용서의 실마리가 풀리지만, 기독교의 용서는 피해자인 하나님께서 자기희생으로 먼저 시작하시는 것이다. 인간의 죄로 인한 최대 피해자가 예수 그리스도이신데, 하나님의 독생자가 이 땅에 오셔서 십자가에 못 박히심으로 우리를 용서하시는 것이 하나님의 용서 방식이다.

　본문은 베드로가 "형제가 내게 죄를 범하면 몇 번이나 용서하여 주리이까 일곱 번까지 하오리이까"(21절)라고 묻는 장면으로 시작된다. 당시 유대 랍비들은 "형제를 세 번까지는 용서하지만, 네 번째 죄를 지으면 그 형제를 경멸하고, 용서하지 말고 증오하라"고 가르쳤다. 베드로는 완전수 '일곱'을 언급하며 자신의 관대함을 은근히 드러내고 싶었던 것 같다.

✳

예수님은 "일곱 번뿐 아니라 일곱 번을 일흔 번까지라도 할지니라"고 말씀하셨다. 이는 단순히 490번이 아닌 무한대의 용서를 뜻한다. 사실 누가 490번이나 용서할 수 있겠는가! 예수님의 답변은 용서에 대한 기존 관념을 완전히 뒤흔드는 충격적인 선언이었다. 무한대의 용서는 인간에게 불가능한 것이요, 오직 성육신의 사랑, 십자가의 사랑으로만 가능한 것이다.

누가복음 7장에도 비슷한 이야기가 나온다. 예수님이 바리새인 시몬의 집에 초대받았을 때, 죄 많은 여인이 들어와 눈물로 예수님의 발을 적시고 머리카락으로 닦은 뒤 향유를 부었다. 이를 본 시몬이 속으로 '이 사람이 선지자라면 이런 죄인이 자기를 만지도록 두지 않았을 것'이라 생각했다. 예수님은 시몬의 마음을 아시고 말씀하셨다. "너는 내게 발 씻을 물도 주지 아니하였으되 이 여자는 눈물로 내 발을 적시고 그 머리털로 닦았으며 너는 내게 입맞추지 아니하였으되 그는 내가 들어올 때로부터 내 발에 입맞추기를 그치지 아니하였으며 너는 내 머리에 감람유도 붓지 아니하였으되 그는 향유를 내 발에 부었느니라"(44-46절).

그리고 이 여인의 죄는 용서받았다. "그의 많은 죄가 사하여졌도다 이는 그의 사랑함이 많음이라 사함을 받은 일이 적은 자는 적게 사랑하느니라"(47절). 많이 용서받은 자는 많이 사랑하고, 적게 용서받은 자는 적게 사랑한다는 말씀은 기독교 용서의 본질이며, 왜 그리스도인이 진정한 용서의 문으로 들어갈 수 있는지를 보여준다. 내가 용서받은 만큼 남을 용서하게 되는 것이다. 이런 점에서 십자가의 용서에 견줄 수 있는 용서는 없다.

핵심은 이것이다. 바리새인 시몬은 정죄하는 데 관심이 있었고, 예수님은 구원하는 데 관심이 있으셨다. 그러므로 예수님을 마음에 품은 그리스도인은 정죄하고 비판하는 데 평생을 쏟을 것이 아니라, 예수님이 베푸시는 구원에 관심을 두어야 한다. 이것이 은혜의 주류에 서는 길이다.

우리의 마음 판에 써야 하는 글씨

요한복음 8장을 보면 유대인들이 간음 현장에서 잡힌 한 여인을 예수님 앞으로 끌고 왔다. 그들은 예수님께 물었다. "선생이여, 이 여자가 간음하다가 현장에서 잡혔나이다. 모세는 율법에 이러한 여인을 돌로 치라 명하였거니와 선생은 어떻게 말하겠나이까?"(4-5절) 유대인들의 날 선 질문에 예수님은 몸을 굽혀 조용히 땅에 글씨를 쓰셨다. 유대인들은 예수님의 침묵을 자신들의 승리로 여기고 계속해서 물었다. "그들이 묻기를 계속하니"는 헬라어로 미완료 과거형이다. 원문은 이들이 끊임없이 질문했음을 알려준다.

이 사건은 당시 유대인들이 얼마나 자기 아집에 갇혀 있었는지, 하나님의 뜻과는 얼마나 멀어져 있었는지를 보여준다. 동시에 정죄와 비판의 늪에서 헤어 나오지 못하는 우리의 모습을 비추고 있다. 여전히 형제를 비판하고 용서하지 못하는 모습은 하나님과 얼마나 멀어져 있는지 깨닫게 한다.

우리는 예수님이 땅에 무엇을 쓰셨을지 궁금해한다. 당연한 호기심이다. 하지만 이 호기심에만 사로잡히면 이 사건의 본질을 놓치게 된다. 유대인들의 관심은 오직 여인을 정죄하는 데 있었지만, 예수님의 관심은 여인을 살리는 데 있었다. 이것이 핵심이다. 그러므로 세상이 누군가를 정죄할 때, 우리는 그 시선을 좇을 것이 아니라 예수님처럼 그 사람을 살리고 세우는 길을 깊이 생각해야 한다.

✳

우리는 모두 간음한 여인보다 더 큰 용서를 받은 사람들이다. 어떤 이는 '그래도 나는 현장에서 간음한 여인보다는 낫지 않은가'라고 생각할지 모른다. 그러나 실제 간음을 하지 않았다 해도 평생 마음의 간음을 짓지 않은 사람이 있을까?

게다가 욕정을 품는 것만이 간음이 아니다. 에스겔 16장은 하나님을 떠나 세상을 사랑하는 것, 우상숭배, 궁핍한 자를 외면하는 것, 거만하고 가증한 일을 행하는 것이 모두 간음이라 말한다. 이런 죄에서 자유로운 사람이 누구인가!

요한복음 8장의 이 사건은 죄에 사로잡힌 인간의 모습을 드러낼 뿐 아니라, 정죄는 사람을 죽이고 용서는 사람을 살리며, 용서받은 자는 그에 합당하게 살아야 함을 보여준다. 동시에 간음한 여인보다 더 큰 죄를 용서받은 우리는 더 큰 용서의 삶을 살아야 함을 말하고 있다. 우리 식으로 말하면, '에너지를 주는 것', '믿음 보고' '어둠을 밝히는 것'에 관심을 둬야 한다.

지금 이 세상은 정죄가 넘쳐난다. 인터넷의 수많은 악플들을 보라. 그런 악플로 많은 이들이 고통받고, 심지어 목숨을 끊기도 하는 것이 현실이다. 비판과 정죄는 예나 지금이나 세상을 휘감고 있다. 그러나 믿는 자가 관심을 가져야 할 것은 '구원'이다. 인생을 살아갈수록 예수님을 닮은 성숙한 믿음으로 나아가려면 결단해야 한다. 정죄가 아닌 구원, 용서와 사랑, 세움과 믿음을 말해야 한다.

인간은 가인이 동생을 죽였던 것처럼, 억울함을 느낄 때 남을 비판하고 상처 주려는 본성이 있다. 그러나 우리가 비판하고 용서하지 않는 한, 우리 영은 무기력해지고 정죄의 감옥에 갇히게 된다. 한국 교회가 비판의 영에서 벗어나 서로를 격려하고 기도하는 데 앞장서야 하는 이유는 우리 주님이 그렇게 하셨기 때문이다.

하나님 나라의 비밀을 열다

특별히 주목할 점은, 예수님이 바리새인의 죄를 지적하시고 교만을 꾸짖으셨지만, 죄로 힘들어하는 사람을 비난하신 적이 없다는 것이다. 오히려 간음한 여인에게 "나도 너를 정죄하지 아니하노니 가서 다시는 죄를 범하지 말라"고 하셨다. 이는 죄가 사소하다거나 죄가 아니라는 뜻이 아니다. 죄를 지은 여인에게 정죄의 멍에를 씌우는 대신, 그가 다시 살아날 길을 보여주신 것이다. "다시는 죄를 범하지 말라"는 말씀은 죄를 지은 여인이 진정으로 사는 길을 제시하신 것이다.

I. 일만 달란트 빚진 자가 바로 우리이다

본문에서 주님은 놀라운 비유를 들려주신다. "천국은 그 종들과 결산하려 하던 어떤 임금과 같으니." 결산할 때 만 달란트 빚진 종 하나가 불려 나왔다. 달란트는 고대 근동 사회에서 최고 화폐 단위였다. 한 사람이 짊어질 수 있는 무게였고, 1달란트는 노동자의 20년 치 임금과 맞먹었다. 그러니 이 종이 진 만 달란트의 빚이란 상상을 초월하는 천문학적 금액이었다.

당시 팔레스틴 전역, 즉 유다와 사마리아와 갈릴리, 베뢰아 지역의 1년 세수가 800달란트였다. 역대하 25장을 보면 유다 왕 아마샤가 용병 10만 명을 고용하는 데 은 100달란트가 들었고, 성막을 금으로 만드는 데도 30달란트가 채 들지 않았다. 1만 달란트는 490번의 용서처럼 사실상 무한대를 의미했던 것이다.

임금은 갚을 것이 없는 종에게 "그 몸과 아내와 자식들과 모든 소유를 다 팔아 갚게 하라"고 명했다. 그러자 종이 엎드려 절하며 "참 아주소서. 다 갚겠습니다"라고 애원했다. 물론 결코 갚을 수 없는 금 액이었지만, 왕은 그를 불쌍히 여겨 모든 빚을 탕감해주었다.

그런데 이 종은 나가서 자기에게 백 데나리온(우리 돈으로 약 천만 원) 빚 진 동료의 목을 잡고 갚으라고 다그쳤다. 동료가 참아달라고 빌었지 만 그는 매정하게 옥에 가둬버렸다. 이후 임금이 이 악한 종에게 내 린 판결은 지난 2000년간 많은 이들의 영혼을 울리고 있다. "악한 종아 네가 빌기에 내가 네 빚을 전부 탕감하여 주었거늘 내가 너를 불쌍히 여김과 같이 너도 네 동료를 불쌍히 여김이 마땅하지 아니 하냐"(32-33절).

용서, 정죄의 감옥에서 벗어나는 유일한 길

하나님은 우리의 천문학적인 빚을 용서해주셨다. 그런데도 우리는 날마다 하나님께 죄를 짓고 있다. 우리는 매일 크고 작은 죄를 짓고 살아간다. 하나님의 영광을 가리는 순간들이 하루에도 수없이 많다. 이렇게 쌓이고 쌓인 우리의 죄악은 도저히 갚을 수 없는 만 달란트 의 빚과도 같다. 하나님이 우리를 용서하지 않으신다면 우리는 살길 이 없다.

그런 우리를 예수님은 십자가의 보혈로 씻어주셨다. 그저 대충 씻 어주신 것이 아니라 죄의 흔적조차 없이 깨끗이 씻어주셨다. "너희 의 죄가 주홍 같을지라도 눈과 같이 희어질 것이요 진홍같이 붉을 지라도 양털처럼 희게 되리라"(사 1:18).

그렇다면 이런 용서를 받은 우리가 우리에게 잘못한 사람을 어떻 게 대해야 할까? 이러한 은혜를 깨닫고도 용서하지 않는다면 그것

✳

138

하나님 나라의 비밀을 열다

은 우리 자신에게 죄를 짓는 것이다. 스스로 고통 속으로 몰아넣고, 다치게 하며, 저주하는 것이다. 용서하지 않는 죄는 암처럼 우리 영혼을 갉아먹는다. 이 고통을 이제는 멈추어야 하지 않겠는가! 용서하지 못해 생기는 이 고통에서 벗어나야 하지 않겠는가!

본문은 용서하지 않는 자에게 임하는 하늘의 심판을 경고한다. "주인이 노하여 그 빚을 다 갚도록 그를 옥졸들에게 넘기니라." 용서하지 않은 종에게 다시는 살아서 나올 수 없는 감옥살이를 선고한 것이다. 빚을 다 갚도록 옥졸에게 넘겼다는 표현은 의미심장하다. 밖에서 수백 년을 일해도 갚을 수 없는 빚을, 감옥에서 어찌 갚을 수 있겠는가? 결국 이 종은 죽을 때까지 감옥에서 벗어날 수 없게 된 것이다. 이는 용서하지 않는 인간의 참혹한 모습을 그대로 보여준다. 용서하지 않는 사람은 정죄와 증오의 감옥에서 평생 벗어날 수 없는 것이다.

우리가 증오의 영에 사로잡히면 하늘의 축복이 날아가버린다. 여기서 하나님의 도움이 절실하다. 용서하지 못하는 죄가 씻김받아야 한다. 가장 두려운 것은 용서하지 않을 때 주님과 멀어진다는 점이다. "너희가 각각 마음으로부터 형제를 용서하지 아니하면 나의 하늘 아버지께서도 너희에게 이와 같이 하시리라"(35절).

용서하지 않는 자에게는 주님과의 깊은 교제가 사라지는 큰 저주가 임하고, 스스로 감옥에 가두는 비극이 시작된다. 용서의 은혜와 능력을 깨달을 때까지 마치 옥에 갇힌 것 같은 부자유한 삶이 된다. 참된 용서는 우리를 자유롭게 하지만, 용서하지 않는 사람은 스스로를 감옥에 가두는 것과 같다. 정죄의 사슬에 묶여 숨조차 쉬기 힘든 삶, 한 발자국도 앞으로 나아갈 수 없는 삶을 사는 것이다. 마치 감옥에 갇힌 죄수처럼 말이다.

✴

II. 용서란 용기 있는 결단

누군가에게 용서를 말하면 이런 반응이 돌아올 수 있다. "목사님, 그 사람이 저에게 한 짓을 아십니까? 지금도 저를 괴롭히고 있습니다. 우리 가족이 당한 일을 안다면 목사님도 분노하실 겁니다. 제가 받은 고통만큼 그들도 겪어야 합니다. 이런 수치와 부끄러움을 당했는데, 어떻게 그 사람을 용서할 수 있겠습니까? 절대 용서할 수 없습니다."

용서를 말할 때 우리는 먼저 오해를 풀어야 한다. 용서는 그들의 행동이 옳았다고 말하는 것이 아니다. 죄를 간과하거나, 계속되는 상처를 그저 덮어두는 것도 아니다. 우리를 짓밟도록 내버려두거나, 일어난 일을 잊으라는 뜻도 아니다. 상처받지 않은 척 가식을 떨거나, 갑자기 가장 친한 친구가 되어야 한다는 뜻은 더더욱 아니다. 아무 일도 없었다는 듯 완전한 화해를 요구하거나, 굳이 찾아가서 '당신을 용서했다'고 말해야 하는 것도 아니다.

그렇다면 본문이 말하는 용서란 무엇인가? 용서란 근본적으로 "더 이상 과거에 매이지 않겠다"는 용기 있는 결단이다. 죄 지은 사람을 풀어줌으로써 오히려 내가 영적 자유를 얻는 단호한 결심이요, 의식적인 선택이다. 우리의 용서가 고통을 줄여주거나 과거를 바꿀 수는 없다. 하지만 우리를 묶어두는 정죄의 사슬을 끊고, 우리를 아프게 만드는 고통의 무게를 내려놓는 것이다. 이 용서를 통해 우리는 자신을 얽매던 과거를 떠나보내고 앞으로 나아갈 수 있다. 더 이상 과거에 매이지 않고 미래의 이력서를 쓰겠다는 불굴의 결의와 선택이 용서다.

하나님 나라의 비밀을 열다

용서로 미래의 이력서를 써라

용서는 우리 발목을 묶고 있는 무거운 짐들을 내려놓고 자유롭게 달리게 한다. 하나님은 우리에게 과거를 바꾸는 능력을 주지 않으셨다. 불행했던 일이나 상처의 기억을 지우는 버튼도 만들지 않으셨다. 그러나 용서는 과거의 불공평을 뛰어넘어 더 나은 미래의 가능성을 열어준다. 증오가 우리를 과거에 붙잡아두는 반면, 용서는 우리를 새로운 출발선에 세우고 앞을 향해 나아가게 한다.

달리기 선수가 무거운 짐을 달고 뛸 수 없듯이, 우리도 미움과 증오, 원망과 원한이라는 무게를 지고서는 인생을 제대로 살아갈 수 없다. 이러한 무거운 감정을 짊어진 채 살아가는 것은 우리 자신을 스스로 옥죄는 일이다. 용서는 이 무거운 짐들을 내려놓게 하는 가장 좋은 방법이다. 용서를 통해 우리는 과거의 상처와 분노가 만든 장애물을 치워내고 자유롭게 미래로 나아갈 수 있다. 용서가 우리에게 과거에서 벗어나 새로운 미래의 이력서를 쓸 수 있게 하는 이유이다.

용서가 우리의 미래를 새롭게 쓴다는 성경적 근거는 욥기 42장 10절에서 찾을 수 있다. "욥이 그의 친구들을 위하여 기도할 때 여호와께서 욥의 곤경을 돌이키시고 여호와께서 욥에게 이전 모든 소유보다 갑절이나 주신지라." 욥의 새로운 미래는 자신에게 상처 준 친구들을 용서하는 순간 시작되었다. 용서가 미래의 이력을 쓰게 하는 이유는 그것이 '닫힌 문'을 여는 열쇠이기 때문이다. 닫힌 마음의 문을, 닫힌 관계의 문을, 증오와 미움의 감정에 갇힌 인생의 문을 열어 우리를 미래로 나아가게 한다.

증오가 우리를 과거의 감옥에 가두어둔다면, 용서는 우리를 새로

✳

운 모험의 길로 이끈다. 요셉이 형들에 대한 증오의 감옥에서 벗어나 용서를 선택했을 때, 후에 그의 아버지 야곱이 애굽 왕을 축복하는 놀라운 자리로 이어졌다. 요셉은 형들을 용서하던 순간 이런 일이 일어나리라고는 상상도 하지 못했을 것이다. 용서란 이런 것이다. 미래의 문을 열어 우리가 상상조차 못했던 새로운 가능성의 자리로 우리를 인도하는 것이다.

그러므로 우리는 가해자가 사과하지 않아도 용서할 수 있다. 용서는 '내 마음의 문제'이기에, 상대방이 용서를 구하지 않아도, 심지어 관계가 회복되지 않아도 가능하다. 용서는 마치 복음의 구원과도 같아서, 상대방이 용서받을 만한 행동을 하지 않아도 할 수 있다. 따라서 용서는 우리의 노력이 아닌 하나님의 선물이다.

III. 용서의 축복을 알면서도 왜 용서하기 어려울까?

용서가 내 인생과 가정의 미래까지 바꿀 수 있다는 것을 알면서도, 그 중요성을 이해하면서도 우리는 왜 용서하지 못하는가? "나를 이토록 상처 주고 괴롭히는 그 사람을 용서하느니, 차라리 내가 지옥에 가더라도 그가 나처럼 고통받고 실패하는 것을 보고 싶다"는 마음이 우리 안에 똬리를 틀고 있는 이유는 무엇일까?

용서가 이토록 어려운 것은 용서를 막으려는 사탄의 결사적인 저항 때문이다. 사탄은 용서의 문이 열리지 못하도록 분노와 증오의 빗장을 단단히 걸어 잠그고 있다. 용서야말로 사탄이 그의 사전에서 영원히 지우고 싶어 하는 첫 번째 단어이기 때문이다. 용서야말로 사탄의 심장을 꿰뚫고 그의 권세를 무너뜨리는 가장 강력한 무기이다.

거듭된 불순종으로 하나님의 심판을 받아 마땅했던 이스라엘이 구원받은 것은, 자신을 돌로 치려 했던 그들을 용서한 모세의 중보 때문이었다. 모세는 이스라엘이 하나님의 용서를 받지 못한다면 차라리 자신의 이름을 생명책에서 지워달라고 간구했다(출 32:31-32). 무엇보다 죄로 멸망할 수밖에 없었던 인류를 하나님과 화목하게 한 것이 십자가의 용서였다.

그렇기에 사탄은 우리 마음에 증오의 칼날을 심어놓고, 용서하려는 마음을 계속 흔들며, 용서의 기미조차 보이지 않게 방해한다. 그러므로 용서하고 싶은데 실상 용서가 참 어렵게 느껴질 때마다, 그 뒤에 숨어 용서를 방해하는 사탄의 전략은 없는지 살펴보아야 한다.

용서하라는 예수님의 명령을 거부하면 어떤 일이 벌어지는가? "그를 옥졸들에게 넘기니라." 여기서 '옥졸들'은 '고문하는 자들'(torturers)을 의미한다. 용서하지 않을 때 우리는 분노와 비통함이라는 내면의 고문을 당하게 된다. 혈압이 오르고, 두통에 시달리며, 밤새도록 당한 일을 곱씹으며 뒤척이고, 한순간도 평안을 누리지 못한 채 삶의 기쁨을 잃어버린다. 잠든 중에도 분노로 벌떡 일어나는 고통을 겪게 된다.

하나님의 자녀가 왜 이런 고통을 겪어야 하는가? 그것은 우리가 용서하기를 거부하고, 예수님이 말씀하신 "용서의 새판짜기"를 거절하기 때문이다. 예수님이 베드로에게 명하신 무한한 용서는 인간의 본성으로는 감당하기 힘든 요구처럼 보인다. 한두 번도 아닌 수백 번, 그것도 무한히 용서하라는 말씀은 인간을 누구보다 잘 아시는 예수님의 말씀이라고 믿기 어려울 정도다. 죄성을 가진 인간이 단 한 번의 용서도 어려워한다는 것을 아시면서, 예수님은 왜 무한

※

한 용서를 요구하셨을까?

그것은 인간의 힘으로는 어림도 없지만, 십자가의 용서와 사랑을 깨달은 자에게는 가능하다는 것을 아시기 때문이다. 십자가의 용서를 깊이 깨닫지 못한 사람에게 성경적 용서는 불가능하다. 우리가 용서의 문 앞에서만 서성이는 것은 십자가의 용서를 너무 피상적으로, 너무 작게 이해하고 있기 때문이다. 오직 십자가의 용서를 깊이 깨달은 자만이 용서의 문을 열 수 있다.

진정한 용서를 위해서는 용서하게 해달라는 기도보다 은혜를 경험하게 해달라는 기도가 먼저다. 이제 우리의 기도는 "하나님, 누군가를 용서하게 해주세요"가 아닌 "하나님, 저를 은혜의 자리로 이끌어주시고, 날마다 은혜의 샘에서 제 심령을 씻어주옵소서"가 되어야 한다.

이는 마치 은행원이 진짜 지폐를 수없이 만지고 보면서 그 감각을 익히는 것과 같다. 진짜 지폐에 온전히 익숙해진 사람은 위조지폐를 직관적으로 알아보듯, 십자가의 은혜를 깊이 체험한 사람은 자연스럽게 다른 이를 용서할 수 있게 된다.

분노의 물줄기를 거슬러 오르는 용기

진정으로 누군가를 용서하고 싶다면, 먼저 하나님의 은혜로 우리 심령이 적셔져야 한다. 모든 기회를 통해 은혜를 받고, 일상에서 은혜의 샘이 마르지 않게 해야 한다. 그러면 용서의 문은 자연스럽게 열리게 된다. 우리의 죄는 천 년을 갚아도 못 갚을 빚과 같다. 결국 "저는 망할 수밖에 없는 존재이니 갚을 수 없습니다"라고 고백할 때, 하나님은 "내 아들 예수가 다 갚아주었으니 너는 이제 빚이 없다"고

하나님 나라의 비밀을 열다

하실 것이다. 그런데 이런 은혜를 받고도 누군가가 조금만 비위를 건드리면 "당장 갚으라"며 화를 내는 것이 우리의 연약한 모습이다. 이토록 큰 용서를 받고도 사소한 일에 분노하고 미움을 품는다면, 우리가 겪는 고통은 당연한 결과가 아닐까.

지난 수십 년의 목회 경험을 보면, 소심한 사람일수록 용서하는 데 오래 걸려 필요 이상의 고통을 겪다가 뒤늦게 용서하곤 한다. 그러므로 성령을 통한 담대함을 구하라. 용서할 수 있는 영적 기백을 강청하라. 오직 성령으로 강하게 무장된 용사만이 과거를 떠나보낼 용기를 가질 수 있다.

왜 용서에는 특별한 용기와 믿음의 담대함이 필요할까? 용서란 우리의 결단을 넘어 하나님의 능력을 전적으로 신뢰하는 믿음의 행위이기 때문이다. 진정한 용서는 모든 두려움과 걱정을 뛰어넘어 그 과정과 결과를 온전히 하나님께 맡기는 것이며, 그분이 책임지실 것을 굳게 믿는 것이다.

억울한 일이 있을 때 상처를 받고 분노하는 것은 인간의 자연스러운 감정이다. 물이 위에서 아래로 흐르듯, 억울한 상처로 인한 분노도 그대로 두면 증오의 물줄기가 되어 마침내 원한의 강으로 흘러간다. 용서란 이 거센 감정의 물줄기를 거슬러 올라가는 영적 도전이다. 세차게 흐르는 물줄기를 거슬러 오르려면 중력보다 더 큰 힘이 필요하듯, 분노의 물줄기를 용서의 강으로 바꾸는 데는 엄청난 힘이 필요하다. 이렇게 거센 분노의 물결을 이겨내려면 피하거나, 두려워하거나, 굴복해서는 안 된다. 담대한 믿음으로 맞설 때 비로소 용서의 힘이 주어진다.

결국 진정한 용서를 위해서는 분노와 증오의 흐름을 뒤집을 내면의 힘이 있어야 한다. 이는 감정에 휘둘리는 인간의 의지만으로는 한계가 있다. 우리의 감정을 다스리는 외적인 힘, 즉 성령의 능력이 필요하다. 그래서 바울은 에베소 교인들에게 모든 악독과 분냄을 버리고 그리스도 안에서 서로 용서하도록 성령을 근심하게 하지 말라고 명했다(엡 4:30-32).

하나님은 십자가를 통한 용서로 인류에게 구원의 문을 여셨다. 죄로 반역한 인간을 위해 독생자를 내어주시기까지, 인간의 이해를 초월하는 놀라운 용기가 필요했을 것이다. 예수님은 우리를 용서의 문으로 인도하시고자 자신의 전부를 드리는 용기로 십자가의 길을 걸으셨다. 그러므로 우리도 감정의 흐름을 거슬러 용서할 때, 하나님이 반드시 선한 결과를 주실 것을 믿어야 한다. 이것이 용서에 필요한 용기요 용맹이다. 십자가에 의지하는 용서야말로 우리를 과거의 상처에서 해방시켜 참 자유의 축복으로 인도할 것이다.

용서하지 못하는 것은 사실 타인과의 문제가 아닌, 나와 하나님과의 문제다. 나와 그 사람 사이에 어려운 환경을 놓아두지 말고, 나와 어려움 사이에 '용서의 주님'을 모시자. 우리 민족에게도 '큰 용서'의 은혜와 탕평이 일어나도록 기도하자.

중요한 것은 용서의 말씀이 우리를 그 문 앞으로 인도하지만, 그 문을 여는 것은 우리의 몫이라는 점이다. 용서의 문을 여는 것은 전적으로 우리의 결심과 의지, 결단에 달려 있다. 부디 용서의 문 앞에서 망설이지 말고 용기를 내어 그 문을 열고 들어가기 바란다.

용서함으로 미래의 이력을 새롭게 쓰는 자의 기도

자비로우신 하나님 아버지, 우리의 좁은 마음을 십자가의 은혜로 적셔주옵소서. 날마다 정죄의 칼을 들고 남편과 아내, 자녀와 환경을 탓하며 용서하지 못했던 모든 것을, 이제는 담대한 마음으로 깊은 용서의 바다에 던지게 하옵소서. 더 이상 증오의 감옥에 갇혀 고통받지 않고, 남은 평생을 용서의 자유함을 누리며 살게 하옵소서.

10장

소원, 부흥, 회개는
같이 간다

누가복음 11:29-30, 요나 3:4-10

지난 40여 년의 목회 사역에서 경험적 진리로 확인되는 것이 있다. 어떤 가치 있는 일도 저절로 이루어지는 법이 없다는 사실이다. 누군가 꿈꾸고, 간절히 기도하며 매달리지 않는데 하나님의 역사가 일어나는 것을 보지 못했다. 가장 복된 삶은 하나님께서 우리 마음에 심어주신 거룩한 소원을 발견하고, 그것을 평생에 걸쳐 이루어가는 순례의 여정이다. 그래서 바울은 "너희 안에서 행하시는 이는 하나님이시니 자기의 기쁘신 뜻을 위하여 너희에게 소원을 두고 행하게 하시나니"라고 말한 것이다. 우리의 꿈이 하나님의 소원이 되면 평생을 흔들림 없이 전심전력하고 집중할 수 있다.

정말 좋은 꿈을 성취하기 원한다면

꿈을 꾼다는 것은 미래를 바라보고 선택하는 일이다. 꿈이 있다는 것은 언제든 새로운 시작이 가능하다는 의미이다. 그래서 젊어도 꿈이 없는 사람은 새로운 시작이 없는 사람이요, 나이가 많아도 꿈이 있는 사람은 언제나 새로운 시작을 할 준비가 되어 있는 사람이다.

그러나 모든 꿈이 값진 것은 아니다. 헛된 망상과 이기적인 욕망은 진정한 꿈이 될 수 없다. 참된 꿈, 우리 신자가 꾸어야 할 꿈은 하나님이 주시는 꿈이다. 우리는 언제나 하나님의 꿈을 품고, 그 꿈으로 새롭게 시작할 수 있어야 한다.

좋은 꿈을 꾸기 위해 우리가 하나님을 더욱 붙잡아야 할 이유가 있다. 하나님은 우리에게 꿈을 주실 뿐 아니라, 그 꿈을 성취하도록 이끄시는 분이기 때문이다. 꿈을 주시는 분도, 그 꿈을 이루도록 능력을 부어주시는 분도 하나님이시기에, 진정으로 좋은 꿈을 꾸고자 한다면 꿈의 근원이신 하나님을 더욱 의지해야 한다. 세상에는 억수같이 많은 꿈이 있지만, 대부분이 허상이나 백일몽으로, 때로는 자신과 이웃까지 고통스럽게 하는 악몽으로 끝나는 것은 하나님이 없는 꿈을 꾸기 때문이다.

소원은 간절함을 낳고, 간절함은 믿음을 키우며, 그 믿음이 올바른 대상에 뿌리내릴 때 비로소 결실을 맺는다. 모든 사람에게는 소원이 있다. 그러나 그 소원이 실현되는 경우는 많지 않다. 소원이 이루어지려면 전심으로 자신을 던지는 간절함이 있어야 하기 때문이다. 또한, 간절함만으로는 부족하다. 그 간절함은 반드시 믿음과 하나 되어야 한다. 간절함과 믿음이 있다고 해서 모든 꿈이 이루어지는 것도 아니다. 믿음의 대상이 잘못되었다면, 꿈이 이루어진다 헤도 오히려 악몽이 될 수 있기 때문이다.

우리가 하나님이 주신 꿈을 품으면 과거의 속박에서 벗어나 언제든 새로운 미래를 선택하고 시작할 수 있게 된다. 본문은 하나님의 소원을 따르는 삶이 어떻게 개인과 국가의 미래를 열어가는지를 마치 눈앞의 생생한 현장처럼 선명하게 보여주고 있다.

I. 한 도시가 기적처럼 돌아오다

사람들이 모였을 때 주님은 이 시대가 악하여 표적을 구하나 오직 "요나의 표적" 외에는 보여줄 것이 없다고 말씀하셨다. 우리 식으로 말하면 코로나 이후 "계시의 말씀을 주옵소서", 혹은 교회가 "새판 짜기를 위하여 비유를 말씀하여 주옵소서"라고 구할 때, 예수님께서 요나의 말씀을 주신 것이다.

"요나가 니느웨 사람들에게 표적이 됨과 같이 인자도 이 세대에 그러하리라"(눅 11:30). 여기서 '표적'은 '기적'과는 구별된다. 표적에는 반드시 깊은 의미가 담겨 있다. 표적은 단순한 Miracle이 아닌 Sign이다. 기적은 그 현상 자체가 중요하지만, 표적은 그 이면에 감춰진 의미를 깨달아야 한다.

예수님은 요나의 간단한 선포를 통해 앗수르 제국의 수도 니느웨 성읍 전체가 회개하고 돌이킨 사건을 언급하셨다(욘 3:4-10). 니느웨에

하나님 나라의 비밀을 열다

서는 무슨 일이 일어났는가? 성경은 니느웨에 "좌우를 분변하지 못하는 자가 십이만여 명"이 있다고 기록한다(욘 4:11). "좌우를 분변하지 못하는 자"란 6-7세 미만의 어린이를 의미한다. 고대 사회에서는 아동 인구가 전체의 5분의 1 정도였다고 보는데, 이를 근거로 당시 니느웨 인구는 약 60만 명에서, 일부 학자들의 견해로는 100만 명에 이르렀을 것으로 추정된다. (다른 해석으로는 '좌우를 분변하지 못하는 자'를 선악을 분별하지 못하는 자로 보아, 니느웨의 전체 인구를 성경 그대로 12만 명으로 보기도 한다.)

하나님의 심판이 임박했다는 요나의 단순한 외침에, 거대 도시 니느웨 전체가 회개하고 하나님을 믿게 되었다. 이는 전형적인 "집단 회심, 집단 회개"의 사례다. 예수님께서도 이 니느웨의 부흥을 경이로운 사건으로 언급하신 것이다. 한 도시 전체의 집단적 회개와 부흥은 역사상 유례가 없는 일이었다. 한국 교회가 경험한 70-80년대의 부흥도 놀라웠고, 베드로의 설교로 하루에 3천 명, 5천 명이 회심한 것도 놀라운 일이었지만, 대도시 전체 주민이 하나님을 영접한 사건은 전무후무한 믿음의 역사였다.

단순한 메시지, 놀라운 회심

니느웨의 전례 없는 부흥은 우리의 영혼을 일깨우고 도전한다. 하나님은 요나에게 "내가 네게 명한 바를 그들에게 선포하라"고 명하셨다(욘 3:2). 이에 요나는 단 다섯 마디를 선포했다. "사십 일이 지나면 니느웨가 무너지리라"(욘 3:4). 히브리어로는 "오드 아르바임 욤 웨니네웨 네흐파케트"(עוֹד אַרְבָּעִים יוֹם וְנִינְוֵה נֶהְפָּכֶת) 다섯 단어뿐이었다. "하나님이 니느웨를 사랑하신다"가 아닌, "사십 일이 지나면 무너지리라"라는 준엄한 경고였다. 이 짧은 외침이 도시 전체의 회심을 이끌어냈다.

✳

일반적으로 선지자들은 하나님의 심판을 선포할 때 심판의 이유가 되는 죄악을 지적하고 회개를 촉구하며, 회개 시 심판을 피할 수 있음을 암시한다. 그러나 요나는 달랐다. 그는 니느웨의 회개를 기대하지도, 원하지도 않았다. 오직 임박한 심판만을 선언했다. 게다가 3일이 걸리는 대도시를 하루 만에 돌며 성의 없이 짧게 외쳤을 뿐이다.

그런데 놀랍게도 니느웨 사람들의 반응은 과거 소돔성과는 판이했다. 창세기 19장에서 롯이 예비 사위들에게 하늘에 닿은 죄악으로 소돔성이 멸망할 것이라 경고했을 때는 "소돔과 고모라에 대한 부르짖음이 크고 그 죄악이 심히 무거우니"(창 18:20)라는 말씀대로였다. 하지만 롯의 가족들과 예비 사위들은 그의 말을 농담으로 여기며 비웃었다.

니느웨 역시 소돔성처럼 악이 극에 달해 있었다. "그 악독이 내 앞에 상달되었음이니라"(욘 1:2). 그러나 니느웨 사람들은 요나의 말에 귀를 기울였고, 이때 놀라운 변화가 일어났다(5-9절). 고대 근동에서 가장 강력하고 무자비하다 알려진 니느웨 전체가 하나님 앞에 돌아선 것이다. 니느웨 왕이 먼저 요나의 메시지를 받아들였고, 이어 도시 전체가 회개의 물결에 동참했다.

그 결과 "하나님이 뜻을 돌이키사 그들에게 내리리라고 말씀하신 재앙을 내리지 아니하시니라"(10절). 어떤 번역본은 "하나님이 회개하사"라고 기록하고 있다. 하나님께서 결정하신 바를 바꾸셨다는 의미다. 이에 대해 예수님은 "심판 때에 니느웨 사람들이 일어나 이 세대 사람을 정죄하리니 이는 그들이 요나의 전도를 듣고 회개하였음이거니와"(눅 11:32)라고 말씀하셨다. 회개한 니느웨 사람들은 분명 천국에 있을 것이다.

II. 우리는 진짜 부흥과 회개를 원하는가?

니느웨의 회개로 하나님이 심판을 철회하시자 요나의 반응은 충격적이었다. "요나가 매우 싫어하고 성내며"(욘 4:1) 격분했다. 무엇이 요나를 이토록 분노하게 만들었는가? 그의 '예언자적 기대와 자존심'이 무너져버린 것이다. 요나는 "40일이 지나면 니느웨가 무너지리라"고 선포했고, 그 말씀대로 니느웨의 멸망을 고대하고 있었다. 그러나 그의 기대와 달리 하나님은 니느웨를 보존하셨다.

요나는 하나님을 향해 분노를 터뜨렸다. "여호와께 기도하여 이르되 여호와여 내가 고국에 있을 때에 이러하겠다고 말씀하지 아니하였나이까 그러므로 내가 빨리 다시스로 도망하였사오니 주께서는 은혜로우시며 자비로우시며 노하기를 더디 하시며 인애가 크시사 뜻을 돌이켜 재앙을 내리지 아니하시는 하나님이신 줄을 내가 알았음이니이다"(욘 4:2). 요나는 죄악으로 마땅히 심판받아야 할 니느웨가 회개함으로 하나님의 심판을 면한 것에 대해서 너무도 속이 상하여 하나님께 저항한 것이다.

요나의 이러한 반응은 어느 정도 이해할 만하다. 이스라엘과 니느웨는 숙적 관계였다. 앗수르 제국은 이스라엘 백성을 잔혹하게 핍박했다. 포로들의 손목에 구멍을 내어 끌고 가거나 심지어 눈을 뽑는 만행을 저질렀다. 유대인들은 앗수르를 '악의 대명사'로 불렀다(나 3:1-7). 그래서 요나는 원수 니느웨의 멸망 소식에 속으로 환호했을 것이다. 하나님이 니느웨를 심판하실 것이란 기대에 기뻐했지만, 니느웨를 구원하시니 분노한 것이다. 물고기 뱃속에 있을 때 회개하긴 했지만, 앗수르에 대한 요나의 적개심은 여전했다.

10장. 소원, 부흥, 회개는 같이 간다

요나의 격한 반응에 하나님은 특별한 교훈을 준비하셨다. 요나가 언덕 위에 초막을 짓고 니느웨의 운명을 지켜보고 있을 때, 하나님 은 박넝쿨을 자라게 하셔서 그를 뜨거운 햇볕으로부터 보호해주셨 다. 요나는 이 박넝쿨로 인해 크게 기뻐했다(욘 4:6).

그러나 다음 날 하나님이 보내신 벌레가 박넝쿨의 뿌리를 갉아먹 자 식물은 시들어 죽었다. 요나는 낙담하여 "사는 것보다 죽는 것이 내게 나으니이다"라며 격분했다(욘 4:8). 이런 요나의 감정적 기복은 우리의 모습과 다르지 않아 보인다. 그는 죽기를 청하며 하나님께 반발했다. 이것이 과연 하나님의 큰 사명을 받은 자의 태도인가? 그 때 하나님께서 호되게 꾸짖으셨다. "네가 이 박넝쿨로 말미암아 성 내는 것이 어찌 옳으냐"(욘 4:9a). 요나는 도리어 "내가 성내어 죽기까 지 할지라도 옳으니이다"(욘 4:9b)라며 맞섰다. 이에 하나님은 준엄하 게 답하셨다. "하룻밤에 났다가 하룻밤에 말라 버린 이 박넝쿨을 아 꼈거든 하물며 이 큰 성읍 니느웨에는 좌우를 분변하지 못하는 자 가 십이만여 명이요 가축도 많이 있나니 내가 어찌 아끼지 아니하 겠느냐"(욘 4:10-11).

부흥을 원한다면 먼저 마음을 넓혀라

이 말씀에서 우리는 인간의 '속 좁음'에 대해 다시 돌아보게 된다. 아담의 불순종 이후 인간은 속 좁음의 한계 속에 갇혀 있다. 상대방 의 허물이나 문제를 너그럽게 바라보는 탕평의 자세가 없다. 겉으로 는 대인다운 모습을 보이는 이조차도 내면에는 저마다 편협함을 품 고 있다. 그러나 하나님은 사명자를 세우실 때마다 요나에게 하신 것처럼 먼저 그 마음을 넓히는 작업을 하신다. 결혼할 때 누구나 서

하나님 나라의 비밀을 열다

로를 향한 희생과 섬김을 다짐하지 않았던가! "아내가 다리라도 다치면 평생 업고 다닐 수 있어!" 다짐하며 시작한 부부가, 속 좁음으로 인해 서로 원수처럼 대하고 있지는 않은가?

우리의 속 좁음이 죄의 근원인 자기중심성과 결합하면 치명적인 흉기가 될 수 있다. 그것으로 자신은 물론 형제와 공동체까지 상처 입힐 수 있다. 그래서 바울은 "너희도 마음을 넓히라"고 간곡히 권면했다(고후 6:13). 좁은 마음, 옹졸한 마음, 닫힌 마음으로는 개인과 공동체 모두 진정한 부흥을 경험할 수 없다. 우리가 넓은 마음을 가져야 하는 첫째 이유는 하나님 말씀과 그분의 심정을 깨닫기 위함이며, 둘째는 좁은 마음이 공동체를 해치고 성도 간의 관계를 훼손하며 건강한 신앙생활을 망가뜨리기 때문이다.

당시 고린도교회에는 거짓 교사들이 있었다. 교인들은 이들의 선동에 넘어가 바울과 멀어졌다. 바울은 거짓 교사들이 전파한 왜곡된 복음과 세속적 사고, 자신을 향한 거짓 선동을 버리고 순전한 복음으로 돌아와 자신의 진정한 사랑을 깨닫기를 호소했다. 거짓 교리와 선동, 왜곡된 복음은 사람의 마음을 좁고 옹졸하게 만든다. 교회 안의 잘못된 가르침과 거짓 선동이 만든 편협한 마음은 공동체를 파괴하고 성도 간의 관계를 무너뜨린다. 이러한 상태로는 개인과 교회 모두 성장할 수 없다.

마음이 넓어질 때 하나님께서 주시는 선물은 무엇인가? "주께서 내 마음을 넓히시면 내가 주의 계명들의 길로 달려가리이다"(시 119:32). 넓어진 마음에는 하나님의 말씀이 채워지고 그 말씀을 통해 그분의 깊은 마음을 이해하게 된다. 마음이 넓어진다는 것은 단순히 그 크기가 커지는 것이 아니라, 그동안 마음을 채우고 있던 온갖 세속적 가치들이 말끔히 정리되고, 그 자리에 하나님의 말씀이 새롭게

✳

155

채워지는 것을 의미한다.

에스겔은 하나님께서 돌같이 굳은 마음을 제하고 살처럼 부드러운 마음을 주시겠다고 말씀하셨다(겔 11:19). 굳은 마음이란 자신의 생각이라는 감옥에 갇혀, 아집의 벽을 쌓고, 진심 어린 조언조차 받아들이지 못하는 완고한 상태를 의미한다. 그렇기에 그리스도인의 마음이 넓어진다는 것은 세속 가치관이라는 무거운 짐을 내려놓고, 그 자리를 생명력 있는 하나님의 말씀으로 채우는 것이다. 이는 단순히 너그러워지는 차원을 넘어, 하나님 말씀이 우리 안에 온전히 뿌리내리고 자라나게 하는 영적 변화를 뜻한다.

왜 넓어진 마음이 하나님의 심정을 더 깊이 이해하게 되는가? 오직 그분의 말씀으로 채워진 마음만이 하나님의 심정에 공명할 수 있기 때문이다. 그러므로 넓은 마음을 구하는 기도는 곧 세상으로 가득한 내 마음을 정결케 하시고, 그 빈자리를 하나님의 말씀으로 가득 채워달라는 간구와 다르지 않다.

III. 회개와 부흥의 새길을 위해 무엇을 결심할 것인가?

하나님은 속 좁은 요나를 결코 포기하지 않으셨다. 하나님은 당신이 택하신 사명자를 절대 버리지 않으신다. 고집 세고 완고한 요나조차 포기하지 않으셨다. 요나는 "니느웨로 가라"는 하나님의 명령을 거역하고 다시스로 도망갔다. 그가 탄 배는 폭풍으로 침몰 직전에 이르자 바다에 던져졌지만, 하나님은 그를 불쌍히 여기사 큰 물고기 뱃속으로 피하게 하심으로 죽음의 고비를 넘기게 하셨다. 비록 요나

하나님 나라의 비밀을 열다

가 물고기 뱃속에서 회개했으나, 그의 마음에는 여전히 응어리가 남아 있었다.

끝까지 추적하시는 하나님

하나님은 그런 요나를 여전히 사용하셨다. 이는 요나가 다른 이들보다 뛰어나서가 아니었다. 유대 민족 중에 요나보다 더 잘난 사람이 없었겠는가? 그보다 더 지혜로운 사람이 얼마나 많았겠는가? 그럼에도 하나님은 왜 요나를 포기하지 않고 계속 찾으셨을까? 여기에 우리는 주목해야 한다. 이 속에 우리의 소원과 부흥과 회개를 위한 거룩한 통찰이 담겨 있다. 하나님은 사명을 맡기신 자를 끝까지 추적하신다. 끝까지 사랑하시고 끝까지 책임지신다는 의미다. 이 진리가 우리의 마음을 녹이고 새롭게 각성시킨다.

하나님은 베드로를 사명자로 선택하셨다. 베드로가 얼마나 많은 실수를 했던가? 예수님을 3년간 따랐으나 결국 실패했고, 죄 없는 스승을 저주하며 모른다 부인했으며, 자기 목숨을 구하고자 도망친 비겁한 사람이었다. 인간 세상에서라면, 죄 없는 이를 외면하고 자신의 안위만을 위해 악담까지 한 사람을 누가 다시 돌아보겠는가? 그러나 부활하신 주님은 갈릴리 바닷가에서 "요한의 아들 시몬아 네가 나를 사랑하느냐"(요 21:15-17) 물으시며, 연약한 베드로를 끝까지 사랑하셨다. 예수님은 베드로에게 "회개하라"고 하지 않으셨다. 대신 당신의 사랑을 깊이 깨닫게 하셨다. 베드로가 회개했기에 "내 양을 먹이라"는 사명을 받은 것이 아니라, 예수님의 변함없는 무한한 사랑에 마음이 녹아 회개하고 사명자로 회복된 것이다.

20세기의 위대한 영문학자이자 복음변증가 C. S. 루이스는 본래

✳

157

무신론자였다. 그는 자신의 회심 과정을 담은 《예기치 못한 기쁨》에서 이렇게 고백했다. "내가 가장 소원했던 바는 누구에게도 방해받지 않는 것이었다. 나의 소원은 내 영혼을 내 것이라고 부르는 것이었다." 그러나 하나님은 루이스를 그냥 두지 않으시고 끊임없이 추적하셨다. 이에 대해 루이스는 이렇게 기록했다. "방에 혼자 있을 때 일만 잠시 놓으면 그토록 피하고 싶어 했던 그분이 꾸준히, 한 치의 양보도 없이 다가오시는 것을 밤마다 느껴야 했던 내 처지를 상상해보기 바란다." 루이스는 무신론자로서 온전히 자신만의 삶을 살며 행복을 추구하고자 했다. 하지만 "그토록 피하고 싶어 했던 그분이 꾸준히 한 치의 양보도 없이 다가오시는 것"을 밤마다 경험했다. 이 고백은 하나님이 사명받은 자를 결코 포기하지 않으시고 끝까지 추적하심을 생생히 보여준다.

프랜시스 톰슨은 그의 유명한 시 〈하늘의 사냥개〉에서 하나님의 끊임없는 추적을 이렇게 노래했다. "나는 그를 피해 달아났다. 밤에도 낮에도. 나는 그를 피해 달아났다. 수많은 세월 동안 나는 그를 피해 달아났다. 내 마음속 온갖 미궁 같은 길로. 나는 그를 피해 숨었다…." 약물 중독자였던 톰슨은 런던의 빈민굴을 전전하며 도망자로 살았지만, 결국 요나처럼 하나님의 추적 앞에 무릎 꿇었다. 이 시를 읽으며 자신을 찾아 자녀 삼으시고 사명의 길로 이끄신 하나님을 떠올리며 눈시울을 적시는 이들이 있을 것이다.

회개 역시 구원과 같은 은혜다. 우리에게는 회개할 만한 능력이 없다. 우리가 아직 죄인 되었을 때 그리스도께서 죽으심으로 구원하신 것처럼, 베드로도 요나도 자신의 회개가 아닌 하나님의 선제적 사랑으로 사명자로 회복되었다.

수십 년 신앙생활 중 "회개하라"는 말씀을 수없이 들었지만, 과연

✳

158

우리의 의지로 무엇이 근본적으로 변화되었는가? 이는 펠라기우스와 어거스틴의 논쟁을 떠올리게 한다. 경건했던 펠라기우스는 인간의 선한 자유의지를 강조했다. 반면 어거스틴은 자신의 삶을 돌아보며 오직 하나님의 은혜만이 구원의 길임을 깨달았다. 타락 이후 인간은 죄를 짓지 않을 자유를 상실했기에 오직 은혜가 필요하다고 역설했다. 우리의 의지로 회개하라고만 강조한다면 그것은 펠라기우스의 오류를 반복하는 것이다. 기독교의 본질은 하나님의 은혜와 사랑이 선행한다는 데 있다.

이 본문을 관통하는 진리를 소원, 부흥, 회개라는 렌즈로 들여다보면 한 문장이 선명히 떠오른다. "하나님은 우리를 결코 포기하지 않으신다"는 변함없는 약속이다. 하나님의 이 포기하지 않으심을 부담이 아닌 사명으로 받아들여야 한다. 사명이 목숨보다 중요하다는 진리를 삶의 중심에 두어야 한다. "살아서는 사명 충성, 죽어서는 사명 영광"이 그리스도인의 숙명이자 특권이다.

"사명이 목숨보다 중요하다"는 말 속에는 소원과 부흥과 회개가 모두 담겨 있다. 신앙 여정에서 사명이 클수록 부담도 커진다. 사명의 사람 모세가 겪은 시험은 얼마나 많았는가. 그는 부르심 앞에 "혀가 둔합니다, 말재주가 없습니다. 나는 그저 광야의 목동일 뿐입니다"라며 사명을 거절했지만, 하나님은 결코 포기하지 않으셨다. 사명이 크면 시험도 크다. 우리가 하나님의 큰 사명을 이루는 것을 사탄이 그냥 보고만 있겠는가? 어떻게든 넘어뜨려 사명 완수를 방해하려 하지 않겠는가? 교회의 반석이 될 사명을 받은 베드로조차 마태복음 16장 21절 이하에서 인간적 혈기로 예수님의 십자가의 길을 막으려 했을 때, "사탄아 내 뒤로 물러가라"는 엄중한 책망을 들었다.

요나의 경고를 들은 니느웨 성의 모든 피조물이 하나님 말씀에 순종했다. 바다도, 큰 물고기도, 니느웨 사람들과 짐승들도, 박넝쿨도, 작은 벌레까지도 순종했지만, 오직 요나만이 순종하지 않았다.

요나는 큰 물고기 뱃속에서 나와 하나님께 순종하여 니느웨로 갔지만, 그의 마음은 여전히 속 좁은 상태로 절반의 순종만 했다. 그러나 하나님은 요나를 포기하지 않으시고 맞춤형으로 박넝쿨을 준비하시고, 벌레를 예비하시며, 뜨거운 동풍을 보내시어 사랑의 추적을 계속하셨다. 하나님은 요나의 좁은 마음을 넓히시고자 이 모든 것을 사용하셨다. 그리고 요나서의 마지막을 의미심장한 질문으로 마무리하신다. "이 큰 성읍 니느웨에는 좌우를 분변하지 못하는 자가 십이만여 명이요 가축도 많이 있나니 내가 어찌 아끼지 아니하겠느냐"(욘 4:11).

요나는 이 하나님의 질문을 듣고 무엇을 깨달았을까? 분명 하나님의 목자의 심정을 느꼈을 것이다. 이것이 바로 참 목자이신 예수님께서 이 시대에 꼭 필요한 '요나의 표적'을 말씀하신 이유다. 진정으로 하나님의 사랑을 더욱 사모하자. 그러면 베드로처럼 "주님 잘못했습니다"라는 자연스러운 회개가 따라온다. 회개하면 마음의 소원을 주시고, 그 소원으로 기도할 때 부흥을 주시며, 부흥이 일어나면 더 깊은 회개로 이어지는 선순환이 시작된다. 이러한 영적 순환의 고리야말로 우리 신앙 성장의 원동력이다.

주님은 우리가 이러한 소원, 부흥, 회개의 선순환 속에 들어오기를 원하신다. 지난 삶을 돌아보면, 우리는 얼마나 많은 하나님의 맞춤형 추적을 받아왔는지 모른다. 하나님은 요나처럼 완고하고 속 좁은 우리를 사명자로 빚어가시고자 큰 물고기, 박넝쿨, 벌레를 얼마나 많이 준비하셨는가? 요나와 이사야를 부르신 하나님은 지금도 우리를 향해 "누가 나를 위하여 갈꼬?"라고 말씀하신다. 가장 복된 삶은 하나님께서 우리 마음에 심어주신 거룩한 소원을 발견하고, 그것을 평생에 걸쳐 이루어가는 순례의 여정이다.

핵심은 사명자로 살아가는 동안, 우리 인생에 몰아치는 폭풍을 단순히 세속적 시각으로만 보지 않는 영적 센스가 필요하다는 것이다. 적어도 요나는 다시스로 도망갈 때 배에 몰아친 폭풍이 하나님으로부터 온 것임을 알아차렸다. 그는 인생의 지축을 뒤흔드는 시련이 하나님의 개입으로 일어나는 것임을 깨달았다.

주어진 사명을 "나는 감당 못 합니다" 혹은 "나는 안 하겠습니다"라고 해도, 하나님은 우리를 포기하지 않으시니 우리는 그분의 부르심을 깨달아야 한다. 그럴 때 하나님은 우리를 진정한 사명자의 삶으로 이끄실 것이다.

죄보다 더 두려운 것은 회개하지 않는 마음

우리는 전인미답의 인생길을 걸어가면서 수많은 일을 겪을 것이다. 때로는 예상치 못한 시련이 닥칠 수도 있다. 그러나 인생의 지축이 흔들리는 순간이 온다면, "이 폭풍이 하나님으로부터 오는 것이구나", "나를 사명자로 더 깊이 빚으시려고 추적하시는 시간이구나"라고 영적으로 깨달을 수 있기를 바란다.

우리는 하나님의 능력을 제한해서는 안 된다. 요나는 물고기 뱃속에서 사흘을 지내고 나와 비린내 나는 몸에 헝클어진 머리로, 보기에도 우스꽝스러운 모습이었을 것이다. 이런 그가 성의 없이 "40일이 지나면 니느웨가 무너지리라"고 외쳤을 뿐인데, 놀랍게도 도시 전체가 회심하는 일이 일어났다. 성읍의 모든 사람이 물도 마시지 않고 금식했다. 남녀노소는 물론 짐승들까지 금식에 동참했고, 화려한 곤룡포를 입던 왕도 굵은 베옷을 걸치고 땅바닥에 앉아 하나님께 부르짖었다.

하나님은 개인의 삶과 한국 교회에도 반드시 큰 물고기와 박넝쿨, 작은 벌레까지 모든 것을 사용하실 것이다. 시편 기자의 고백처럼 하나님께서 우리를 위해 예비하지 못하실 것이 무엇이겠는가? "주께서 우리를 다시 살리사 주의 백성이 주를 기뻐하도록 하지 아니하시겠나이까"(시 85:6).

니느웨의 부흥이 지금 우리에게도 임하도록 간절히 사모하며 매달려야 한다. 이단과 무신론, 극단주의, 반기독교 문화와 같은 도전들 앞에서 우리에게도 상황을 뛰어넘는 담대한 회개가 필요하다. 하나님이 주신 꿈을 품고, 부흥을 기대하며, 진정한 회개의 자리로 나아가자.

요나가 비록 완벽하지 않았지만, 물고기 뱃속에서의 회개가 없었다면 니느웨의 부흥도 없었을 것이다. 죄는 무서운 것이다. 하나님과의 관계를 무너뜨리고 영적 죽음으로 이끄는 것이 죄이다. 그러나 죄보다 더 두려운 것은 회개하지 않는 마음이다. 죄를 지은 자는 얼마든지 다시 일어설 기회가 있지만, 회개하지 않는 자에게는 소망이 없다. 회개하지 않는 마음은 곧 완고한 마음이요, 죄에 무감각한 마음이요, 무엇보다 하나님을 찾지 않는 마음이다. 하나님을 찾지 않는 사람에게 무슨 희망이 있겠는가! 이런 상태가 지속되면 우리의 영적 감각은 점점 무뎌지고, 마침내 하나님의 임재를 느끼지 못하는 비극적 상태에 이른다.

삶에서 하나님의 임재를 가로막는 것은 무엇인가?

출애굽기 32장과 33장은 민족이 죄로 방자해지면 멸망으로, 참된 회개를 하면 부흥으로 나아가는 영적 원리를 보여준다. 모세가 십계명을 받으러 시내산에 올라간 후 더디 내려오자, 이스라엘 백성은 금귀고리를 녹여 금송아지를 만들어 이것을 애굽에서 인도한 신이라고 숭배했다. 하나님이 죄악에 빠진 백성을 멸하시려 하자, 모세는 백성을 위해 기도했고 백성들은 회개의 표시로 몸을 단장하지 않았으며, 결정적으로 우상의 씨앗이 된 장신구를 떼어내는 실천적 회개를 보였다. 이처럼 진정한 회개는 마음만이 아닌, 살붙이처럼 여기던 것까지 버리는 행동이다. 우리 삶에서 하나님의 임재를 가로막는 것은 무엇인가? 우리가 떼어내야 할 우상에 속한 장신구는 무엇인가?

개인도 국가도 부흥 없이는 소망이 없다. 우리 각자가 부흥의 씨앗이 되지 못한다면 가정과 사회도 희망이 없다. 요나의 표적은 "누가 설교하는가", "설교의 능력이 얼마나 있는가"보다 듣는 이의 마음 자세가 중요함을 가르친다. 위대한 설교에서도 돌만 보는 사람이 있고, 메마른 설교에서도 금을 캐는 사람이 있다. 요나의 형식적인 메시지를 하나님의 말씀으로 받아들이고 금식한 니느웨 사람들은 금을 캔 것이다.

주목해야 할 것은 회개하는 백성이 나라의 운명을 바꿀 수 있다는 사실이다. 백성이 회개하자 지도자들도 돌아왔다. 요나의 선포를 들은 백성이 먼저 믿고 돌아오니 왕과 고관들도 회개하게 되었다.

우리는 지금 어디에 서 있는가? 다시스인가, 물고기 뱃속인가, 니느웨인가? 언덕 위에서 하나님의 심판을 구경하고 있는가, 아니면 박넝쿨 그늘에서 불평하고 있는가? 당신은 지금 어디에 있는가?

요나서 마지막 장, 마지막 절(욘 4:11)에 나타난 회개하는 자를 기다리시는 하나님의 심정을 깊이 새겨야 한다. 성경에는 기록되지 않았지만, 요나는 분명 심판받아 마땅한 니느웨를 향한 하나님의 끝없는 사랑의 추적을 온몸으로 경험했을 것이다. 이를 통해 그의 마음은 넓어졌고, 주님의 심정을 깨달아 사명자로서 더욱 담대한 발걸음을 내디뎠을 것이다.

이것이 표적을 구하는 시대를 향해 예수님께서 요나의 표적으로 보여주신 진리다. 포기하지 않으시는 하나님의 마음, 끝까지 사명자를 추적하시는 그분의 사랑을 우리도 보고 경험해야 한다. 우리가 이 사랑의 깊이를 깨달을 때, 좁은 마음은 넓어지고 완고한 심령은 부드러워질 것이다. 그때 우리는 진정한 사명자로 서서, 이 시대의 니느웨를 향해 담대히 나아갈 수 있을 것이다. 오늘부터 주님이 주시는 마음의 소원을 품고 요나서 4장 12절을 아름답게 써 내려가자.

참된 부흥을 소원하는 자의 기도

우리를 끝까지 사랑하시는 하나님. 요나처럼 내 판단으로 다시스를 향하고, 모든 것을 자력으로 하려 하며, 내 기준으로 타인을 정죄했던 마음을 십자가 앞에 내려놓습니다. 우리의 간장 종지 같은 좁은 마음이, 심판받아 마땅한 니느웨 백성마저 끝까지 품으신 하나님의 마음을 닮게 하여 주소서. 넓어진 마음으로 가족을 품고 이웃을 품으며, 남은 생애를 포기하지 않는 사명자로 살아, 진정한 부흥을 경험하는 매일이 되게 하옵소서.

11장

네 믿음으로
주님을 놀라시게 하라

마태복음 25:1-13

찬송을 부를 때마다 목회자의 가슴을 울리는 가사가 있다. 찬송가 302장 3절이다. "많은 사람이 얕은 물가에서 저 큰 바다 가려다가 찰싹거리는 작은 파도 보고 마음 약하여 못 가네." 오랜 신앙생활에도 여전히 젖을 먹는 유아 같은 신자들이 있다. 겉으로는 믿음이 깊어 보이나 인생의 광풍이 한번 불면 흔들려 한 걸음도 내딛지 못하는 이들이다. 수십 년 목회하는 동안 이런 신자들을 적지 않게 보았다. 이들은 찬송 가사처럼 작은 세상 풍파에도 몸을 움츠리고 어쩔

줄 몰라 한다. 이제는 믿음의 기백을 가질 때요, 젖이 아닌 밥을 먹을 때인데, 하는 안타까움이 일어난다.

깊은 은혜의 바다로 나아가는 신앙

신앙에 연수가 더해질수록 은혜의 쾌속선을 타고 인생의 광풍을 거침없이 지나는 복을 누려야 하건만, 그러지 못하는 이유는 무엇인가? 신앙이 피상적 수준에 머물러 있기 때문이다. 특히 코로나 팬데믹 이후 많은 신자가 현장 예배보다 온라인 예배를 선호하면서 이 위험은 더욱 심각해지고 있다. 예전에는 질병이나 부득이한 사정이 있을 때만 드리던 온라인 예배를 이제는 편의상 습관적으로 드리는 신자들이 늘었다. 그러나 예배는 함께 모여 드릴 때 임하는 쉐키나의 영광이 임하고, 성령의 기름 부으심을 경험하게 된다. 정제되지 않은 자세로 드리는 온라인 예배로는 하나님께 예배드리는 것이 아니라, 화면 속 예배를 관람하는 구경꾼이 되기 쉽다. 사탄은 우리의 신앙이 표피적이고 껍데기에 머무르도록 광명의 천사처럼 유혹하고 (고후 11:14), 우는 사자처럼 위협하고(벧전 5:8) 있음을 주지해야 한다.

　최강의 군대는 최신 무기를 가진 군대가 아니라 결사각오의 사기가 충천한 군대다. 예배의 시청자로 머무는 위험이 다분한 온라인 예배로는 사탄의 견고한 진을 무너뜨리기(고후 10:4) 어렵다. 교회에 출석하더라도 깨어 있지 못한 채 의례적으로 발걸음 하는 안일한 신앙 역시 마찬가지다. 본문은 예배의 참여자가 아닌 시청자들에게, 안일한 신앙에 젖어 있는 자들에게 준엄한 경고를 하며, 복음의 진수를 다시 일깨운다.

　신앙의 핵심은 무엇인가? 주님이 이 땅에 오신 가장 큰 관심은 무

✳

엇인가? 예수님은 공생애 사역을 시작하시며 "회개하라 하나님 나라가 가까이 왔느니라"고 외치셨고, 제자들에게 가르치신 기도에서 "하나님 나라가 임하옵시고"라고 하셨으며, 부활과 승천 때까지 하나님 나라를 가르치셨다. 이 하나님 나라가 신앙의 핵심이다.

하나님 나라란 무엇인가? 예수님은 제자들을 부르시고 천국의 핵심을 이렇게 말씀하셨다. "천국은 마치 자기 아들을 위하여 혼인 잔치를 베푼 어떤 임금과 같으니"(마 22:2)라고 하신 예수님은 이를 보여주시고자 첫 표적을 요한복음 2장에서 행하셨다. 거기에 천국의 핵심이 있다. 천국은 바리새인의 율법주의도, 사두개인의 자유주의도, 에세네파의 극단적 금욕주의도 아니다. 인본주의에 사로잡힌 자유주의 신앙이나, 자기 의와 닫힌 사고에 붙잡힌 극단적 근본주의 신앙, 생명을 잃어버린 매너리즘의 관료주의적 신앙도 아니다. 이런 신앙으로는 맹물 같은 인생이 성령의 폭발력 있는 포도주로 바뀔 수 없다. 하나님의 주권과 통치가 부재한 껍데기 신앙은 얕은 물가에서 변죽만 울리는 지엽적 문제에 집착하여, 신앙의 본질인 영혼 구원의 사명을 흐릴 뿐이다.

허약한 신학자들이 놓친 복음의 본질

현대 교회의 껍데기 신앙, 얕은 신앙에 대해 20세기 복음주의 선지자 토저는 이렇게 경고했다. "오늘날 교회에서 내가 발견하는 비극은 영적으로 허약한 신학자들이 우리를 포로로 잡아 꼼짝 못 하게 만들었다는 것이다." 그렇다면 누가 영적으로 허약한 신학자인가?

첫째는 사회 변화에 따라 교리적 입장도 바뀌어야 한다고 주장하는 자유주의 신학자들이다. 이들은 성경을 성령의 감동이 아닌, 이

성적 논리나 시대 감성으로 해석하려 한다. 둘째는 지엽적인 교리에 매몰된 극단적 근본주의 신학자들이다. 이들은 과거의 전통이나 예전을 성경의 권위와 동일시하는 오류를 범한다. 이 둘의 공통점은 특정 분야의 지식은 풍부할지 몰라도 영적 생활의 본질을 깨닫지 못했다는 점이다. 이런 허약한 신학자들의 특징은 하나님을 향한 압도적인 경외감이 없다는 것이다. 신앙을 논리적으로 설명하고 변호하는 데만 치중한 나머지, 복음의 본질인 십자가 보혈의 혈맥(血脈)은 놓치고 있는 사람들이다.

더 큰 문제는 성경 전체를 그리스도 중심으로 이해하지 못하고 부분적 교리에만 사로잡힌 이들일수록, 그릇된 신앙의 특권의식에 빠지기 쉽다는 점이다. "배운 것이 많다고 콧대가 높아진 신학자들은 예수 그리스도의 교회를 논쟁거리로 만들었다. 그러나 그들은 모든 신학자를 합한 것보다 마귀가 더 영리한 신학자라는 것을 모른다. 하나님 나라에 들어갈 수 없는 마귀도 하나님 앞에서 두려움을 느낄 정도로 하나님에 대해 잘 알고 있다(약 2:19)". 결국 복음의 본질을 벗어나 자신의 고착된 신념만을 주장하거나, 사람들의 비위를 맞추려 복음을 왜곡하는 이들은 교인과 교회를 빈껍데기로 만들고 하나님의 진리를 파괴하는 자들이라 할 수 있다.

I. 거룩한 긴장이 필요하다

예수님은 "그때에 천국은 마치 등을 들고 신랑을 맞으러 나간 열 처녀와 같다"(1절)고 하셨다. 이 말씀은 우리가 하나님을 깊이 사랑하고

✲

169

진심으로 두려워하는 마음을 회복하는 길을 보여준다.

고대 근동사회의 결혼식은 현대와는 다른 특징이 있었는데, 특히 유대인의 결혼식은 여러 단계로 진행되었다. 먼저 약혼을 하고, 그 다음으로 정혼이 이어졌다. 정혼은 약혼한 신랑과 신부가 가장 가까운 친지들 앞에서 혼인 서약을 하는 공식적인 예식이었고, 오늘날의 약혼식과 비슷한 의미를 지녔다. 그러나 아직은 결혼식을 올리거나 함께 살림을 시작하는 단계는 아니었다.

정혼 기간은 대개 1년 정도였는데, 이 시기에 신랑은 신부를 맞이할 준비를 했다. 정혼한 신랑은 아버지 집에 신혼집을 마련하거나 새 집을 구했고, 땅을 사서 밭을 일구는 등 기반을 닦았다. 이는 정혼한 아내를 책임지기 위해 온 힘을 다하여 준비하는 과정이었다. 정혼 기간은 예비 부부가 서로에 대한 헌신을 다짐하고, 평생을 함께할 준비를 하는 시간이었다.

정혼에 대한 예시는 마태복음 1장 18절에서도 찾아볼 수 있다. "마리아가 요셉과 약혼하고 동거하기 전에 성령으로 잉태된 것이 나타났더니." 마리아는 요셉과 정혼한 상태에서 성령으로 예수님을 잉태했다. 유대인들은 이 정혼 기간의 준비가 끝나면 혼인잔치를 열어 결혼을 완성했다. 당시 결혼은 한 가정만의 경사가 아니라 마을 전체가 참여하는 큰 잔치였다. 경제적 형편이 어려운 경우에도 재산을 아끼지 않고 최선을 다해 잔치를 열었다.

예수님이 비유로 말씀하신 장면은 정혼 기간이 끝나고 결혼이 완성되는 순간을 보여준다. 신랑이 신붓집에 도착하면 결혼식이 시작된다. 신부의 친구들이 신붓집에서 함께 기다리다가 신랑이 마을 어귀에 도착했다는 소식을 듣게 되면, 등잔을 들고 노래와 춤으로 기쁘게 신랑을 맞이하러 나간다. 이때 신랑은 이미 부부가 함께 살 집을 마련해 두고 신부를 데리러 오는 중이다. 뙤약볕이 내리쬐는 낮에는 잔치를 열기 어려웠기에 신랑은 주로 저녁에 왔다. 신랑이 신부를 데리고 자신의 집으로 가면 대개 일주일 동안 마을 전체가 결혼잔치를 벌였다. 이것이 본문의 배경이다.

1절에서는 신랑을 맞이할 신부의 친구 열 처녀가 "등을 들고 있다"고 했다. 여기서 말하는 등은 헬라어 원문을 보면, 마태복음 5장에 나오는 "사람이 등불을 켜서 말 아래 두지 아니하고"에 나오는 등불과는 다르다. 이는 요한복음 18장 3절("유다가 군대와 대제사장들과 바리새인들에게서 얻은 아랫사람들을 데리고 등과 횃불과 무기를 가지고 그리로 오는지라")에 나오는 횃불을 가리킨다. 겟세마네 동산에서 예수님을 잡으러 올 때 사용한 횃불과 같은 종류다. 횃불은 긴 나무 막대기 끝에 천 뭉치를 철사로 엮어 만든 것으로, 솜을 기름에 충분히 적셔야만 오래 불을 밝힐 수 있었다. 그래서 횃불을 들고 다닐 때는 반드시 기름병도 함께 가지고 다녔다. 기름이 떨어지면 솜을 기름에 듬뿍 적셔 횃불에 불을 다시 붙여야 했다. 밤에 치르는 결혼식이었기에 횃불의 기름이 떨어지면 결혼식을 진행할 수 없었다.

세속적 자유주의 신앙으로는 신랑을 맞을 수가 없다

본문의 비유에서 신부의 친구들이 준비하는 기름은 바로 이 횃불을 위한 기름을 뜻한다. "밤중에 소리가 나되 보라 신랑이로다 맞으러 나오라 하매"(6절). 신랑이 도착했다는 소리가 들리자, 신부 들러리들은 등불을 들고 신랑을 맞이했고, 신랑 신부와 함께 신랑 집으로 가서 결혼 축제가 시작되었다.

이 비유가 신앙의 깊이와 하나님을 향한 경외감과 어떤 관계가 있는가? 예수님은 천국을 혼인 잔칫집에 비유하셨고, 요한복음 2장의 가나 혼인잔치에서 이를 표적으로 보여주셨다. 이 천국 잔치는 요한계시록 19장에서 예수님이 재림하실 때 성도들과 나눌 영광스러운 결혼 잔치와 연결된다. "또 내가 들으니 허다한 무리의 음성과도 같고 많은 물 소리와도 같고 큰 우렛소리와도 같은 소리로 이르되 할렐루야 주 우리 하나님 곧 전능하신 이가 통치하시도다 우리가 즐거워하고 크게 기뻐하며 그에게 영광을 돌리세 어린양의 혼인 기약이 이르렀고 그의 아내가 자신을 준비하였으므로 그에게 빛나고 깨끗한 세마포 옷을 입도록 허락하셨으니 이 세마포 옷은 성도들의 옳은 행실이로다 하더라"(계 19:6-8).

우리는 영적으로 신랑 되신 예수님과 정혼한 상태로 혼인잔치를 기다리는 자들이다. 장차 어린양의 혼인 기약이 이르러 예수님과 혼인잔치를 열고 영광스러운 축제를 벌일 날이 올 것이다. 이것이 천국의 핵심을 비유로 말한 것이다.

이 비유에는 우리를 긴장시키는 중대한 경고가 있다. 미련한 다섯 처녀는 기름을 준비하지 않아 혼인잔치에서 탈락한 것이다. 처음에는 열 처녀 모두가 등불을 켜놓고 있었으나, 신랑이 늦게 오자 모두 잠이 들었다. 갑자기 "보라 신랑이로다 맞으러 나오라"(6절)는 외침이 울려 퍼졌다. 이 소리에 열 처녀가 깨어나 등불을 살폈다.

슬기로운 다섯 처녀는 여분의 기름을 준비해 횃불을 계속 밝힐 수 있었지만, 미련한 다섯 처녀는 여분의 기름이 없어 등불이 꺼져갔다. 이들이 기름을 빌려달라 했으나, 그러면 모두의 기름이 부족해질 것이니 가게에 가서 사오라는 답을 들었다. 기름을 사러 간 사이 신랑이 도착했고, 등불을 밝히고 있던 다섯 처녀만 잔칫집에 들어가고, 문은 굳게 닫혔다. 비극적이게도 미련한 다섯 처녀는 "열어주소서"

하나님 나라의 비밀을 열다

했으나, "내가 너희를 알지 못하노라"는 냉엄한 답만 들었다.

주님은 이 비유의 결론으로 말씀하셨다. "그런즉 깨어 있으라 너희는 그날과 그때를 알지 못하느니라." 우리가 사는 현실은 영혼을 뒤흔들어 세속의 미몽에 빠뜨리려고 한다. 우리의 몸과 마음을 사로잡는 강력한 세속성이 교회까지 침투해 세속적 복음주의라는 가면을 쓰고 성도들을 영적 혼수상태로 몰아넣고 있다.

세속적 복음주의는 겉으로는 신앙의 옷을 입었으나 내면은 세상의 유행으로 가득 찬 기독교다. 토저의 준엄한 경고를 다시 새겨보라. "지금이 워낙 위태로운 상황이기 때문에 나는 어금니를 꽉 깨물며 이렇게 예언하지 않을 수 없다. 성령에 의해 영적 눈을 뜬 모든 거룩한 사람들이 세속적 복음주의에 빠져 있는 교회를 하나씩 하나씩 떠나는 날이 이르게 될 것이다." 이는 곧 교회가 세속적 복음주의의 흐름을 끊지 못한다면, 더 이상 구원의 방주로서 그 사명을 다하지 못하게 될 것이라는 경고다.

등불의 기름이 없는 자에게 혼인잔치의 문은 열리지 않는다

오늘날 교회와 성도들이 세속의 거센 물결 속에서도 지혜로운 다섯 처녀처럼 깨어 있는 영혼으로 신랑 되신 예수님과 함께 준비된 집으로 들어가려면, 세상과 타협하지 않는 복음의 돛을 활짝 펴야 한다. 피상적인 복음과 준비되지 않은 믿음이라는 빈 돛으로는 세속적 쾌락이 몰아치는 풍랑을 견딜 수 없다.

이 본문을 읽는 성경의 독자들이 긴장하게 되는 이유는 무엇인가? 열 처녀 중 다섯은 지혜롭고 다섯은 어리석었다. 다섯은 준비가되었으나, 다섯은 그렇지 못했다. 다섯은 결혼식 잔치에 들어갔지

✳

만, 나머지 다섯은 들어가지 못했다. 겉으로 보기에 열 처녀는 많은 공통점이 있었다. 모두가 잔치에 초대받았고 신랑을 기다렸다. 모두 등불을 가졌고, 신랑을 보기 원했으며, 정해진 자리에 있었다. 처음에는 모두 기름을 갖고 등불을 켰고, 모두 신랑을 기다리다 잠이 들었으며, 모두 "신랑이 도착했다"는 소리를 들었다.

하지만 결정적인 차이가 있었다. 다섯은 여분의 기름을 준비했고, 다섯은 그러지 않았다. 신랑이 늦게 올 경우 여분의 기름이 필요하다는 것을 알 수 있었고 준비할 기회도 있었는데, 다섯은 이를 소홀히 했다. 이는 겉모습만으로는 알 수 없는 것이었다. 오늘날 지혜로운 자와 미련한 자의 차이는 어디에 있는가? 똑같이 예배를 드리지만 모두가 천국의 혼인잔치에 들어가는 것은 아님을 이 비유는 보여준다.

여기서 우리가 주목해야 할 점은 절반이 탈락했다는 사실이다. 이를 근거로 오늘날 예수를 믿는다는 사람들 중에서도 절반은 탈락할 것이라고 해석하는 주석가들도 있다. 모든 성도가 들어가기를 원하지만, 우리의 예상을 훨씬 뛰어넘는 수가 탈락할 수도 있다. 겉으로는 신앙인이나 예수님을 생명의 복음으로 영접하지 않은 이들은 탈락하는 것이다. 이에 대해 우리는 두렵고 떨리는 마음으로 자신을 돌아보아야 한다. 그리하여 깨어 있는 지혜로운 자가 되고 미련한 자가 되지 말아야 한다. 여기에 신앙의 깊이가 있다.

강단에서는 "부흥이 일어날 때 내가 그 자리에 없는 자가 되지 않도록 하라"고 자주 말한다. 하지만 더 중요한 것은 그 자리를 지키더라도 '여분의 기름'이 있어야 한다는 점이다. 그렇다면 여분의 기름은 무엇인가? 한마디로 말해서, 역사하는 믿음이요, 살아 있는 믿음을 말한다.

하나님 나라의 비밀을 열다

II. 빌린 믿음은 소용없다

왜 다섯 처녀는 여분의 기름을 준비하지 않았을까? 이들은 부족하면 남의 것을 빌리면 된다고 생각했다. "미련한 자들이 슬기 있는 자들에게 이르되 우리 등불이 꺼져가니 너희 기름을 좀 나눠 달라"(8절)했다. 평소라면 빌려줄 수도 있었겠지만, 신랑이 곧 도착한다는 긴박한 순간에 누가 자신의 기름을 내어주겠는가? "슬기 있는 자들이 대답하여 이르되 우리와 너희가 쓰기에 다 부족할까 하노니 차라리 파는 자들에게 가서 너희 쓸 것을 사라"(9절). 자칫하면 자신의 등불도 꺼질 수 있으니 빌려줄 수 없었던 것이다. 결국 미련한 처녀들이 기름을 사러 간 사이에 신랑이 도착해버렸다.

예수님이 재림하실 때 이런 일들이 곳곳에서 일어날 것이다. 자신의 믿음이 드러나는 순간, 더는 어찌할 수 없는 때가 올 것이다. 미련한 다섯 처녀의 문제는 자기 믿음과 남의 믿음을 구별하지 못한 것이다. 자기 믿음과 남의 믿음을 구분하는 자는 지혜로운 자요, 이를 구별하지 못하는 자는 미련한 자다. 기름을 빌려줄 수 없다는 말은 충분한 기름을 가진 사람이 없다는 뜻이기도 하다. 다시 말해 믿음에 있어서는 다른 이의 믿음을 빌려올 수 없다는 것이다. 구원받은 사람이나 믿음 좋은 사람이 가까이 산다고 해서 다 함께 천국에 들어갈 수 있는 것이 아니다.

주님께서 "내가 왜 너를 천국에 들여보내야 하느냐?"고 물으실 때, 우리는 종종 다른 사람의 신앙을 빌려 대답한다. "어머니가 신실한 믿음의 사람이었습니다" 혹은 "아버지가 장로입니다"라고 말한다. 하지만 주님은 "네 아비가 천국에 간 것은 장로였기 때문이 아니라, 생명의 복음을 믿었기 때문이다"라고 하실 것이다. 심지어 "제 아내의 신앙이 좋으니, 그 치맛자락이라도 붙잡고 따라가겠습니다"라고 애원해도 소용없다. 믿음은 다른 사람에게서 빌릴 수 없기 때문이다.

구원은 철저히 개인적이다. 생명의 복음으로 살고 죽는 것은 누구도 대신할 수 없는 단독적인 것이다. 키르케고르가 말했듯이, 우리는 모두 단독자로 하나님 앞에 서게 된다. 내 인격을 예수님께 굴복시키는 신앙, 내 삶을 온전히 주님께 의탁하는 믿음이어야 한다. 다른 사람을 위한 기도 후원은 중요하지만, 남의 믿음을 빌려올 수는 없다. 주님은 지금 우리에게 묻고 계신다. "네 안에 있는 믿음은 진정 어떤 것인가?"

우리는 믿음에 관한 한 자기기만을 하면 안 된다. 미련한 다섯 처녀는 죄인이 아니었다. 죄인이라 불리지도, 비난받지도 않았다. 겉으로는 신랑을 맞을 준비가 잘 되어 있었고, 이들도 주님을 보고 싶어 했다. 만약 이들이 죄인이었다면 잔치에 들어가지 못한 것이 이해가 되었겠지만, 겉보기에는 아무 문제가 없었다.

그러나 결정적인 차이가 있었다. 준비된 자와 준비되지 않은 자의 구분은 "내 믿음이 하나님 앞에 단독자로 설 때, 나는 어떤 그리스도인인가에 달려 있다. 이 질문은 말씀과 기도와 찬양으로 주님과 인격적인 관계를 맺고 있는가?"를 묻는 것이다. 성경은 심판대에서 주님이 "내가 너를 알지 못한다"는 벼락같은 말씀을 하실 것을 분명히 경고한다. 그때 미련한 다섯 처녀처럼 놀람과 수치를 느낀다면 이미 늦은 것이다.

"나더러 주여 주여 하는 자마다 다 천국에 들어갈 것이 아니요 다만 하늘에 계신 내 아버지의 뜻대로 행하는 자라야 들어가리라 그

하나님 나라의 비밀을 열다

날에 많은 사람이 나더러 이르되 주여 주여 우리가 주의 이름으로 선지자 노릇 하며 주의 이름으로 귀신을 쫓아내며 주의 이름으로 많은 권능을 행하지 아니하였나이까 하리니 그때에 내가 그들에게 밝히 말하되 내가 너희를 도무지 알지 못하니 불법을 행하는 자들아 내게서 떠나가라 하리라"(마 7:21-23).

III. 내게 중요한 것이 아니라 예수님께 중요한 것

이제 우리는 다시 물어야 한다. 당신의 신앙생활에서 가장 중요한 가치는 무엇인가? 중요한 것은 내가 대답하는 것이 아니라 예수님께 여쭤보는 것이다. 미련한 처녀는 이런 질문을 하지 않았기에 영적으로 실패했다. 신부에게 가장 중요한 것은 신랑을 잘 맞이하는 것이다. 내가 중요하게 여기는 것이 아니라, 나를 찾아오시는 신랑이 가장 중요하게 생각하시는 것이 무엇인지를 깨닫고 그 방향을 따라가야 한다. 신부 된 내가 생각하는 것이 아니라, 신랑 되신 예수님의 마음을 아는 것이 핵심이다.

성경에는 예수님이 여러 번 반복해서 하신 말씀이 있다. 마태복음 9장에서 열두 해를 혈루증으로 고통받은 여인에게, 마가복음 10장에서 시각 장애인 바디매오에게, 누가복음 7장에서 예수님의 발에 향유를 부은 여인에게, 누가복음 17장에서 나병환자였던 사마리아인에게 하신 말씀이다.

신앙의 연륜이 있는 사람이라면 예수님이 이들에게 하신 말씀을 짐작할 것이다. "네 믿음이 너를 구원하였느니라." 대개 이 말씀을 해석할 때 앞서 언급한 사람들이 가진 믿음에 방점을 둔다. 그들의 간절한 믿음, 포기하지 않는 믿음, 담대한 믿음, 불굴의 믿음이 어떠했는지를 말한다.

그러나 예수님이 특별히 '네 믿음'이라고 강조하신 의미를 깊이 살펴볼 필요가 있다. 이들을 구원한 것은 부모의 믿음이 담대하거나 간절했기 때문이 아니라, 바로 자신이 간절한 믿음, 담대한 믿음, 포기하지 않는 믿음의 소유자였기 때문이다. 믿음은 누구도 대신할 수 없는 것이다. 예수님은 부모의 믿음도, 친구의 믿음도 아닌, 바로 '네 믿음'이 너를 구원했다고 말씀하신 것이다.

부모의 믿음이 산을 옮기는 큰 믿음이라 해도 자녀의 믿음을 대신할 수 없고, 자녀의 믿음이 죽음을 이기는 믿음이라 해도 부모의 믿음을 대신할 수 없다. 우리의 믿음은 그 누구도 대신할 수 없다. 대학부 시절부터 늘 마음 깊이 새겨온 노래가 있다. "나 혼자서 그 길을 가네. 누가 대신 가줄 수 없네. 심판대 앞에 혼자 서네." 인생은 누구나 하나님의 심판대 앞에 홀로 서야 하는 것이다.

자녀가 부모를 어떻게 놀라게 할 수 있는가? 사고를 쳐서 충격을 주는 쇼크가 아니라, 뜻밖의 좋은 일로 감동을 주는 서프라이즈가 필요하다. 그렇다면 우리는 어떻게 예수님을 서프라이즈하게 할 수 있을까? 창조주이신 예수님께는 부족한 것이 없다. 온 세상이 그분의 말씀으로 창조되었기에 그 무엇으로도 예수님을 놀라게 할 수 없다. 인간의 의로움이나 지혜로는 창조주 예수님을 감동시킬 수 없다.

그러나 예수님이 이 땅에 계실 때 "와, 정말 놀랍다"라고 감탄하신 일이 있다. 예수님을 놀라게 한 것은 단 하나였다. 누가복음 7장의 로마 백부장의 믿음이다. 종을 고쳐달라고 예수님께 부탁하면서, 자기 집에 들어오심을 감당하지 못하겠다며 말씀만 해주시면 종이

하나님 나라의 비밀을 열다

낫겠다는 그의 믿음을 예수님은 놀랍게 여기셨다. "예수께서 들으시고 그를 놀랍게 여겨 … 이스라엘 중에서도 이만한 믿음은 만나보지 못하였노라." 또 마태복음 15장에서 귀신 들린 딸을 고쳐달라는 가나안 여인에게도 "여자여 네 믿음이 크도다. 네 소원대로 되리라"(마 15:28)고 하시며 그 믿음에 감탄하셨다. 예수님을 놀라게 하는 것은 오직 순전한 믿음, 생명을 거는 믿음뿐이다.

목회자로서 성도들을 향한 가장 간절한 소망이 있다면, 우리 모두가 살아 있는 믿음으로 매일매일 예수님을 '서프라이즈'하게 하는 삶을 사는 것이다. 매일 우리의 간절하고 순전하며 담대한 믿음으로 인해 예수님이 놀라시고, 우리 심령의 소원이 이루어지는 나날이 되기를 바란다. 이것이 진정 슬기로운 처녀처럼 주님을 섬기고 기름을 준비하는 것이다. 당신에게는 "믿음으로 말미암아 하나님의 능력으로 보호하심을 받았느니라"(벧전 1:5)는 말씀처럼, 순전한 믿음으로 인한 압도적인 경외감과 신앙의 깊이가 있는가?

IV. 참되고 순전한 믿음으로 예수님을 놀라게 해야

본문에서 가장 안타까운 세 가지가 있다. 첫째는 "우리 등불이 꺼져간다"는 것이다. 등불이 꺼져간다는 것은 믿음의 실체가 드러나는 것이다. 내 믿음이 진짜라고 생각했는데, 그 허상이 밝혀진 것이다. 둘째는 "문이 닫힌 것"이다. 오래 참으시는 주님이지만 마침내 문이 닫히는 날이 온다. 셋째는 "너희를 알지 못한다"는 것이다. 주님과 단독자로 설 때, 어머니, 아버지, 남편, 아내는 아시는데 나를 모르신다면 이보다 더 절망적인 일이 어디 있겠는가. 우리가 믿는다 했지만 꺼진 등불의 실체가 드러나고, 더 이상의 기회도 없으며, "주여 주여" 하며 살았는데 그분과의 관계가 끊어진다면 이보다 더한 비극이 있을 수 있겠는가!

미련한 다섯 처녀를 통한 이 준엄한 경고의 말씀 앞에서 우리 믿음을 다시 한번 돌아보자. 하나님 앞에 홀로 설 때 우리의 믿음은 어떤 모습인가? 주님께 쇼크 드리는 믿음인가, 주님을 서프라이즈 하게 하는 믿음인가? 우리 중 단 한 사람도 탈락하는 이가 없기를 바란다. 형식적인 신앙으로 성경만 들고 다녔다면, 이제라도 마음을 새롭게 하여 준비된 믿음을 가질 수 있도록 주님 앞에서 자신을 깊이 살피자.

본문은 우리에게 깊은 도전을 준다. 미련한 처녀는 자기 뜻대로 하면서 "주여 주여" 했고, 슬기로운 처녀는 신랑의 뜻대로 "주여 주여" 했다. 내가 예수님을 안다고 고백하는 것보다, 예수님께서 나를 참된 신부로 인정하시는지가 더 중요하다.

물론 주님은 영적으로 우리 안에 계시며 우리와 함께하신다. 하지만 여전히 우리에게는 주님의 재림과 우리 몸의 부활이 남아 있다. 핵심은 우리가 신랑 되시는 주님과 이미 정혼했으나, 아직 혼인잔치의 때는 이르지 않았다는 것이다. 그러므로 거룩한 긴장 속에서 장차 오실 신랑을 슬기로운 다섯 처녀처럼 간절히 기다려야 한다.

어떻게 해야 하는가? 주님의 신부로서 계속 훈련받으며 성숙을 향해 나아가야 한다. 우리의 신앙 용어로 말하면, 그리스도의 장성한 분량이 충만한 데까지 이르기 위해 온전한 제자가 되도록 자라가야 한다. 한마디로 예수님의 지혜로운 신부로서 언제 어디서나 신랑 맞을 준비를 하며 사는 것이다.

잘 준비된 자에게는 특별한 축복이 있다. "준비하였던 자들은 함께 혼인잔치에 들어가고"라는 말씀은 준비된 자가 받는 세 가지 축복을 보여준다.

문맥상 이 표현은 첫째로, 신랑이 오자마자 준비된 자들은 '즉시' 함께 혼인잔치에 들어갔다는 의미를 담고 있다. 준비된 자는 신랑이 오면 지체 없이 축복을 누릴 수 있다. 예수님을 신랑으로 모시는 자는 즉각적으로 주님이 주시는 영적인 복을 누릴 수 있는 것이다.

둘째로, 준비된 자는 '신랑과 함께' 혼인잔치에 들어가는 축복을 누린다. 준비된 자는 이 땅에서나 천국에서나 주님과 함께하는 복을 받는 사람이다. 주님 없는 세상이 무슨 의미가 있으며, 주님이 함께하신다면 또 무엇이 두렵겠는가!

셋째로, 준비된 자는 혼인잔치에 참여하는 기쁨을 누리는 축복이 있다. 준비된 자는 이 땅에서는 세상이 줄 수 없는 하늘의 기쁨으로 즐거워할 수 있고, 이 땅을 떠나서는 주님과 함께 영원한 즐거움을 누릴 수 있다. 이것이 "준비하였던 자들은 함께 혼인잔치에 들어가고"라는 구절에 담긴 준비된 그리스도인이 받는 축복들이다.

하나님 없이 성공하는 길은 믿음의 길이 아니다

슬기로운 다섯 처녀처럼 준비된 신앙인으로 살기 위해서는 신랑 되신 예수님을 증거하며 살아야 한다. 주님의 증인으로 살며, 신랑을 갈망하는 종말론적 긴장감으로 무장해야 한다. 이것이 우리가 평생 걸어가야 할 길이며, 도달해야 할 깊은 신앙이다. 세상이 무신론적 문화와 이념으로 치달을수록 그리스도인이 바로 서는 비결은 이러한 종말의식의 긴장감을 잃지 않는 것이다.

세속의 거친 풍랑이 이는 바다를 건너기 위해서는 구명조끼가 필요하다. 그리스도인에게 예수님을 믿는 믿음은 바로 이 구명조끼와 같다. 대풍이 갑자기 몰이쳐도 그리스도를 믿는 믿음으로 풍랑을 헤쳐 나갈 수 있다. 나의 신앙은 겉만 그럴듯한 박제된 신앙, 모조품 신앙은 아닌가? 모조품 신앙은 평안할 때는 멀쩡해 보이나, 인생의 거친 풍랑이 몰아치면 전혀 힘을 발휘하지 못한다. 내 신앙이 진짜인지 가짜인지를 아는 시금석은 진정한 어려움이 닥칠 때에도 믿음이 작동하고 있는지를 점검하는 것이다.

"당신의 믿음을 증명하는 길은 믿음대로 사는 데 있다." 이는 무슨 뜻인가? 예수님을 주로 고백했다면, 그 고백에 합당하게 사는 것이다. "하나님의 도움이 없이는 완전히 망하는 길이 믿음의 길이다. 하나님의 도움 없이도 사는 길은 믿음의 길이 아니다." 두렵게 들리는가? 그러나 분명히 기억하라. 토저의 말대로 "아담이 처음으로 이 땅에 두 발을 디딘 이후 이제까지 하나님은 그분을 진심으로, 전적으로 의지하는 사람을 한 번도 실망시키지 않으셨다." 이 말씀은 우리의 신앙을 돌아보게 하는 준엄한 경고로 다가온다.

사람들은 유튜브 먹방을 보며 대리 만족하지만, 기독교 신앙에서는 이런 대리 만족이 통하지 않는다. 반드시 자기가 직접 체험해야 한다. 오늘날 가장 심각한 영적 오염 중 하나는 이 탈육신 시대의 공허한 신앙생활이다. '내'가 하는 것이 아니라 '남'이 대신하는 것이다. 그러나 신랑 되신 예수님을 맞이하는 신앙의 세계에서는 실제로 내가 참여하여 체험하는 것이 중요하다.

신앙이 좋다면서 고상한 말과 아름다운 논리로 한국 교회를 분열시키는 이들이 있다. 그러나 신랑 되신 예수님은 그들에게 "너는 진짜 음식을 먹으라"고 말씀하신다. 우리의 믿음은 고상한 말이나 멋진

✷

하나님 나라의 비밀을 열다

이론이나 다른 사람의 간증이 아닌, 내가 직접 소유하는 것에 있다. 찬송가처럼 "주를 나와 맞으라는 소리 들릴 때 기뻐하며 주를 맞이할 수 있느냐 그날 밤 그날 밤에 주님 맞을 등불이 준비됐느냐". 기름을 준비한 슬기로운 다섯 처녀, 예수님만을 신랑으로 모시는 순전한 믿음의 소유자에게만 이런 특권이 주어진다. "그런즉 깨어 있으라 너희는 그날과 그때를 알지 못하느니라"(13절).

이제 더 이상 지체할 수 없다. 준비되지 않은 믿음으로 인생을 허비하다가 문이 닫히고 나서야 후회하는 미련한 자가 되지 말자. 바로 지금 이 순간부터 신랑 되신 예수님을 맞이할 준비를 시작하자.

신랑되신 예수님을 준비된 기름으로 맞이하는 신부의 기도

자비로우신 주님, 신앙생활을 오래하면서 "주님이 더디 오신다, 나는 주님을 뵐 날이 아직 멀었다"며 안일하게 잠들어 있던 신앙을 깨워주심을 감사드립니다. 우리의 남은 생애가 슬기로운 처녀처럼 신랑 되신 예수님을 기쁘게 맞이하며, 주님의 마음을 감동시키는 준비된 믿음, 하나님 앞에 홀로 설 수 있는 믿음의 용사들이 되게 하옵소서.

✳

12장

기도하는 자는
낙심하지 않는다

누가복음 18:1-8

기도는 믿음의 표현이다. 예수님의 재림을 굳게 믿는 것처럼, 믿음이 우리 마음속에 견고한 확신으로 자리 잡을 때 기도는 자연스러운 영적 습관이 된다. 성령님께서 우리 마음을 활짝 여실 때 우리는 말씀을 주목하고 경청하며 반응하는 역사를 경험하게 된다. 이는 예수님의 말씀에 성령님이 임하실 때 주시는 은혜이다.

본문의 비유는 말씀을 읽는 이의 마음에 매우 실제적으로 다가온다. 예수님의 비유 중에는 해석이 어려운 것들도 있지만, 이 비유는 직관적으로 이해하기 쉽다. 억울한 과부의 간청과 응답을 통해 항상 기도하고 낙심하지 말아야 할 것을 신앙의 초보자도 쉽게 이해할 수 있게 말씀하셨다. "내 원수에 대한 나의 원한을 풀어달라"는 절절한 호소는 매우 인간적이다. 그래서 우리의 마음에 더 깊이 와닿는지도 모른다. 과부의 간구가 응답으로 이어지는 극적인 과정을 보면서 영적인 카타르시스를 느낄 만큼, 마치 내가 현장에 있는 듯한 깊은 공감을 하게 된다.

"내 기도가 왜 응답되지 않을까" 하며 낙심하는 이들도 이 비유를 통해 기도의 끈을 놓지 않게 된다. 이를 통해 자연스럽게 은혜의 선순환이 시작된다. 낙심하지 않고 꾸준히 기도하니 응답이 오고, 응답을 받으니 더욱 기도하게 되며, 기도하니 다시 응답을 경험하면서 믿음의 기도, 지속적인 기도, 간절한 기도를 통한 은혜의 선순환이 이루어진다. 이처럼 끈질긴 기도와 응답 경험이 왜 그토록 중요한가? 우리 삶이 너무도 거칠고 치열하기에, 인생의 문을 여는 다른 길이 없기 때문이다.

I. 산산조각 난 인생이 사는 길

목회 현장은 늘 교우들의 삶과 맞닿아 있기에, 목회자가 그들의 고통을 함께하는 것은 자연스러운 일이다. 거의 매주 절망적이고 긴박한 상황 속에서 응급 기도를 요청하는 분들이 있다. 중환자실에서 생사의 기로에 계신 분도 있고, 말기 암으로 투병 중인 분도 있으며, 뇌출혈로 의식 불명 상태가 되어 긴급 기도가 필요한 분들도 있다.

사실, 삶이란 문제의 연속이다. 이를 잘 보여주는 뉴욕타임스 최장수 베스트셀러가 있다. 스캇 펙의 《아직도 가야 할 길》은 수백만 권이 팔린 책이다. 이 책이 더욱 유명해진 이유는 첫 문장이 "인생은 고해다"로 시작하기 때문이다. 인생이 고해인 이유는 무엇인가? 이 책은 다음 단락에서 "삶이란 문제의 연속이다"라고 답한다.

모든 인생은 삶의 순간마다 풀어야 할 문제와 마주친다. 삶의 문제에 직면하여 해결하는 과정은 삶 자체의 어려움만큼 고통스럽다. 우리가 시시때때로 부딪히는, 그렇다고 결코 피할 수도 없는 문제들은 우리를 괴롭고 비참하게 만들거나 외롭고 슬프게 하며, 때로는 죄책감과 분노, 두려움과 절망 속으로 던져넣기도 한다.

스캇 펙은 삶의 문제들이 너무나 고통스러워서 육체적 고통만큼이나 우리를 불편하고 아프게 한다고 말했다. 이처럼 인간으로서 피할 수 없는 숙명적인 고통이나 삶의 치열함에 대해 욥기 14장 1절은 "여인에게서 태어난 사람은 그 사는 날이 짧은 데다가, 그 생애마저 괴로움으로만 가득 차 있습니다"(새번역)라고 말씀한다. 오늘날 의술이 아무리 발달했다 해도 인생은 100세를 넘기 어렵고, 그마저도 걱정으로 가득한 시간이다. 걱정이 가득한 인생, 이것이 옛날이나 지금이나 사람들이 삶의 현장에서 겪는 진정한 모습이다. 겉으로는 행복해 보여도 그 삶을 한 겹 벗겨보면 바위처럼 견고하게 버티고 있는 문제들을 해결하느라 염려하고 걱정하는 것이 인생의 실체이다. 여기에 동의하는가?

모든 인생은 여리고 도상(道上)에 있다

수천 년 전 욥의 시대나 지금이나 인생이 겪는 고통과 고민은 크게 다르지 않다. 우리 모두는 여리고로 내려가는 험한 길 위에 있으며, 본문의 과부처럼 사방으로 어려움을 당하고 있다. 이처럼 모든 인생은 광야와 같은 여리고의 길을 지나며, 그 누구도 예외 없이 풀어야 할 수많은 문제와 마주한다.

예루살렘은 해발 754미터에 위치했고, 여리고는 해수면보다 258 미터나 낮은 곳에 있다. 예루살렘에서 여리고까지는 27킬로미터 정도 떨어져 있는데, 두 도시를 잇는 길은 거의 1,000미터를 내려가는 가파른 경사로, 산악지대와 험한 바위와 동굴이 많아 강도들이 숨어 있다가 지나가는 행인들을 약탈하는 일이 빈번했다. 여행자들이 이를 모를 리 없었고, 그 길을 가고 싶어 하지도 않았을 것이다.

하지만 인생이 어찌 자기 뜻대로만 되겠는가? 가고 싶지 않아도 여리고를 목적지로 가거나 그곳을 지나야 하는 경우가 있다. 불안한 마음으로 그 길을 지나다가 강도를 만나 가진 것을 모두 빼앗기고, 그것도 모자라 맞아 거의 죽을 지경이 되는 것이 순례자의 실상이었다(눅 10장). 여기서 벗어나고 싶어도, 여리고로 내려가고 싶지 않아도, 우리가 삶의 치열한 현장에서 반드시 마주해야 하는 현실이다.

워터게이트 사건으로 미국 최고 고위층에서 감옥으로 떨어진 찰스 콜슨은 "내가 살아온 인생은 산산조각 났고, 계속 살아갈 희망이 보이지 않았다. 내 미래가 영원히 수감된 것 같았다"고 했다. 우리 중에도 찰스 콜슨처럼 "내 인생은 산산조각이 났다. 어디에서도 삶의 희망은 보이지 않는다"라고 탄식하는 분이 있을지 모른다. 또 어떤 분은 지금 이때 여리고로 가는 그 길 위에 있을지도 모른다.

그렇다면 여리고로 가는 길에서 살길은 없는 것인가? 강도 만난 사람이 살아날 수 있는 유일한 길은 상처 입은 영혼을 돌보시는 참 목자를 만나는 것뿐이다. 그래서 치열한 삶의 현장을 살아가는 성도

*

187

들을 향한 목회자의 간절한 기도가 있다.

"비록 우리 인생이 여리고의 길에서 산산조각 나고 아무 희망 없는 상황을 만날 때에도, 무엇보다 목자의 심정으로 우리를 살피시는 하나님을 기억하게 하시고, 동시에 인생길에서 목자의 심정을 가진 이를 만나는 복을 주옵소서. 또한 우리 자신이 목자의 심정을 가진 자로서 여리고의 길에서 산산조각 난 인생을 살리는 자가 되게 하옵소서."

II. 말세에 믿음을 보겠느냐?

이 비유는 누가복음 17장의 "그리스도의 궁극적 심판과 종말"에 관한 말씀에 이어 나온 내용이다. 따라서 하나님 나라와 하나님의 궁극적 심판, 종말론적 구원의 관점으로 봐야만 본문의 깊은 의미를 깨달을 수 있다. 그렇지 않으면 억울한 과부처럼 꾸준히, 끝까지, 쉬지 않고 기도하는 것이 쉽지 않다. 반면에 하나님 나라와 하나님의 궁극적 심판에 눈이 열리면 과부처럼 간절히 구하는 기도를 통해 응답의 문을 열 수 있다.

종말론적 소망으로 드리는 기도의 능력

본문 바로 앞에서 제자들이 "주님, 종말에 한 명은 데려감을 당하고 한 명은 버림을 당한다고 하셨는데, 어떻게 그런 일이 있겠습니까?"라고 하자, 예수님은 "주검이 있는 곳에는 독수리들이 모여들 것이다"라고 하셨다(눅 17:37 참고).

왜 예수님은 제자들의 질문에 갑자기 주검과 독수리를 말씀하신 것일까? 주검과 시체가 있는 곳에 독수리가 모여드는 것은 자연의 이치다. 티베트 등지에서는 하늘 매장(Sky Burial)이라 하여 시신을 자연에 두면 독수리가 그것을 먹는다. 이 말씀의 핵심은 주검이 있는 곳에 독수리가 반드시 모이는 것처럼, 주님의 재림도 확실하다는 것이다. 따라서 우리가 본문의 과부처럼 억울한 처지에서도 한결같이 기도할 수 있는 이유는 예수님의 재림을 확신하며 살아가는 종말론적 신앙이 있었기 때문이다.

과부는 "나의 원한을 풀어주소서"라고 호소했다. 그에게는 깊은 원한이 있었다. 아마도 남편 없이 혼자 살았기에 당한 억울한 일일 수 있다. 혼자서는 해결하기 벅찬 문제였고, 도움받을 자식도 없었다. 어쩌면 남편이 남긴 재산을 혼자 산다는 이유로 빼앗겼을 수도 있고, 당시 사회적 약자였던 과부라는 이유로 인격적 모독이나 차별 혹은 물리적 위협을 당했을 수도 있다.

과부는 제대로 된 보호를 받지 못했다. 그래서 억울한 마음에 재판장을 찾아갔다. 그런데 이 재판장은 하필 "하나님도 두려워하지 않고, 사람도 무시하는"(4절) 불의한 자였다. 과부 입장에서는 이런 악한 재판장을 만난 것이 여리고로 내려가다 강도를 만난 것과 다름없었다. 재판장은 자기중심적이고 냉정한 사람이라 보통의 호소에는 눈도 깜짝하지 않았다. 그래도 억울함에 사무친 과부는 낙심하지 않고 계속해서 재판장을 찾아갔다. 처음에는 일주일에 한 번 찾아갔다가, 이틀에 한 번, 매일 그리고 아침저녁으로 찾아갔다. 그래도 해결되지 않자 마침내 재판장 집 앞에 텐트를 치고 호소했다. 과부의 어려운 처지에서 할 수 있는 것은 이것뿐이었다.

여리고 길에서 강도를 만나 옷이 벗겨지고 피투성이가 된 상태에서 무엇을 할 수 있었겠는가? 누군가 나타나 도와주는 것 외에는 다른 길이 없다. 이는 예수님을 믿고 구원받는 것과 같은 상황이다. 우리는 자신의 힘으로는 구원받을 수 없는 존재다. 위에서 도와주시지 않으면 길이 없다.

과부가 이처럼 끈질기게 매달리자 재판장은 "이 과부가 나를 번거롭게 하니 내가 그 원한을 풀어주리라 그렇지 않으면 늘 와서 나를 괴롭게 하리라"(5절)고 했다. '번거롭게 한다'는 헬라어 '코폰'(κόπον/ kopon)은 "때리다, 치다, 강타하다"란 뜻이다. 또 '괴롭게 한다'는 말의 헬라어 '휘포피아조'(ὑπωπιάζῃ/hypōpiazē)는 "눈 아래를 때리다, 눈을 멍들게 하다"란 뜻이다. 결국 재판장은 과부가 불쌍해서가 아니라, 자기 눈이 멍들 정도로 괴롭고 못 견디겠기에 그 원한을 들어주기로 한 것이다.

이를 두고 주님은 갑자기 벼락같이 도전하신다. "하물며 하나님께서 그 밤낮 부르짖는 택하신 자들의 원한을 풀어주지 아니하시겠느냐 그들에게 오래 참으시겠느냐"(7절). 하나님도 두려워하지 않는 불의한 재판장도 매일 두 번씩 끈질기게 호소하면 귀찮아서라도 들어주는데, 하늘에 계신 아버지께서 당신 백성의 기도를 어찌 들어주지 않으시겠느냐는 의미다.

믿음의 기도란 무엇인가?

여기서 가장 중요한 대목은 8절 뒤의 말씀이다. "그러나 인자가 올 때에 세상에서 믿음을 보겠느냐." 예수님은 "만약"이 아닌 "올 때에"라고 하셨다. 왜 '때'를 말씀하셨을까? 그것은 예수님이 오시는 것이 확실하기 때문이다. 예수님의 재림이 확실하고 종말이 확실한 것처

하나님 나라의 비밀을 열다

럼, 믿음의 기도에 대한 응답도 확실함을 말씀하시는 것이다. 주목할 점은 예수님께서 "인자가 올 때에 기도하는 사람을 보겠느냐"가 아닌 "믿음을 보겠느냐"라고 하신 것이다. 이는 기도가 곧 믿음의 표현이기 때문이다. 기도와 믿음은 동전의 양면처럼 하나로 움직인다.

진정한 기도는 응답을 주저하시는 하나님께 떼를 쓰거나 구슬리는 것이 아니다. 그것은 참된 기도가 아니다. 우리가 드리는 기도는 믿음의 기도다. "기도가 믿음"이라는 것은 "불평 대신 감사"하는 것이며 "노력하는 대신 신뢰"한다는 것이다. 무슨 뜻인가? 치열한 삶의 현장에서 고통당하면 우리 대부분은 좌절하고 절망한다. 부정적인 화살이 날아드는 불신앙 환경, 불신앙 생태계 속에서 주님 앞에 계속 믿음으로 기도하는 것은 결코 쉽지 않다. 이런 환경 속에서 끝까지 기도할 수 있다는 것은 믿음이 아니고서는 불가능하다. 따라서 주님께 꾸준히 기도한다는 것은 믿음의 또 다른 모습인 것이다.

"기도가 믿음이다"라는 말에 대해 유다서 1장 20절은 이렇게 기록한다. "사랑하는 자들아 너희는 지극히 거룩한 믿음 위에 자신을 세우며 성령으로 기도하며." 이는 무슨 뜻인가? 성령으로 드리는 지속적인 기도는 반드시 우리가 믿음 위에 서 있을 때만 가능하다는 의미다. 믿음 없이는 성령으로 드리는 기도를 할 수 없으며, 성령으로 드리는 꾸준한 기도, 쉼 없는 기도는 믿음의 터전 위에 자신을 세울 때만 가능하다. 믿음은 내적 표현이고, 기도는 그 내적 표현이 자연스럽게 밖으로 나타난 결과다.

믿음 없이 어떻게 제대로 된 기도를 할 수 있겠는가? 따라서 과부는 재판장과 법률 시스템을 믿은 것이 아니라, 원한을 풀어주시는 하나님을 믿은 것이다. 이런 믿음이 있기에 우리는 꾸준히 기도할 수 있다. 그래서 예수님이 "인자가 올 때에 세상에서 믿음을 보겠느

✲

냐"라고 믿음의 중요성을 강조하신 것이다. 참된 기도는 오직 믿음 위에서만 작동하기 때문이다.

III. 우리는 믿음을 선택해야 한다

항상 기도하고 낙심하지 말아야 한다고 했다. 우리에게는 두 가지 선택밖에 없다. 기도할 것인가, 낙심할 것인가. 중간지대는 없다. 이 세상에는 기도하지 않고도 떵떵거리며 잘나가고, 남들을 무시하는 사람이 있다. 반면 우리는 기도해도 해결되지 않는 상황을 많이 만난다. 그래서 우리는 낙심할 수 있다. 하지만 그 가운데서도 주님은 낙심하지 말고 기도하라고 하셨다. 그것은 악인에게 정해진 종말과 연한이 있고, 주검이 있는 곳에 독수리가 모이는 것처럼 예수님의 재림이 확실하기 때문이다. 우리는 이 진리를 믿기에 처절한 현실 속에서도 낙심 대신 기도를 선택할 수 있다.

사실 기도 외에 다른 방도가 있는가? 인생의 불가항력적인 문제에 부딪힐 때, 살아계신 하나님께 예수님의 이름으로 기도하는 것 외에 무슨 길이 있겠는가? "지금까지는 너희가 내 이름으로 아무것도 구하지 아니하였으나 구하라 그리하면 받으리니 너희 기쁨이 충만하리라"(요 16:24). 그리스도인에게는 이 약속의 말씀을 믿고 예수님께 기도하는 것 외에 다른 길이 없다. 우리의 기도는 허공을 치는 기도가 아니라 주신 말씀 위에서 주님의 이름으로 드리는 기도다.

바울은 여리고로 가는 길과 같은 상황에서도 계속 기도하라고 했다. 핍박받는 로마교회를 향해 "소망 중에 즐거워하며 환난 중에 참으며 기도에 항상 힘쓰며"(롬 12:12)라고 했고, 첫사랑을 잃고 메말라 헤매는 에베소 교회를 향해 "항상 성령 안에서 기도하라"(엡 6:18)고 했으며, 이단의 공격으로 곤란에 빠진 골로새 교회를 향해 "기도를 계속하고 기도에 감사함으로 깨어 있으라"(골 4:2)고 하면서 어떤 상황 속에서도 기도하라 명했다. 이것이 믿음을 가진 자의 일상이요 진면목이다. 시편 기자는 "시시로 그를 의지하고 그의 앞에 마음을 토하라"(시 62:8)고 했다.

기도가 거룩한 습관이 될 때 누리는 축복

낙심하지 않기 위해서는 기도가 거룩한 습관이 되어야 한다. 오래간만에 한 번씩 기도하는 게 어렵겠는가? 아니면 매일 기도하는 게 힘들겠는가? 의외로 가끔 기도하는 것이 더 힘들다. 매일 기도하는 사람에게는 기도가 짐이 아니다. 마치 매일 하는 조깅이 가끔 하는 조깅보다 쉬운 것처럼 말이다. 근육이 단련될수록 더 강한 힘을 발휘하듯, 기도도 지속할수록 더 깊어지고 확장되며 하나님과의 소통이 더욱 깊어진다. 그래서 기도는 반드시 거룩한 습관이 되어야 한다.

리처드 포스터는《기도》에서 삶이 기도가 되는 과정을 네 단계로 설명한다.

첫 단계는 의식적인 연습이다. 처음에는 다소 형식적으로 느껴질 수 있으나, 이는 기도의 습관을 형성하는 데 필수적인 과정이다. 예를 들어 좋아하는 색을 볼 때마다 잠시라도 기도하는 것이다. 자주 색을 좋아한다면, 그 색을 마주할 때마다 하나님의 사랑을 묵상하며 기도하는 것이다. 또는 마트에서 계산을 기다리는 시간을 그냥 보내지 않고 기도의 시간으로 전환하는 것이다.

두 번째 단계는 기도를 잠재의식 속으로 스며들게 하는 것이다. 가령 교통체증이 심한 시간에 짜증을 내는 대신, 그 시간을 기도의 시간으로 바꾸는 것이다.

세 번째 단계는 기도가 마음의 자연스러운 반응이 되는 것이다. 주변의 어려움이나 문제들이 눈에 들어올 때마다 자연스럽게 기도 제목이 된다. 타인의 아픔을 무심코 지나치지 않고 기도로 함께 아파하는 것이다.

네 번째 단계는 기도가 호흡처럼 자연스러운 삶의 리듬이 되는 것이다. 이 단계에서는 문제마저도 감사의 대상이 된다. 어려움이 더 이상 고통으로 남지 않고, 오히려 하나님과 더 가까워지는 계기가 되는 것이다. 인생의 난관조차 감사의 제목이 되는 이 순간이야말로, 삶 자체가 기도가 되었다는 증거이다.

식사하고 숨 쉬고 걷는 것처럼 기도가 자연스러운 삶의 일부가 되어야 한다. 매일 하는 식사와 수면이 특별한 일이 아니듯, 기도 역시 그렇게 자연스러워져야 한다. 이처럼 삶이 곧 기도가 될 때, 우리는 진정한 의미의 지속적인 기도를 경험하게 된다. 그때 우리는 기도를 하지 않아 응답도 못 받는 '변증학적 악순환'이 아니라, 꾸준히 기도하는 은혜를 받아 '은혜의 선순환'을 경험하게 된다.

간헐적인 기도는 기도 자체를 어렵게 만든다. 기도가 어려워지면 점점 더 기도하지 않게 되고, 기도하지 않으니 응답도 없다. 응답이 없으면 기도는 더욱 멀어진다. 이러한 악순환이 바로 기도 응답이 없는 악순환이다.

반면 지속적인 기도는 삶에 깊이 뿌리내려 거룩한 습관이 되고, 그 기도가 쌓이면 하나님의 때에 폭포수처럼 응답받게 된다. 기도하는 행위 자체가 믿음이 되어 더 큰 기도로 이어지고, 그 기도는 다시 응답으로 이어진다. 이것이 바로 은혜의 선순환이다. 이 경지에 이르면 간헐적인 기도보다 지속적인 기도가 오히려 수월해진다.

비행기는 이륙 시에 가장 많은 에너지를 소모하지만, 일단 순항고도에 도달하면 훨씬 적은 힘으로도 비행할 수 있다. 영성도 이와 같다. 기도가 일단 궤도에 오르면 그 상태를 유지하기가 훨씬 쉬워진다. 마치 돛단배가 일단 바람을 받으면 자연스럽게 앞으로 나아가듯, 기도의 고도를 유지하면 기도는 삶의 자연스러운 흐름이 된다.

IV. 꾸준한 기도를 위하여 어떻게 해야 하나?

리처드 포스터는 지속적 기도의 실천 방안으로 "단숨의 기도"를 제시한다. 이는 '슬로건 기도'라고도 하는데, 오랜 사역 경험을 통해 입증된 실제적인 기도 방법이다. 세리가 했던 "하나님이여 나를 불쌍히 여겨 주옵소서"와 같이 단순하면서도 명확한 기도가 하늘의 문을 여는 열쇠가 되는 것이다. 밤낮으로 부르짖을 수 있는 영적 슬로건, 한 호흡으로 올릴 수 있는 기도제목, 단순하면서도 강력한 기도가 응답의 원동력이 된다.

오랜 목회 여정에서 이러한 기도의 능력을 깊이 체험했다. "주여, 내 믿음에 전성기를 주옵소서", "주여, 내 생명에 기적을 주옵소서", "주여, 예배를 살려주옵소서", "주여, 은총의 표징을 보여 주옵소서", "주여, 제가 부르짖나이다", "주여, 살아서는 충성, 죽어서는 영광이 되게 하옵소서", "주여, 온전한 제자가 되게 하옵소서." 이처럼 강렬하고 절박하며 한결같이 부르짖는 단숨의 기도는 거룩한 중력처럼 하나님의 응답을 이끌어내는 힘을 가지고 있다.

　이러한 기도가 쌓이면 삶 전체가 기도가 된다. 삶이 기도가 된다는 것은 일상의 모든 순간을 기도의 눈으로 바라보게 된다는 뜻이다. 예를 들어, 극심한 교통체증 속에서도 즉각적으로 "내 앞의 홍해가 갈라지게 하옵소서"라고 기도하며 하루를 보내면, 더 이상 막연한 뜬구름 잡는 기도가 아닌 살아 숨 쉬는 현장의 기도가 되어 인생의 길을 여는 열쇠가 된다. 이렇게 기도는 자연스럽게 거룩한 습관으로 자리 잡는다. 은행에서 일하는 직원이라면, 창구 앞에 대기 인원이 많아질 때 "왜 이렇게 피곤하게 손님들이 많이 오시나?"라고 불평하는 대신, "제 안에 있는 예수님의 생명력이 흘러넘치게 하소서"라고 짧게나마 기도하며 그 순간을 거룩한 기도의 시간으로 변화시키는 것이다. 이처럼 일상의 모든 순간이 기도가 될 수 있다.

지속적인 기도가 주는 자유함

지속적인 기도는 우리 안에 자연스럽게 영적 자유함을 만들어낸다. 기도가 거룩한 습관이 되어 우리를 영적으로 자유케 한다는 것은 기도 습관이 우리의 일상적 습관들을 거룩한 차원으로 끌어올린다는 뜻이다. 우리 전인격이 거룩한 습관들로 통합된다는 것은 우리의 본성이 영적으로 거룩한 체질로 변화되어 가는 과정이다. 꾸준한 기도를 통해 우리 몸과 마음이 거룩한 습관들로 통합될 때 우리는 세속적 중력이 아닌 기도의 중력에 이끌리게 된다. 즉, 우리 영혼이 세상의 영향력이 아닌 은혜의 끌림 속에서 움직이게 되는 것이다.

　이것은 구체적으로 어떻게 나타나는가? 기도를 통해 우리 존재가 거룩한 습관들로 통합되고 체질화되면, 가장 먼저 관심사가 달라진다. 이전에는 홈쇼핑 마감 할인이나 품절 임박 광고에 심장이 두근거렸다면, 하나님과의 깊은 교제로 체질이 바뀐 후에는 그러한 세속적 유혹에 더 이상 흔들리지 않는다. 이제는 하나님의 뜻과 관련된 일들에 가슴이 설레기 시작한다. 이것이 바로 꾸준한 기도가 거룩한 습관으로 자리 잡을 때 경험하게 되는 영적 자유다. 마치 숙련된 연주자가 암흑 속에서도 자유롭게 악기를 다룰 수 있는 것처럼, 우리의 삶 전체가 자연스럽게 거룩한 습관으로 체화되면 일하는 순간도, 심지어 잠자는 시간조차도 기도 시간이 될 수 있다.

그렇다면 우리는 언제까지 기도해야 하는가? 주님의 원대한 계획과 뜻을 깨달을 때까지, 그리고 주님과의 더 깊은 교제가 이루어질 때까지다. 기도의 본질은 하나님의 얼굴을 찾는 것이다. 하나님께 구하는 것이든, 우리의 마음을 드리는 것이든, 그분의 음성을 듣는 것이든 모든 것은 하나님의 얼굴을 찾는 데서 시작한다. 이런 관점에서 다윗은 참된 기도의 모범을 보여준다. 시편 27편 8절에서 그는 고백했다. "너희는 내 얼굴을 찾으라 하실 때에 내가 마음으로 주께 말하되 여호와여 내가 주의 얼굴을 찾으리이다." 왕이 된 후에도 그는 언제나 "여호와와 그의 능력을 구할지어다 그의 얼굴을 항상 구할지어다"(시 105:4)라고 선포했다.

하나님을 지속적으로 찾는 자에게 주시는 특별한 축복은 무엇인가? "여호와를 찾는 자는 모든 것을 깨닫느니라"(잠 28:5). 하나님은 자신을 진정으로 찾는 자에게 그분의 뜻을 드러내시고 깨닫게 하신다. 성경에서 이러한 진리를 잘 보여주는 예가 있다. 고린도후서 12장에서 바울은 자신의 육체의 가시를 제거해달라고 세 번이나 간구했다. 그리고 12장 9절에서 주님의 응답을 통해 자신을 향한 하나님의 뜻을 깨닫게 된다. 여기서 '세 번'이라는 표현은 반복적인 기도를

197

12장. 기도하는 자는 낙심하지 않는다

의미할 수도, 문자 그대로 세 번을 뜻할 수도 있다. 분명한 것은, 만약 바울이 한두 번의 기도로 그쳤다면 자신의 가시에 담긴 하나님의 깊은 섭리를 깨닫지 못했을 것이라는 점이다.

다 아시는 하나님께서 우리가 기도하기를 원하시는 이유

하나님은 우리의 모든 것을 이미 알고 계시며, 억하심정이 있는 것도 아닌데 왜 여리고를 돌게 하시고, 끊임없이 기도하게 하시는 것일까? 지속적인 기도를 요구하시는 데에는 두 가지 중요한 목적이 있다. 첫째는 이 땅에서 살아가는 동안 하나님 아버지의 계획과 목적, 그 원대한 뜻을 더 깊이 이해하게 하기 위함이며, 둘째는 주님과의 더 깊은 교제를 위해서이다.

대화가 없는 부부 관계는 죽은 관계나 다름없다. 한때 뜨거웠던 사랑도 점차 식어버린다. 살아 있는 관계에는 반드시 대화와 교제가 필요하다. 부부는 서로의 감정을 나누고 대화를 나눌 때 그 관계가 생동감 있게 유지되고 풍성한 열매를 맺을 수 있다. 주님과의 영적 교제도 이와 같다. 우리는 꾸준한 기도를 통해 하나님과의 복된 교제를 회복하고 더 깊이 있게 발전시킨다.

과부의 간절한 기도는 다양한 차원에서 이해할 수 있다. 그것은 사랑하는 자녀가 아버지께 올리는 간곡한 부탁이며, 캄캄한 숲속에서 길을 잃고 두려움에 떨고 있는 자녀의 절실한 울부짖음이고, 어둠 속에서 한 줄기 빛을 비춰주기를 바라는 간절한 요청이다. 이러한 관점에서 볼 때, 여리고 성을 도는 동안 우리 기도에 반드시 응답하시는 하나님께 밤낮으로 부르짖을 수 있다는 것 자체가 그리스도인만이 누릴 수 있는 특별한 축복이자 특권이다.

꾸준한 기도로 하늘 문을 여는 자의 기도

자비로우신 하나님 아버지, 우리가 낙심하지 않고 꾸준히 기도해야 함을 깨닫게 하시니 감사합니다. 주님의 분명한 음성을 듣기만 하는 것이 아니라, 오늘부터 실천하며 살게 하옵소서. 과부의 강청하는 기도 비유를 통해 지속적인 기도 가운데 임하시는 하나님의 임재와 축복을 깨닫게 하시니 감사드립니다. 새롭게 알게 하신 기도의 깊은 의미를 마음 깊이 새겨, 여리고 도상 같은 우리의 인생길에서 참 목자이신 주님을 경험하게 하시고, 목자의 마음을 부어주사 이 길을 걷는 이들을 돕는 자가 되게 하옵소서. 나아가 하나님 나라와 하나님의 궁극적인 심판에 대한 영적 눈이 열려, 믿음으로 쉬지 않고 기도하는 자녀가 되게 하옵소서. 우리의 간절한 기도로 가정과 민족 그리고 모든 공동체가 주님의 보호하심 아래 있게 하옵소서.

13장

지혜 없는
빛의 자녀들

누가복음 16:1-8

모든 사람이 지혜로운 삶을 살기 원하지만, 현실에서 그것을 이루기는 쉽지 않다. 대부분의 사람이 죽음을 앞두고 혹은 임종의 순간에 후회로 가득 차 있다는 사실이 이를 증명한다. 그렇다면 마지막 숨을 거두는 순간까지도 후회 없이 살 수 있는 참된 지혜의 길은 없는 것일까? 본문은 하나님의 자녀이기에 얻을 수 있는 하늘의 지혜를 보여주며, 인생의 마지막까지 후회 없이 살아갈 수 있는 비결을 말씀한다. 단순한 처세술이나 삶의 기술이 아닌, 영원한 생명의 관점에서 오늘을 바라보고 살아가는 지혜이다.

목회 사역에 경험된 네 가지 인생 지혜

지식은 우리를 교만하게 할 수 있지만, 참된 지혜는 우리를 충만하게 하고 성숙하며 겸손하게 만든다. 이 지혜는 단순한 지식이나 정보를 넘어서는, 하나님께서 주시는 깊은 통찰력이다. 오랜 목회 현장에서 만난 사람들 중 진정한 지혜자의 모습을 보여준 이들이 있다. 이러한 지혜로운 삶의 태도를 지닌 이들은 한결같이 후회 없는 인생을 완주했다. 목회 사역에서 경험한 네 가지 지혜의 사람들이 있다.

첫째, 에너지를 소진시키는 사람이 아닌 에너지를 전하는 사람으로, 만남 후에 형언할 수 없는 생명력으로 나를 일으켜 세우는 이들이다.

둘째, 어둠을 탓하지 않고 그 어둠을 밝히는 빛이 되는 사람, 험난한 인생길에서 지혜의 등불을 들어 세상을 비추는 사람이다.

셋째, 열 정탐꾼처럼 단순한 사실 보고가 아닌, 여호수아와 갈렙처럼 현실을 넘어선 믿음 보고를 하는 사람, 역사의 배후에서 역사하시는 하나님의 뜻을 볼 줄 아는 사람이다.

넷째, "아직 최선은 오지 않았다"(The best is yet to come)는 마음으로 사는 사람, 어떤 상황에서도 거룩한 소망으로 가슴 설레며 꿈꾸며, 죽음의 순간마저 삶의 절정으로 준비하는 사람이다.

이러한 지혜는 하나님과 함께 웃고 울며 걸어온, 험난했던 사역 여정을 거치며 깊어진 목회적 통찰의 결정체이다. 본문의 비유는 이러한 통찰을 일깨우는 근본 원리를 제시하고 있다.

I. 자기 의를 극복해야 지혜롭게 된다

본문은 누가복음 15장의 "잃어버린 것"에 관한 세 비유—잃은 양, 잃은 드라크마, 돌아온 탕자— 다음에 이어지는 말씀이다. "제자들에게 이르시되"라는 구절과 "바리새인들은 돈을 좋아하는 자들이라 이 모든 것을 듣고 비웃었다"는 구절에서 알 수 있듯이, 이 말씀의 청중은 제자들과 자기 의에 빠진 바리새인들이었다. 예수님의 말씀에는 제자들에게 바리새인의 잘못된 길을 따르지 말라는 깊은 경고가 담겨 있다.

우리는 흔히 본문의 바리새인을 남 이야기로 여기지만, 사실 우리 모두에게는 바리새적 속성, 특히 자기 의가 잠재해 있다. 하나님께서 우리를 고난의 터널로 인도하시는 것은 바로 이 바리새적 속성을 벗겨내시기 위함이다. 브레넌 매닝이 지적했듯, 사람이 바리새적인 자기 의를 추구하는 이유는 "자신이 영광을 받고자 하는 정욕" 때문이며, 이는 모든 인간에게 내재된 죄성이다.

성경적으로 볼 때, 자기 의에 빠진 제자보다 더 끔찍한 것은 없다. 왜일까? 자기 의는 자신의 영광만을 추구하는 정욕이기 때문이다. 반면 예수님의 참된 제자는 오직 예수님의 영광을 추구하는 사람이다. 성경에서 자기 의의 전형적인 인물은 요나다. 그는 자기 생각을 하나님 명령보다 우선시했고, 결국 하나님께 성을 내며 대적하기에 이르렀다(욘 4:9).

자기 의가 특히 심각한 이유는 자기중심적인 자기애와 뿌리가 같기 때문이다. 자기 의와 자기애는 동전의 양면처럼, 둘 다 하나님의 주권이 개입할 여지를 허용하지 않는다.

하나님 나라의 비밀을 열다

특히 자기애는 말세의 대표적 증상이다. 바울은 디모데후서 3장에서 말세의 20가지 증상을 나열하는데, 그 첫머리가 바로 자기 사랑이다. "너는 이것을 알라 말세에 고통하는 때가 이르러 사람들이 자기를 사랑하며 돈을 사랑하며 자랑하며 교만하며 비방하며 부모를 거역하며 감사하지 아니하며 거룩하지 아니하며"(딤후 3:1-2). 이 모든 말세 증후군은 '자기 사랑'과 '돈을 사랑하는 것'에 뿌리를 두고 있다.

자기 의에 사로잡힌 사람은 자신이 만든 허구의 세계를 진실이라 믿는 '리플리 증후군'에 빠진다. 신앙생활을 오래 한 사람들 중에도 이러한 영적 리플리 증후군을 앓는 이들이 적지 않다. 이들은 자기 생각과 판단만이 옳다고 믿어, 타인의 의견은 물론 하나님의 주권, 즉 하나님이 내 삶을 통치하신다는 진실조차 인정하지 않는다.

자기 의로 가득 찬 삶은 생명력 없는 황무지와 같다. 주변의 땅들이 계절의 변화를 따라 생명력 넘치는 변화를 보일 때도, 황무지는 항상 메마른 잿빛으로 남아 있다. 씨앗이 움트고 자라 열매 맺는 생명의 경이로움을 경험할 수 없는 것이다. 이것이 바로 자기 의와 자기애에 사로잡혀 성장하지 못하는 삶의 실상이다.

우리는 자기 의라는 바이러스가 신앙생활에 침투하지 않도록 경계해야 한다. R. A. 토레이의 일화는 이를 잘 보여준다. 한 불신자가 이렇게 말했다. "나는 기독교인이 아닙니다. 그러나 기독교인보다 더 도덕적이고 정직하다고 생각합니다. 그런데도 당신이 나를 적대하는 이유를 알고 싶습니다." 토레이는 이렇게 답한다. "당신이 아무리 도덕적이라도 하늘의 왕에게 대항하고 있기 때문입니다." 자기 의에 중독된 사람은 하나님의 주권을 인정하지도 않고, 예수님을 만왕의 왕으로 믿을 수 없음을 보여준다.

✳

조나단 에드워즈는 자기 의에 빠진 사람이 생명을 낳지 못하는 이유를 돌밭에 뿌려진 씨앗에 비유했다. "자기 의에 빠진 사람의 마음은 돌밭의 씨앗처럼 깊이 뿌리내리지 못해 열매를 맺지 못한다. 반면 은혜로운 마음은 가장 깊은 곳까지 내려가 생명의 샘을 만나 열매를 맺는다."

자기 의는 하나님의 주권과 은혜를 거스르며, 궁극적으로 하나님의 통치를 거부한다. 따라서 우리는 이 자기 의의 바이러스가 우리 안에 자리 잡지 못하도록 단호히 저항해야 한다. 이것이 참된 신앙인의 진정한 지혜이다.

자기 의를 해독하는 하늘의 지혜

자기 의를 해독하는 특별한 지혜가 있다. 그것은 바로 '소유권'과 '사용권'을 구별하는 것이다. 하나님은 아담과 하와에게 에덴동산의 소유권이 아닌 사용권을 주셨다. 그들은 청지기였으며, 모든 소유권은 천지를 창조하신 하나님께 있었다.

이러한 원리를 공산주의는 교묘하게 왜곡했다. 공산 국가들은 모든 것을 국가가 소유하는 체제를 만들었다. 북한을 보라. 국가가 모든 것을 소유하여 겉보기에는 일사불란하다. 북한의 열병식, 아리랑 축전, 중국의 천안문 열병식, 러시아의 붉은 광장 열병식은 그 웅장함에 있어 타의 추종을 불허한다. 그러나 실상은 이들이 국가 효율성이 가장 떨어지는 나라들이다. 이는 소유와 사용의 본질을 오해한 체제가 빚어낸 필연적 실패다.

성경이 바리새인을 통해 자기 의를 거듭 경계하는 이유는 무엇인가? 우리 안에 뿌리 깊은 자기 의를 복음으로 해독하기 위해서다.

하나님 나라의 비밀을 열다

인생의 참된 지혜는 오직 복음을 통해서만 얻을 수 있다. 사실 우리가 가진 시간, 공간, 재능, 신체, 재물 모두가 우리 것이 아닌 주님의 것이다. 에덴동산의 모든 것이 아담의 것이 아니었듯, 아담의 몸조차 그의 것이 아니었다.

사도 요한은 "만물이 그로 말미암아 지은 바 되었으니 지은 것이 하나도 그가 없이는 된 것이 없느니라"(요 1:3)고 했고, 바울은 "먹든지 마시든지 무엇을 하든지 다 하나님의 영광을 위하여 하라"(고전 10:31)고 했다. 이는 모두 소유권과 사용권을 구별하는 지혜의 말씀들이다. 모든 것이 하나님으로부터 왔으며, 우리는 그것을 하나님의 영광을 위해 사용하도록 위탁받은 청지기임을 알려주는 말씀이다.

지혜로운 삶이란 우리 인생의 소유권과 사용권을 명확히 구분하여, 소유권을 주님께 돌려드리고 자기 의가 아닌 주님의 주권을 인정하는 것이다. 참된 지혜는 복음으로 자기 의의 독을 해독하는 데서 시작된다.

인생은 결코 자기 뜻대로 되지 않는다. 젊은 시절 잠시 자유롭게 사는 듯하나, 결국은 그렇지 못함을 깨닫게 된다. 중병에 걸리면 자신의 몸조차 마음대로 할 수 없는 것이 인간이다. 시련이 닥칠 때 우리는 앞날을 알지 못한다.

진정한 자유는 우리의 참 소유주이신 하나님께 집중할 때 얻을 수 있다. 우리의 청지기적 사용권은 소유주이신 주님의 뜻에 따를 때 비로소 온전히 발휘된다. 우리 삶의 중심에는 소유권이나 자기 의가 아닌, 사용권과 주님께 대한 전적 신뢰가 자리해야 한다. 그렇지 않으면 우리는 인생을 헛되이 보내고, 지혜 없는 빛의 자녀, 곧 어리석은 자가 되고 말 것이다.

✳

II. 빛의 아들들이 이 세대의 아들들보다 지혜롭지 못하다면!

8절은 "이 세대의 아들들이 자기 시대에 있어서는 빛의 아들들보다 더 지혜로움이니라"고 말한다. 즉, 세상살이의 지혜에 있어서는 믿는 사람들보다 세상 사람들이 더 영리하다는 것이다. 이 가르침은 해석하기 까다로운 "불의한 청지기 비유"를 통해 펼쳐진다.

어떤 부유한 주인에게 재산을 관리하는 청지기가 있었다. 그런데 이 청지기가 주인의 재산을 낭비한다는 소문이 들려왔다. "주인의 소유를 낭비한다는 말이 그 주인에게 들린지라." 주인은 청지기를 불러 "이 말이 어찌 됨이냐 네가 보던 일을 셈하라 청지기 직무를 계속하지 못하리라" 하며 해고를 통보했다.

이 말을 들은 청지기는 깊이 고민에 빠졌다. "청지기가 속으로 이르되 주인이 내 직분을 빼앗으니 내가 무엇을 할까 땅을 파자니 힘이 없고 빌어먹자니 부끄럽구나." 그는 자신이 농사일에는 서툴고 체력도 약하며 구걸하기에는 자존심이 허락하지 않음을 분명히 인식했다.

자신의 처지를 냉철하게 파악한 청지기는 마지막 카드를 꺼내들었다. 해고 직전에 주인에게 빚진 사람들을 불러 빚을 탕감해준 것이다. "주인에게 빚진 자를 일일이 불러다가 먼저 온 자에게 이르되 네가 내 주인에게 얼마나 빚졌느냐 말하되 기름 백 말이니이다 이르되 여기 네 증서를 가지고 빨리 앉아 오십이라 쓰라 하고 또 다른 이에게 이르되 너는 얼마나 빚졌느냐 이르되 밀 백 석이니이다 이르되 여기 네 증서를 가지고 팔십이라 쓰라 하였는지라"(5-7절).

흥미로운 점은 탕감 비율이 달랐다는 것이다. 기름 빚은 50퍼센트, 밀 빚은 20퍼센트를 탕감해주었다. 이는 아마도 각 품목의 이자

율 차이를 고려한 것으로 보인다. 이 사실이 주인의 귀에 들어갔을 때, 뜻밖의 반응이 나왔다. "주인이 이 옳지 않은 청지기가 일을 지혜 있게 하였으므로 칭찬하였[다]"(8절). 부정직한 행동을 한 불의한 청지기를 주인이 오히려 지혜롭다고 칭찬한 것이다.

빛의 자녀로서 영원을 준비하며 살고 있는가?

예수님은 이 상황을 두고 이렇게 말씀하셨다. "[불의한 청지기 같은] 이 세대의 아들들이 자기 시대에 있어서는 빛의 아들들보다 더 지혜로움이니라." 주님은 청지기의 불의한 행동을 인정하신 것이 아니라, 세상 사람들이 자신의 일을 처리하는 데 있어 성도들보다 더 치밀하고 철저하다는 점을 지적하신 것이다. 다시 말해, 삶의 위기 앞에서 빛의 아들들이 세상 사람들보다 오히려 덜 지혜롭게 대처한다는 현실에 대한 날카로운 지적이었다.

예수님은 이 청지기를 "옳지 않은 청지기"(8절)라 칭하심으로써 그의 행위 자체는 분명히 잘못되었음을 지적하셨다. 그러나 자신의 미래를 위해 냉철한 판단을 내리고, 주어진 기회를 재빠르게 활용한 점에서는 빛의 자녀들보다 지혜로웠다는 것을 인정하셨다. 여기서 우리는 예수님의 의도를 정확히 이해해야 한다. 주님은 '불의한 행위'를 칭찬하신 것이 아니라, '불의한 사람'조차도 자신의 미래를 철저히 준비하는 모습에 대해 칭찬하신 것이다.

이는 그리스도인들에 대한 강력한 도전이다. 이 세상 삶이 전부라고 믿는 사람들도 이토록 미래를 준비하는데, 영원한 생명을 믿는 빛의 자녀들은 왜 그만큼의 열정도 보이지 못하는가? 신앙은 좋지만 실무 능력이 부족하다면, 이는 분명 개선해야 할 문제다. 이것은

✳

많은 크리스천 리더의 고민이기도 하다. 그리스도인은 영성과 실력과 겸손, 이 세 가지를 겸비해야 한다.

가장 심각한 문제는 빛의 자녀들이 죽음 이후의 영원한 세계를 믿는다고 하면서도, 정작 그것을 위한 준비에는 전력을 다하지 않는다는 점이다. 반면 세상 사람들은 이 땅의 삶이 전부라 여기기에 모든 것을 걸고 목표 달성을 위해 전력을 다한다.

예수님의 메시지는 여기에 있다. 불의한 청지기는 비록 정직하지는 못했으나, 자신의 처지를 정확히 인식하고 미래를 위해 창의적인 생각을 하며 시간과 노력을 아끼지 않았다. 비록 이 땅의 한정된 미래를 위한 것이었지만 그 철저한 준비 덕분에 주인의 칭찬을 받았던 것이다.

8절 말씀은 결국 빛의 자녀들이 영원한 미래를 위한 준비를 소홀히 하는 현실을 일깨우시기 위함이다. 우리는 이 점을 심각하게 돌아보아야 한다. 예수를 믿는다는 것은 영원한 세계에 눈을 뜨는 것이며, 거기에 모든 것을 걸고 전력을 다해 준비해야 하는데, 현실은 그렇지 못하다는 것이 근본적인 문제다.

영원한 세계를 진정 사모하는지를 보여주는 증거

우리 자녀들이 영원한 세계를 바라보고 그것을 준비하는 일에 있어서는 불의한 청지기보다 훨씬 더 뛰어난 헌신과 노력을 기울이도록 가르쳐야 한다. 그러나 많은 믿음의 가정들이 자녀들을 학원 보내는 열정만큼도 신앙 교육에 힘쓰지 않고 있다. 그 결과 자녀들이 사회에 나가서 신앙적으로 방황하는 일이 빈번하다. 신앙 대신 세상 지식과 상식, 잔꾀로 채워진 결과, 이들은 소유권과 사용권의 구분조차 하지 못한 채 삶의 중심을 잃어간다. 신앙 없는 조기 성공이 얼마나 위험한지를 뒤늦게 깨닫고 탄식하는 모습은 참으로 안타까운 현실이다.

만약 성도가 세상 사람들이 사업을 위해 쏟는 시간과 노력만큼이라도 영혼을 위해 힘쓰고 자녀들의 신앙 교육에 투자한다면, 그리스도인 가정의 많은 문제가 해결될 것이다. 예수님께서 우리가 세상 사람들보다 지혜롭지 못하다고 지적하신 것도 이런 맥락이다.

이 비유의 핵심은 불의한 청지기가 아니다. 예수님은 이 비유를 통해 더 깊은 메시지를 전하고자 하셨다. "바리새인들은 돈을 좋아하는 자들이라 이 모든 것을 듣고 비웃거늘"이라는 구절이 보여주듯, 본문의 중요한 초점 중 하나는 돈을 사랑하는 바리새인들에 대한 경고다. 자기 의에 사로잡힌 바리새인들은 예수님의 날카로운 지적 앞에서 충격을 받았다.

예수님은 이 비유를 통해 "당신은 돈 문제에 있어 진정 지혜로운가?"라고 우리에게 도전하신다. 이는 우리의 실제 삶과 직결된 문제다. 바리새인들은 누구보다도 하나님의 율법을 지킨다고 하면서도 돈 문제에 있어서는 마치 자신이 완전한 소유자인 것처럼 행동했다. 우리 안의 바리새적 속성 때문에 영적인 이야기는 좋아하면서도 돈 문제를 거론하면 불편해하는 것이다.

어찌 돈 문제에 있어서 이 세대의 자녀들이 믿는 이들보다 더 지혜로울 수 있겠는가? 이는 우리에게 재정 제자도(Financial Discipleship)가 절실히 필요함을 보여준다. 우리는 재정에 대한 근본적인 관점 전환이 필요하다. 앞으로 누가복음 16장을 통해 재정 제자도를 자세히 살펴볼 것이다. 재정과 물질은 온전한 제자도와 불가분의 관계에 있다. 다시 말해, 물질에 대한 바른 제자도 없이는 참된 제자의 길을 걸을 수 없다는 것이다.

III. 물질을 미래를 위해 쌓는 것이 참 지혜다

14절에서 바리새인들은 예수님의 말씀을 듣고 비웃었다. 예수님은 앞에서 "너희가 만일 불의한 재물에도 충성하지 아니하면 누가 참된 것으로 너희에게 맡기겠느냐"(11절)며 "집 하인이 두 주인을 섬길 수 없[다]"(13절)고 말씀하셨다. 이는 재물과 하나님을 동시에 섬기는 것이 불가능함을 지적하신 것이다. 겉으로는 거룩해 보이던 바리새인들이 실상은 돈을 사랑했기에, 예수님은 그들의 위선적인 중심을 꿰뚫어 보시고 돈과 영성이 얼마나 밀접하게 연결되어 있는지를 날카롭게 지적하셨다.

성경은 물질에 관해 놀라울 정도로 많은 내용을 담고 있다. 예수님의 38개 비유 중 16개가 돈과 소유를 다루며, 그분의 신약 말씀 중 25퍼센트가 돈과 성경적 청지기직에 관한 것이다. 복음서 10구절 중 1구절이 재정을 언급하고 있으며, 성경 전체에서 십일조, 돈, 소유, 재정에 관한 구절은 2천 개를 훨씬 넘는다. 이는 믿음과 기도에 관한 구절보다도 많은 수준이다. 신앙의 선배들은 "당신의 지갑을 보여주면 당신이 어떤 그리스도인인지 알 수 있다"고까지 말했다.

왜 돈과 영성은 이토록 밀접하게 연결되어 있을까? 어떤 이들은 "돈만큼 세속적인 것이 없는데 어떻게 영성과 관계가 있느냐"고 반문할지 모른다. 그러나 돈은 영성이라는 토양에 깊이 뿌리내리고 있다. 기쁨의 신학자 존 파이퍼는 "돈의 사용은 예배 행위이다"라고 선언했다. 이보다 돈과 영성의 관계를 더 정확하게 표현할 수 있을까! 우리가 돈을 어떻게 사용하느냐는 곧 우리가 하나님을 어떻게 예배하느냐와 직결되어 있기 때문이다.

하나님 나라의 비밀을 열다

왜 돈의 사용이 예배의 행위일까?

올바른 돈의 사용이 곧 올바른 예배라는 말은, 성경적 가치관으로 돈을 지혜롭게 쓰는 사람이 진정 영적인 사람임을 의미한다. 여기서 '영적'이란 복음적 가치를 중시하는 것을 뜻한다. 하나님을 돈보다 더 사랑하는 사람만이 돈의 속박에서 자유로울 수 있기 때문이다.

예배의 본질은 하나님을 섬기는 것이며, 돈은 우리가 진정으로 누구를 섬기고 예배하는지를 드러내는 가장 확실한 리트머스 시험지다. 우리가 무엇을 가장 소중히 여기는지를 돈의 사용처는 분명하게 보여준다.

사랑하는 자녀나 소중한 사람을 위해 쓰는 돈은 아깝지 않은 것처럼, 돈의 사용은 우리의 가치관을 여실히 드러낸다. 예수님은 하나님의 나라 다음으로 돈에 관해 가장 많이 말씀하셨다. 예수님께서 이토록 돈 문제를 강조하신 것은, 돈에 대한 바른 관점이 없이는 온전한 복음을 이해할 수 없음을 보여주신 것이다.

어떤 이들은 "이렇게 중요한데 왜 돈에 관한 설교를 많이 하지 않으셨느냐"고 묻는다. 그러나 예배 설교를 통해 이미 많은 것을 다뤘다. 진정한 예배자가 되면 돈과 재정 문제는 자연스럽게 해결된다고 믿기 때문이다.

톨스토이가 "아아, 돈, 돈! 이 돈 때문에 얼마나 많은 슬픈 일이 이 세상에 일어나고 있는가?"라고 한탄했듯이, 돈의 중력에서 자유로운 사람은 드물다. 돈으로 인해 개인 간, 가족 간, 심지어 국가 간에도 많은 전쟁이 일어난다.

돈의 중력에서 벗어난 사람만이 진정 지혜롭게 돈을 다룰 수 있다. 그 형태가 무엇이든—종이든, 금이든, 통장 속 숫자든, 디지털

✳

코인이든— 돈은 우리 삶을 살아가기 위한 도구요, 하나님이 주신 선물이다. 문제는 돈이 도구가 아닌 목적이 되고 하나님보다 우선시 되는 순간 시작된다. 디모데전서 6장 10절, "돈을 사랑함이 일만 악의 뿌리가 된다"는 말씀처럼, 잘못 사용된 돈은 마귀의 도구로 전락한다.

본문에서 예수님은 돈에 사로잡힌 바리새인들의 내면을 꿰뚫어보시고 돈에 대한 깊은 교훈을 주신다. 이를 바르게 이해하려면 돈에 대한 성경적 시각이 필요하다.

돈은 세속적으로 보이지만, 하나님이 주신 귀한 선물이다. 디모데전서 4장 4절은 "하나님께서 지으신 모든 것이 선하매 감사함으로 받으면 버릴 것이 없나니"라고 말씀한다. 돈은 인간의 지성과 지혜, 경험이 집약된 산물이며, 이를 부정할 수 없다. 돈이 사라진다면 세상은 혼돈에 빠질 것이다. 돈이 하나님의 선물임을 인정한 다음에야, 우리는 그것을 바르게 사용하는 법을 배울 수 있다.

하나님의 선물인 돈은 그분의 목적에 맞게 사용되어야 한다. 돈이 가장 빛나는 순간은 하나님의 영광과 이웃을 위해 흘러갈 때이다. 고린도후서 8장 1-2절에서 마게도냐 성도들이 예루살렘의 가난한 성도들을 돕는 데 돈을 사용했듯이, 돈은 사랑의 도구가 되어야 한다.

돈은 언제 가장 가치 있게 쓰이는가?

돈을 어떻게 사용해야 하는지에 대한 지혜를 신명기 14장 25-26절에서 발견할 수 있다. "그것을 돈으로 바꾸어 그 돈을 싸 가지고 네 하나님 여호와께서 택하신 곳으로 가서 네 마음에 원하는 모든 것을 그 돈으로 사되 소나 양이나 포도주나 독주 등 네 마음에 원하는 모든 것을 구하고 거기 네 하나님 여호와 앞에서 너와 네 권속이 함께 먹고 즐거워할 것이며."

돈을 더 높은 목적, 영원한 가치를 위해 사용하려면 첫째, 하나님이 택하신 영역에 사용해야 한다. 둘째, 하나님 앞에서 사용해야 한다. 즉, 하나님께서 지금 내가 돈을 사용하는 것을 보고 계신다면 쓸 수 없는 곳에는 사용하지 말아야 한다. 셋째, 개인의 유익을 넘어 공동체의 즐거움과 유익을 위해 사용해야 한다.

우리가 돈의 궤도를 따라 도는 것이 아니라, 돈이 하나님의 복음과 섬김의 궤도를 따를 때 비로소 그 본래의 목적을 이룰 수 있다. 돈의 최고 가치는 하나님에 대한 우리의 기쁨이 이웃을 향한 사랑으로 흘러넘칠 때 드러난다. 타인을 향해 넘치는 베풂이야말로 하나님 안에서 누리는 진정한 기쁨이다. 이것이 바로 "주는 것이 받는 것보다 복이 있다"(행 20:35)는 말씀의 깊은 의미다. 선한 사마리아인 비유는 이러한 돈 사용의 모범을 보여준다.

타인의 내면을 완전히 알기는 불가능하다. 가까운 형제자매의 마음조차 온전히 헤아리기 어렵다. 교회에서 나누는 간증과 서로 주고받는 신앙적 교제를 통해 겉으로는 믿음이 좋아 보일 수 있다. 그러나 한 사람의 진정한 모습을 알고 싶다면 그가 물질을 어떻게 다루는지 살펴보라. 작은 일에 불의한 사람은 큰일에도 불의하기 마련이다. 주님께서 "지극히 작은 것에 충성된 자는 큰 것에도 충성되고 지극히 작은 것에 불의한 자는 큰 것에도 불의하니라"(10절)고 말씀하신 것은 바로 이 때문이다. 아무도 보지 않을 때의 돈 관리가 그 사람의 참모습을 드러낸다.

사도 바울은 교회 지도자의 자격을 말하면서 불의한 이익을 탐하지 않고 돈에 대해 깨끗한 평판이 있어야 한다고 강조했다(딤전 3:2-3).

✳

우리가 돈을 사용하는 패턴은 우리 내면의 가치관을 그대로 드러낸다. 그래서 한 가정의 영적 상태를 가장 정확히 파악하려면 그들의 가계부를 보면 된다. 돈으로 겉모습을 포장할 순 있어도, 돈의 사용을 통해 드러나는 참모습은 감출 수 없다.

우리는 말과 행동으로 경건한 신앙인의 모습을 얼마든지 연출할 수 있다. 바리새인처럼 경건한 태도를 보일 수도 있고, 남들이 듣기 좋은 말을 할 수도 있다. 하지만 결코 숨길 수 없는 한 가지가 있으니, 바로 돈의 흐름이다. 아나니아와 삽비라처럼 일시적으로는 가식적인 헌신을 보일 수 있으나, 돈의 사용은 결코 오래 위장할 수 없다. 돈이 흐르는 방향은 그 사람의 생각과 습관, 삶의 진실을 적나라하게 보여준다.

"너희는 하나님과 재물을 겸하여 섬길 수 없느니라." 여기서 핵심은 '겸하여'라는 단어다. 하나님과 돈을 동시에 섬기는 것은 불가능하다. 우리가 둘 다 섬길 수 있다고 생각한다면, 그것은 자기기만이다. 하나님이 우리에게 재능을 주셔서 큰 부자가 되는 것 자체는 잘못이 아니다. 다만 하나님을 향한 사랑과 비교할 때, 돈은 어디까지나 도구여야 한다. 우리는 하나님을 사랑하고, 그분이 맡기신 돈으로 하나님을 섬기며 바른 관계를 이어가야 한다. 이것이 바로 그리스도인의 돈 사용이 예배가 되어야 하는 이유다.

물질은 영적으로 가치 있게 사용한 것만 내 것이 된다

성경은 돈의 거룩한 사용이 가져오는 영적 결실을 여러 사례를 통해 보여준다. 누가복음 19장의 세리 삭개오를 보자. 그가 자신의 재물을 하늘의 가치로 바꾸어 투자하기 시작했을 때, 예수님은 "오늘 구원이 이 집에 이르렀도다"라며 기쁨으로 선포하셨다.

누가복음 10장의 선한 사마리아인도 그러하다. 그는 강도 만난 사람의 생명을 살리는 데 자신을 아낌없이 쏟아부었다. 예수님은 이를 통해 진정한 이웃이란 생명을 살리는 데 기꺼이 재물을 사용하는 자임을 보이시고, 우리도 그와 같은 자비를 실천하라고 명하셨다.

당시 많은 세리들이 부를 축적했지만, 구원받은 이는 루터가 말한 세 가지 회심(가슴, 정신, 돈지갑) 중 '돈지갑의 회심'까지 이룬 삭개오였다. 많은 유대인 부자 중에서도 재물 사용으로 칭찬받은 이는 손에 꼽을 만했다.

선한 사마리아인은 고통받는 이웃을 위해 돈과 시간을 사용했다. 아리마대 요셉과 니고데모는 그들의 부를 그리스도를 섬기는 데 바쳤고, 고넬료는 백성을 구제하고 하나님께 기도하는 삶으로 구원의 문을 열었다. 자색 옷감 장사 루디아는 자신의 지위와 재산으로 초대 교회를 섬겼으며, 마게도니아 교인들은 극심한 고난 중에서도 연보를 아끼지 않았다.

고든 코스비가 "돈을 내어주는 순간은 우리를 속박하는 어둠의 권세를 이기는 승리의 시간이다"라고 말했듯이, 돈을 영적으로 가치 있게 쓰는 것은 우리를 지배하려는 어둠의 권세를 이기는 증거가 된다.

우리는 흔히 "죽을 때 돈을 가져갈 수 없다"고 말한다. 그러나 예수님은 보물을 하늘에 쌓을 수 있다고 말씀하심으로써, 이 땅에서 돈을 가치 있게 사용한다면 그 열매를 영원히 누릴 수 있음을 보여주셨다. 재물로 생명을 구하고 하나님 나라를 세우는 일에 쓸 때 그것은 진정 우리 것이 되어 하늘의 보화로 쌓인다.

세상 사람보다 더 지혜롭기를 원하는 빛의 자녀의 기도

자비로우신 하나님 아버지, 주님께서 허락하신 모든 것, 은사와 재능, 물질과 시간 그리고 환경까지도 '내 것'이라 착각하여 함부로 낭비했던 저의 어리석음을 깨닫게 하시니 감사합니다. 이제 이 세상 사람들이 현세를 준비하는 것보다 더욱 철저하게 영원을 위한 미래를 준비하며 살아가는 지혜로운 빛의 자녀 되게 하옵소서. 주님께서 주신 소명과 비전을 따라 하루하루 걸어갈 때, 물질 앞에 무릎 꿇지 않고 오직 하나님 앞에 무릎 꿇는 자가 되게 하시고, 마침내 "착하고 충성된 종"이라 칭찬받는 자녀 되게 하옵소서.

14장

재정에 대한
새판짜기

누가복음 16:9-13

"당신은 어떤 인생을 살고 싶은가? 그리고 어떤 인생으로 기억되고 싶은가?" 이것은 재물에 대한 자신의 진정한 모습을 보기 위해 직면해야 하는 질문들이다. 우리는 겉모습으로 스스로를 속이기 쉽다. '사람들이 나를 어떻게 평가할까? 다른 사람들에게 좋은 사람으로 보이기 위해서는 어떻게 해야 하나?' 이런 질문이 무의미한 것은 아니지만, 자칫 나를 속이고 진정한 모습을 가리는 덫이 될 수 있다. 특히 재물에 대해서 우리는 사도행전 5장의 아나니아와 삽비라처럼 자신마저도 속일 수 있다. 본문에서 예수님은 우리에게 삶을 진정으로 살찌우고, 돈에 대한 끝없는 갈증을 해소하며, 재물로 하늘의 참된 복을 쌓는 성경적 재정 원칙을 말씀하신다.

어떻게 "불의한 재물"로 친구를 사귈 수 있나?

9절은 말씀한다. "불의의 재물로 친구를 사귀라 그리하면 그 재물이 없어질 때에 그들이 너희를 영주할 처소로 영접하리라." 언뜻 보면 이해하기 어려운 구절이다. 본문을 읽다가 '불의한 재물'이라는 표현에서 의문을 가질 수 있다. 우리는 자칫 불의한 재물에 충성한다는 표현을 불의한 재물을 탐하는 것으로 오해할 수 있다. 성경의 독특한 표현인 "불의한 재물"을 《현대인의성경》에서는 "세상의 재물"이라고 옮겼다. 이는 불확실하고 변하기 쉬운 재물을 의미한다 (딤전 6:17). 그러므로 "불의한 재물에도 충성하지 아니하면"(11절)이라는 표현은 "세상의 재물도 지혜롭게 사용하지 못해 신용을 얻지 못한다면"이라고 해석할 수 있다.

이 말씀은 불의의 재물을 강조하는 것도, 청지기가 불의했다는 것을 강조하는 것도 아니다. 우리에게 불의한 재물을 추구하라는 뜻은 더더욱 아니다. 대신 우리에게 청지기의 지혜를 생각해보라고 권한다. 그것이 무엇인가? 우리 현실의 물질, 세속의 재물, 돈으로 영원을 준비하는 연결 고리를 만들라는 것이다. 우리의 재물로, 우리의 헌신으로, 우리의 물질로 이웃과 친구를 주님 앞으로 인도하고 영원을 준비하라는 것이다.

불의한 청지기를 보면, 북쪽에는 은행 계좌에 잔액이 없고 남쪽에는 신용카드조차 이용 불가 상태이며, 동쪽에는 채권자들이 있고 서

하나님 나라의 비밀을 열다

쪽에는 국세청의 세금 추징으로 막혀 있다. 이처럼 재정적으로 사면초가 상황에서 이 청지기는 자기 노후를 나름 지혜롭게 준비하는 행동을 했다.

그러면 빛의 아들인 우리는 어떻게 행동하는 것이 지혜로운 일일까? 9절에서는 "재물이 없어질 때에"라는 말이 나온다. 불의한 청지기가 재물이 없어질 때를 대비하여 자신의 시간과 재물을 지혜롭게 활용했듯이, 빛의 아들들도 재물이 없어질 그때를 위해 어떻게 준비해야 하는지가 본문의 핵심이다.

세상 사람들이든, 빛의 아들들이든, 우리는 머지않아 하나님 앞에 벌거벗은 채로 서게 된다. 우리의 재산도, 영향력도 다 사라진다. 우리가 지금 소유하고 있는 모든 것이 다 없어지는 것이다. 죽음의 시간은 더욱 그렇다. 소위 억만장자로 죽었다는 것은 틀린 말이다. 죽을 때는 그 누구도 손에 한 푼의 돈도 쥐지 못한 채 죽는다. 죽을 때 무엇을 가지고 갈 수 있겠는가? 세상 저편으로 가면서 갖고 갈 수 있는 것이 있기는 한가? 우리가 지혜롭다면, 지금의 생과 다음의 생을 연결할 고리가 있어야 하지 않겠는가? 다음 세계를 연결하는 알고리즘, 영적인 공식이 필요하지 않겠는가?

I. 재정 새판짜기의 첫 번째 원칙:
재물은 영원을 준비하는 연결 고리로 사용되어야 한다

공관복음에는 모두 중풍병자 친구를 예수님께 데려온 사건이 기록되어 있다. 친구 네 명이 지붕을 뜯어 중풍병자를 예수님 앞으로 내렸다. 예수님 앞에 앉아 있던 집주인의 지붕에 갑자기 구멍이 난 것이다. 수리비는 누가 냈을까? 아마도 네 명의 친구가 돈을 모아 냈을 것이다. 그들은 친구를 예수님께 데려오기 위해 지혜로운 청지기처럼 돈을 사용했다.

이것이 바로 "불의의 재물로 친구를 사귀라"는 말씀의 본질적 의미다. 재물로 친구를 사귀고 영혼을 얻으라는 것이다. 그러면 재물이 없어질 때, 그 친구들이 우리를 영원한 곳으로 영접하리라고 하셨다. 우리가 천국에 들어갈 때, 우리의 도움으로 구원받은 이들이 우리를 맞이하고 우리의 보상이 된다는 뜻이다. 이것이 우리 인생을 가장 가치 있게 만든다. 이를 생각하면 영적 감동이 밀려온다. 젊을 때 재물을 써서 도운 친구들이 예수를 믿고 구원받은 것이, 죽음 이후 영원한 삶의 밑거름이 되는 것이다.

빛의 자녀가 가장 지혜롭게 물질을 사용하는 길

세상 재물로 형제와 이웃, 동료의 영혼을 구하는 데 쓴다면, 그것이야말로 빛의 자녀들이 세상 자녀들보다 더 지혜로워지는 최고의 길이다. 이것이 불의한 재물로 친구를 사귀라는 말씀의 핵심이다. 불의한 청지기가 쫓겨난 후의 여생을 준비하려 재물을 썼듯이, 빛의 자녀들은 재물로 영원한 세계의 삶을 위해 친구의 영혼을 구하는 것이 참된 지혜다. 여기에 복음적 통찰이 있다. 돈과 물질을 영적이지 않다고 매도하지 말고, 불의한 청지기가 지혜롭게 빛을 탕감해준 것처럼, 성도들은 물질로 친구들의 영혼을 구하는 데 써야 한다.

세상 사람들이 세상의 목적을 위해 전력을 다하듯, 그리스도인은 더 높은 목적, 영원한 목적을 위해 돈을 쓰는 것이 큰 지혜이자 재정

하나님 나라의 비밀을 열다

의 새판짜기다. "돈을 바르게 써서 친구를 얻으라." "돈으로 친구를 영원한 세계로 인도하라." 이것이 빛의 자녀가 물질을 가장 지혜롭게 쓰는 방식이다.

바울은 이를 깨닫고 디모데전서 6장 17-18절에서 귀중한 가르침을 주었다. "네가 이 세대에서 부한 자들을 명하여 마음을 높이지 말고 정함이 없는 재물에 소망을 두지 말고 오직 우리에게 모든 것을 후히 주사 누리게 하시는 하나님께 두며 선을 행하고 선한 사업을 많이 하고 나누어 주기를 좋아하며 너그러운 자가 되게 하라." 여기까지가 재물을 높은 목적으로 쓰는 것이다. 그 결과는 "장래에 자기를 위하여 좋은 터를 쌓아 참된 생명을 취하는 것"(딤전 6:19)으로 나타난다.

본문 9절을 제대로 이해하면 바울의 디모데전서 6장과 맥이 닿는다. 바울이 깨달은 말씀이 본문에서 주님이 하신 말씀과 일맥상통한다. 이것이야말로 빛의 자녀들이 재물에 대해 가져야 할 참된 지혜다. 돈은 더럽지도, 깨끗하지도 않으며 그 가치는 쓰임새에 달렸다. 돈이 생명을 살리고 영혼을 구하는 일에 쓰인다면, 이보다 더 아름다운 가치는 없다. 이는 돈과 영성이 직결됨을 보여준다.

II. 재정 새판짜기의 두 번째 원칙:
물질에 관해 내 묘비에 뭐라고 쓰이면 좋겠는가?

재정 사용의 첫 번째 원칙인 "재물을 영원의 연결고리로 사용하기"는 죽음 이후의 삶과 맞닿는 두 번째 원칙과 이어진다. 세상 재물로 친구를 영주할 곳으로 인도할 수 있다는 예수님의 말씀은 우리에게 놀라운 통찰을 준다. 물질이 영혼 구원과 연결되어 고귀하게 쓰일 수 있다는 것이다. 이것이 진정한 재물의 새판짜기다. 돈에도 저급한 것과 고귀한 것이 있다. 속임수와 착취로 번 돈에는 품격이 없다. 반면 가족을 위해 땀 흘려 번 돈, 남모르게 구제하는 돈, 하나님께 예배의 마음으로 드리는 돈, 다음 세대 교육과 영혼 구원을 위한 선교에 쓰이는 돈에는 하늘의 향기가 있다. 그리스도인이 돈을 참으로 가치 있게 쓰고 싶다면 "오직 너희를 위하여 보물을 하늘에 쌓아"(마 6:20) 두어야 한다.

본문의 불의한 청지기 이야기를 복음적으로 보면, 그는 비록 부정직했으나 빚진 자들의 빚을 탕감해줌으로써 은혜를 베풀었다. 잘못된 방식이긴 하나 채무자들의 의무를 덜어주어 그들을 은혜의 세계로 들어가게 했다. 이 땅에는 "거래의 세계"와 "은혜의 세계"가 있다. 하나님은 지금 거래와 매매의 세계에 있는 물질을 영혼 구원에 써서 은혜의 세계로 들어가기를 원하신다. 거래와 계산의 세계에 속한 돈이, 은혜와 구원의 세계로 흘러가야 한다. 본문의 채무자들은 불의한 청지기로 인해 용서와 거저 줌, 탕감의 세계, 곧 은혜의 세계로 들어가게 되었다.

믿음으로만 설명되는 삶

기독교 저술가이자 EPM(Eternal Perspective Ministries)의 대표인 랜디 알콘은 책 《부자 그리스도인》에서 카이로에서의 잊지 못할 경험을 들려준다. 이집트 가이드는 알콘 가족을 카이로의 두 무덤으로 안내했다. 첫 무덤은 미국 선교사 묘지로, 그곳에 윌리엄 보덴(1887-1913)의 묘비가 홀로 서 있었다. 예일대를 졸업하고 상당한 유산을 물려받은 보덴은 이슬람 영혼들에게 복음을 전하고자 안락한 삶을 버리고 전 재산을 이슬람 사람들의 영혼을 주님께로 데려오는 일에 사용했다. 그는 이집트에서 4개월간 열정적으로 사역하다 척수 뇌수막염에 걸려 스물다섯의 나이에 세상을 떠났다.

이어서 가이드는 보덴의 묘에서 곧바로 이집트 국립 박물관의 투탕카멘왕 전시관으로 안내했다. 17세에 죽은 투탕카멘은 수많은 황금 유물과 함께 묻혔다. 후에 그의 무덤에서 황금마차와 금으로 만든 수많은 유물들, 금관이 발견됐다. 이집트인들은 사후 세계를 믿었기에 엄청난 보물을 왕의 무덤에 함께 둔 것이다.

우리는 정직하게 자문해야 한다. 당신은 어떤 인생으로 기억되고 싶은가? 보덴의 길과 투탕카멘의 길 중 어느 쪽을 선택하고 싶은가? 아마 대부분은 투탕카멘의 삶을 택할 것이다. 그것이 세상의 흐름이다. 죄성을 가진 인간의 자연스러운 선택일 수 있으나, 하나님이 보시기에는 지극히 어리석은 일이다.

그러나 우리가 진정 하나님의 자녀이고 예수님을 주님으로 고백한다면, 세상 재물이 주는 향락의 끈질긴 중력을 밀어내고 믿지 않는 영혼을 주님께 인도하는 일, 영원한 가치를 지닌 이 일에 재물을 써야 한다. 이것이 물질을 영원으로 바꾸며 사는 그리스도인의 진정한 모습이다.

재물에 대한 새판짜기를 진정 원한다면 보덴의 삶을 깊이 생각해야 한다. 그의 묘비에는 이렇게 쓰여 있다. "그리스도에 대한 믿음을 떠나서는 그의 삶을 설명할 길이 없다." 물론 보덴이 더 오래 살면서 그 재산으로 더 많은 영혼을 주님께 인도했다면 좋았겠지만, 우리는 하나님의 뜻을 다 알지 못한다. 보덴의 삶이 세상 사람들 눈에

✳

223

는 어리석어 보이겠으나, 그의 삶은 그리스도를 향한 믿음 없이는 이해할 수 없다.

우리도 언젠가 세상을 떠날 것이다. 어떤 이에게는 남은 시간이 몇 달, 몇 년뿐일 수도 있다. 그렇다면 지금 하나님 앞에서 보덴의 삶을 사는 이는 누구인가? 한국에 온 최초의 순교자인 토마스 선교사도 조선의 보덴이었고, 양화진에 잠든 수많은 선교사들도 19세기, 20세기의 보덴이었다. 그분들의 헌신과 재물로 지금 우리가 복음 안에서 살고 있지 않은가!

보덴의 삶과 묘비는 우리가 어떤 인생으로 기억되길 원하는지 묻고 있다. "물질의 지혜로운 청지기 ○○○", "재물로 영원을 준비한 ○○○", 아니면 "평생 돈의 노예로 살다 간 ○○○". 당신이 살아온 삶을 재정적 관점에서 한 문장으로 새긴다면, 당신의 묘비명은 무엇이 되겠는가?

III. 재정 새판짜기의 세 번째 원칙:
작은 것에 충성되면 하나님이 큰 것, 영적인 권능을 부어주신다.

"지극히 작은 것에 충성된 자는 큰 것에도 충성되고 지극히 작은 것에 불의한 자는 큰 것에도 불의하니라"(10절). 예수님은 작은 일에 충성하는 자가 더 큰 일에도 충성할 것이라 말씀하시며, 보이지 않는 작은 일에 충실한 자는 앞으로 올 큰일도 감당할 수 있음을 가르치신다. 반대로 작은 일에 충성하지 않는 자는 큰일을 맡을 수 없다. 이 비유의 맥락에서 '작은 일'은 돈, 재물, 시간, 영향력과 같은 물질

하나님 나라의 비밀을 열다

세계를 의미한다. 반면 '큰일'은 영적 세계, 예수님이 말씀하시는 참된 부요함이다.

주님은 물질세계와 영적 세계를 비교하셨다. 즉, 물질세계를 잘 감당하면 더 큰 영적 세계도 감당할 수 있다는 것이다. 육신의 작고 숨겨진 영역에서 충성하는 자가 영적 영역에서도 충성한다는 것이 말씀의 본뜻이다. 물질세계에서 바르게 충성하면 영적 세계의 부요함이 따라오고, 물질세계에서 성실하지 못하면 영적 세계의 부요함도 얻지 못한다. 물질에 충성한다는 것은 선한 청지기로서 재물을 사용하는 것을 뜻한다. 그러므로 작은 일, 곧 물질에 충성하지 않으면 큰일을 맡을 수 없다는 말씀은, 현실에서 재정 문제와 하나님께 드리는 삶을 제대로 살지 못하는데 어찌 영적 세계에서 큰 은혜를 받을 수 있겠느냐는 의미다. 그래서 "네 보물이 있는 곳에 네 마음도 있다"고 하신 것이다.

작은 것 속에 담긴 천국의 비밀

우리는 이 진리를 알면서도 왜 작은 일에 충성하지 못하는가? 작은 일에 담긴 하나님의 축복과 열매를 볼 수 있는 안목이 없기 때문이다. 작은 것 속에 숨겨진 하나님의 축복을 알면, 작은 일에도 온 힘을 다해 충성할 수 있다!

하나님은 작은 것 속에 놀라운 축복을 담아두셨다. 첫째, 예수님은 작은 겨자씨 같은 것에 천국의 비밀을 담아두셨다(마 13장). 둘째, 다윗 왕국의 시작이 된 승리는 거대한 무기가 아닌 작은 물맷돌에서 비롯되었다(삼상 17장). 셋째, 이스라엘의 기근 해갈은 작은 구름에서 시작되었다(왕상 18장). 그 작은 구름 속에 온 이스라엘의 기근을 해

225

소할 큰 비가 감춰져 있었다. 넷째, 보잘것없어 보이는 오병이어에 오천 명을 먹이신 하나님의 능력이 있었다(요 6장).

그렇다! 우리가 작은 일에 충성할 수 있는 이유는, 그 작은 것 속에 하나님의 능력과 기적, 은혜가 숨어 있기 때문이다. 11절에서 "누가 참된 것으로 너희에게 맡기겠느냐" 했는데, 여기서 말하는 참된 것은 무엇인가? 그것은 예수님 안에서 누리는 풍성한 은혜, 그리스도인이 얻는 하늘의 권능과 축복, 우리가 사명대로 살 수 있는 힘과 능력이다.

이것을 누가 주시는가? 성령님이 주신다. 작은 것에 충성하면 성령이 주시는 권능을 체험한다. 한 걸음 더 나아가, 돈에 대해 신실하지 않은데 어떻게 하늘의 부요와 성령의 능력을 경험하겠는가? 세상의 것에도 진심을 다하지 않는데 누가 참된 것을 주시겠냐는 것이다. 즉, 물질적인 것도 감당하지 못하는데 영적 권능을 어찌 맡기시겠냐는 말씀이다. 그러므로 재물 사용에 청지기 의식을 가지고 진심을 다하는 사람에게는, 작은 것이라 할지라도 성령님을 통해 그리스도의 부요함과 권능의 문이 열리는 것이다.

예수님이 니고데모에게 하신 말씀이 있다. "내가 땅의 일을 말하여도 너희가 믿지 아니하거든 하물며 하늘의 일을 말하면 어떻게 믿겠느냐"(요 3:12). 이를 물질에 관해 풀어보면 이렇다. "지금 우리가 이 땅에서 물질에 진심을 다하지 않고, 자기 의를 꺾을 준비조차 되어 있지 않은데, 어떻게 하나님께서 하늘의 풍성한 부요의 문을 여시겠는가? 우리가 예수님 말씀대로 순종하지 않는데, 어떻게 예수님이 예비하신 위대한 부와 풍성함으로 가는 축복의 대로가 열리겠는가?" 작은 일에 충성된 자가 큰 것에도 충성된다는 말씀은, 우리가 재물을 지혜롭게 사용하면 더 큰 영적 축복의 문이 열린다는 뜻이다. 하나님 앞에 물질을 바르게 쓰는 자를 하나님이 축복하신다.

물은 낮은 곳으로 흐르고 불은 높은 곳으로 올라간다. 이것이 중요한 자연법칙이다. 마찬가지로 하나님이 주시는 영적인 만고불변의 법칙이 있다. 우리가 재물에 대한 새판짜기에 진심으로 전력을 다한다면, 하나님은 반드시 분명한 은총의 표징을 보여주실 것이다. 아무리 경제가 어려워도, 하나님 나라의 우선순위를 지키고 십분의 일을 구별해 드리며 받은 은혜에 감사하는 것이 축복의 원리다. 감사의 물은 아래로 흘러 전체에 영향을 미치고, 십분의 일을 구별하여 드리는 헌신의 마음은 불이 되어 하늘로 올라간다.

우리가 물질에 대한 새판짜기를 하면 어떤 일이 일어나는가?

첫째, 삶의 창고가 가득 찰 것이다. 잠언 3장 9-10절은 재물로 여호와를 공경하면 삶의 창고가 가득 찰 것이라고 약속한다.

둘째, 하나님의 사랑이 임한다. "하나님은 즐겨 내는 자를 사랑하시느니라"(고후 9:7). 하나님의 뜻대로 드릴 때 하나님의 사랑이 임할 것이라고 말씀한다. 이 말씀의 반대편에 요한일서 3장 17절이 있다. "누가 이 세상의 재물을 가지고 형제의 궁핍함을 보고도 도와줄 마음을 닫으면 하나님의 사랑이 어찌 그 속에 거하겠느냐?"

셋째, 하나님의 은혜를 경험한다. 고린도후서 8장 6절은 마게도냐 교인들이 예루살렘의 어려운 이들을 돕기 위한 헌금을 '은혜'라고 표현한다. "그러므로 우리가 디도를 권하여 그가 이미 너희 가운데서 시작하였은즉 이 은혜를 그대로 성취하게 하라 하였노라."

"물질이 은혜가 된다"는 사실은 놀라운 진리다. 세상 재물이 어떻게 하나님의 은혜로 변할 수 있는가? 우리의 재물이 어떻게 하나님

✳

의 은혜가 되는 거룩한 변화를 일으킬 수 있는가? 재물이 하나님의 은혜가 된다는 것은, 마치 물이 포도주가 되는 것 같은 하나님의 새 판짜기 역사다! 우리의 재물이 하나님의 뜻대로 쓰이는 순간, 재정의 세 가지 원칙(영원의 연결고리, 물질 사용이 새긴 묘비명, 작은 것에 충성)에 따라 사용되는 순간, 그것은 더 이상 재물이 아닌 은혜가 된다. 이는 재물에 대한 놀라운 복음적, 성경적 관점이 아닐 수 없다.

　여러분의 재물이 은혜가 된 적이 있는가? 하나님 뜻대로 쓰이는 재물은 그 자체가 은혜다. 이것이 마게도냐 성도의 구제헌금이 보여 주는 진리다(고후 8장). 하나님 뜻대로 바르게 쓰이는 재물은 은혜가 된다. 헌금은 가장 평범한 삶도 영원의 차원으로 끌어올린다. 그러므로 돈과 영성은 별개가 아닌 하나로 이어진다.

　넷째, 심령의 자유를 얻는다. 물질에 매여 사는 한, 소유가 많든 적든 심령의 자유를 누릴 수 없다. "부하려 하는 자는 … 여러 가지 어리석고 해로운 욕심에 떨어지나니"라고 했다(딤전 6:9). 재물에 중독된 자는 해로운 욕심에서 벗어날 수 없다. 오직 하나님 뜻대로 쓰이는 재물만이 돈과 소유의 중력으로부터 우리를 자유롭게 할 수 있다.

하나님 앞에서 참된 부자가 되는 길

이 땅에 사는 사람은 누구나 부자가 되려 한다. 풍부한 재물이 우리를 이 세상에서 더 누리게 하고 더 평안하게 한다고 믿기 때문이다. 일정한 재물이 우리를 여유롭게 하는 것은 사실이다. 그러나 그리스도인에게 부자의 의미는 세상과 다르다. 돈이 많고 소유가 많다고 해서 진정한 부자가 아니라는 뜻이다. 시편 37편 16절은 "의인의 적은 소유가 악인의 풍부함보다 낫도다"라고 말씀한다. 그렇다면 그리스도인에게 진정한 부자란 무엇인가? 하나님 보시기에 부자가 진짜 부자다. 그러면 하나님 앞에서 누가 부자인가? 성경이 가르치는 진정한 부자관을 살펴보자.

첫째, 모든 것을 소유하신 하나님을 주인으로 모시는 사람이 부자다. "땅과 거기에 충만한 것과 그 가운데에 사는 자들은 다 여호와의 것이로다"(시 24:1).

둘째, 창조주 하나님을 아버지로 섬기며 진정으로 아버지가 주시는 것으로 사는 사람이 부자다. "너희가 무엇이든지 아버지께 구하는 것을 내 이름으로 주시리라"(요 16:23).

셋째, 이 땅에서 천국에 보물을 쌓는 사람이 부자다. "오직 너희를 위하여 보물을 하늘에 쌓아두라"(마 6:20). 재물로 생명을 구하고 돕는 일만큼 하늘에 보화를 쌓는 것은 없을 것이다.

넷째, 이 땅에서 영원의 가치로 살아가는 사람이 부자다. 그들은 이 땅에서 끝나지 않고 하늘까지 이어지는 것에 가치를 두고 산다. 이런 사람은 세상의 풍파에 흔들리지 않는다. 이런 면에서 천국에서도 이어질 찬양이 입술에서 끊이지 않는 사람이 부자다. "내가 날마다 주를 송축하며 영원히 주의 이름을 송축하리이다"(시 145:2).

다섯째, 전도를 통해 많은 영혼을 하나님께 인도하는 자가 진정한 부자다. 영혼을 살리는 부자가 곧 진정한 부자라는 뜻이다. "많은 사람을 옳은 데로 돌아오게 한 자는 별과 같이 영원토록 빛나리라"(단 12:3). 일평생 단 한 영혼도 전도하지 않은 사람은 천하를 소유했어도 하나님 앞에서는 벌거벗은 가난뱅이일 뿐이다.

그렇다면 당신은 어떤 부자로 살고 싶은가? 세상 사람들의 눈에 부자가 되고 싶은가, 하나님의 눈에 부자가 되고 싶은가?

재물에 대한 새판짜기를 소원하는 자의 기도

자비로우신 하나님 아버지, 물질의 유혹이 많은 세상에서, 불의한 청지기처럼 주님의 재물을 제 것으로 착각하여 낭비하고 어리석게 사용했음을 용서하여 주옵소서. 이제부터는 물질을 영원을 준비하는 영적 연결고리로 지혜롭게 사용하여, 묘비에 "그리스도에 대한 믿음이 아니면 설명할 수 없는 삶을 살다 간 지혜로운 청지기"라고 새겨지게 하옵소서. 또한 삶의 현장에서 주님이 맡기신 작은 것에 충성함으로써, 영적 권능을 힘입어 더 큰일을 감당하는 신실한 주의 종이 되게 하시고, 재정에 있어 물이 포도주 되는 새판짜기의 은혜를 누리는 복된 평생이 되게 하옵소서.

15장

재물 사용권을 위한 매뉴얼

누가복음 16:14-18

본문은 "돌아온 탕자" 비유에 이어지는 말씀이다. 탕자 비유는 세상적 윤리에 갇힌 생각의 틀을 깨는 충격적인 감동을 준다. 렘브란트는 이 비유에 감동받아 〈탕자의 귀환〉이란 명화를 그렸다. 돌아온 탕자 이야기는 몇 번을 들어도 싫증 나지 않는다. 그 이유는 이 비유 속에 복음의 깊은 신비가 담겨 있기 때문이다.

반면 누가복음 16장의 "불의한 청지기" 비유는 이해하기 어려운 면도 있어 크게 주목받지 못했다. 그러나 실은 16장의 비유도 15장

231

못지않게 중요한 의미를 품고 있다. 두 비유에는 서로 닮은 점이 있다. 둘째 아들과 불의한 청지기 모두 재산을 낭비하고 탕진한 이들이었다. 누가복음 15장 13절의 "허랑방탕하여 그 재산을 낭비하다"와 16장 1절의 "주인의 소유를 낭비한다"에서 '낭비하다'는 '디아스코르피조'(diaskorpizó/διασκορπίζω)로 같은 단어다. 두 사람 다 아버지와 주인에 대한 신뢰를 저버린 것이다. 한 사람은 아들의 도리를 저버렸고, 다른 한 사람은 청지기의 직분에서 실패했다.

특이한 점은 둘 다 잘못에 대한 처벌을 받지 않았다는 것이다. 아들은 가족에게서 쫓겨나지 않았고, 불의한 청지기는 잘못으로 감옥에 갇히지 않았다. 오히려 아들은 아버지에게서 후한 대접을 받았고, 청지기는 주인에게서 지혜롭다는 칭찬을 들었다.

비유의 끝에서, 15장은 큰아들이 둘째를 위해 열린 잔치가 못마땅해 화가 나서 집에 들어가지 않으려는 모습으로, 16장은 바리새인들이 예수님을 비웃는 것으로 마무리된다. 15장의 큰아들에게는 바리새적 모습이 있었고, 16장의 바리새인들은 큰아들처럼 주님의 마음을 알지 못하는 하나님 나라의 탕자들이었다.

여기에 복음의 신비가 있다. 주님은 우리 모두에게, 돌아온 탕자 비유의 큰아들이 되지 않도록, 유대식 큰아들인 바리새인이 되지 않도록, 재정에 있어서도 새로운 새판짜기의 귀환을 요청하고 계신다.

I. 재물 사용에 있어서 바리새적 의를 탈피하라

"바리새인들은 돈을 좋아하는 자들이라 이 모든 것을 듣고 비웃거

하나님 나라의 비밀을 열다

늘"(14절). 바리새인들은 예수님의 비유, 특히 하나님과 재물을 겸하여 섬길 수 없다는 말씀을 비웃었다. 그들은 자신이 얻은 재물이 율법과 전통을 잘 지킨 공로로 하나님이 주신 축복이라 여겼기 때문이다. 자신의 사회적 지위를 이용해 착취로 재물을 얻었다 해도, 그 재물은 하나님을 잘 섬긴 증거라고 생각했다.

그렇다면 이들의 재물과 부는 정말 율법을 잘 지켜서 얻은 것인가? 바리새인의 중심을 꿰뚫어 보시는 예수님은 "그들은 과부의 가산을 삼키는 자"(눅 20:47)라고 직접 책망하셨다. 이는 본래 서기관들을 향한 말씀이었으나, 율법적 태도와 종교적 권위를 앞세우던 서기관과 바리새인들의 모습이 크게 다르지 않았고, 예수님께서도 평소에 이들의 위선을 함께 지적하신 것을 볼 때, 바리새인들 역시 자신들의 지위를 이용해 약자들의 재물을 착취했음을 알 수 있다. "서기관들과 바리새인들이여 … 그 안에는 탐욕과 방탕으로 가득하게 하는도다"(마 23:25).

예수님은 바리새인들이 자기 의에 빠져 "스스로 의롭다" 여기는 것을 책망하셨다(15절). 이는 앞서 비유로 말씀하신 돌아온 탕자와 불의한 청지기보다 너희가 더 못하다고 꾸짖으시는 것이다. 바리새인은 탐욕과 악독이 가득하고, 과부의 재산을 가로채며 외식하는 모습도 보였고, 주님은 이런 그들을 향해 "외식하는 바리새인들이여"라고 말씀하셨다. 더구나 바리새인들이 의인인 척하며 사람들 앞에서 높임받으려는 영적 교만을 보며 하나님께서 지극히 미워하신다고 책망하셨다. 바리새인들은 헌금할 때도 마음 중심에 과시욕이 가득했다. 겉으로는 경건으로 포장했으나, 중심을 보시는 하나님의 불꽃 같은 눈을 속일 수는 없었다. 그래서 예수님이 이들의 위선을 질타하신 것이다.

✳

바리새인적인 의, 위선, 외식의 치명적인 문제는 무엇인가?

첫째로 그들 속에 자기 의와 위선, 외식이 너무나 깊이 자리 잡고 있어 예수님이 머무실 자리가 없었다. 겉으로는 신앙과 복음을 말하지만, 실상은 자신의 생각과 의, 공로만을 드러낼 뿐이었다. 내면에는 영적 우월감과 다른 이를 쉽게 정죄하는 영적 교만이 가득했다.

둘째는 사소한 것을 지나치게 중시하는 함정에 빠져있다. R. C. 스프라울은 바리새인의 가장 큰 문제는 "사소한 것을 지나치게 중시하는" 것이라고 말하였다. 그러면 내 속에 바리새적인 의, 외식이 있는지를 어떻게 알 수 있을까? 바리새인은 붙들어야 할 것들, 성경에서 말씀하는 정말 중요한 신앙의 뼈대들 대신에 자신의 단편적인 생각이나 가치를 더 중시하고, 이것을 신앙의 기준으로 삼아 다른 사람을 비판하면서 자신도 질 수 없는 짐을 지우고 있다.

한마디로 바리새인은 성경이 말씀하는 신앙의 핵심을 놓친 채, 자신의 좁은 관점과 가치관을 절대화하여 이를 신앙의 잣대로 삼고, 남을 판단하며 자신도 지키지 못할 무거운 율법의 짐을 사람들에게 지우고 있었다.

셋째, 하나님을 말하면서도 실은 자기만을 바라보았다. 그 결과 하나님의 전능하고 광대한 세계를 경험하지 못했다. 달리 말해 자기 세계에 갇혀 하나님 은혜의 무한한 지평을 달리지 못했다.

넷째, 교회와 성도를 세우기 위한 좋은 전통과 신앙 유산을 자신들의 과시 도구로 전락시켰다. 그들은 안식일의 주인이 누구인지는 잊은 채 안식일의 전통만 주장했다.

다섯째, 자신이 영적으로 얼마나 메말라 있는지 깨닫지 못하여 기름부음이 있는 영적 물결을 받아들이지 못했다. 작은 저수지에서 자신의 작은 나룻배를 붙들고 있느라 큰 바다를 항해하는 은혜의 함선에 오르지 못했다. 바리새인들의 메마른 신학에는 예수님이 공급하시는 '생수의 물줄기'가 없었다. 그럼에도 그들은 영적 축복의 물결이 자신들 속에 흐르는 것을 원치 않았다. 아마도 은혜의 물결이 자신들이 누리는 즐거움을 밀어낼 것을 본능적으로 알았기 때문일 것이다. 우리의 모습은 어떠한가? 우리를 세속의 중력에서 자유롭게 할 영적 물결을 받아들일 준비가 되어 있는가?

예수님께서 바리새인을 질타하시는 말씀을 읽을 때 자칫 자신과는 상관없는 남의 이야기로 여기는 이들이 있다. 바리새인들은 실제로는 돈을 너무 좋아하면서도, 겉으로는 거룩한 척 가식과 외식을 했다. 우리 속에도 이런 바리새적 속성이 있음을 누가 부인할 수 있을까!

예수님이 계속해서 바리새인들을 꾸짖으시는 것은 사실 우리 속의 바리새적 속성을 지적하시기 위함이다. "율법과 선지자는 요한의 때까지요 그 후부터는 하나님 나라의 복음이 전파되어 사람마다 그리로 침입하느니라"(16절). 예수님은 바리새인들을 책망하심으로 복음의 본질을 더 선명하게 드러내신다.

'율법과 선지자'는 구약 성경을 일컫는 말로, 구약시대가 세례 요한의 때로 끝났음을 의미한다. 바리새인들은 자신을 율법의 수호자로 자처하며 하나님 나라를 자신만의 것으로 여겼다. 그들은 세리와 죄인들은 결코 하나님 나라에 들어가지 못한다고 생각했다.

예수님은 많은 영혼들, 특히 세리와 죄인들이 천국 백성이 되어가는 것을 "천국으로 침입한다"고 표현하셨다. 하지만 구약에 정통하다는 바리새인들은 이들이 결코 천국에 들어갈 수 없다고 여겼다. 그래서 예수님은 천국 복음을 받아들이지 않는 바리새인들의 완고

✳

235

15장. 재물 사용권을 위한 매뉴얼

함을 책망하신 것이다. 그들은 자기 의가 돌처럼 굳어 복음을 받아들이지 못함으로써 자신이 천국에서 탈락한 것도 모른 채, 오히려 예수님이 세리와 죄인과 함께하시는 것을 끊임없이 비난했다. 지독한 아이러니가 아닐 수 없다. 바리새적 속성이 강해지면, 자신만큼 천국행이 확실한 사람은 없다고 여기지만, 실상은 천국 문 밖에 서 있으면서도 이미 안에 들어와 있다고 착각하는 영적 무지에 빠지게 된다.

복음의 렌즈로 구약을 바라보라

누가복음 16장 16절은 구약시대가 끝나고 신약시대가 시작되어 복음의 새 시대가 열렸음을 알려주는 귀중한 구절이다. 더불어 예수님은 율법에 대한 자신의 뜻을 사람들이 오해하지 않도록, 혹여 바리새인들처럼 구약을 자의식으로 해석하는 이들을 경계하며 "율법의 한 획이 떨어짐보다 천지가 없어짐이 쉬우리라"(17절)고 말씀하셨다. 즉, 율법의 한 획이 천지보다 무겁다고 하시며, 구약의 모든 예언이 반드시 이루어질 것을 강조하셨다. 이는 하나님 뜻이 담긴 율법이 복음과 긴밀히 연결되어 있으며, 바른 율법이 복음을 받쳐주고 있음을 의미한다. 그러므로 우리는 구약을 읽을 때 복음의 렌즈로 보아야 그 참뜻을 바르게 깨달을 수 있다.

"네 재물과 네 소산물의 처음 익은 열매로 여호와를 공경하라 그리하면 네 창고가 가득히 차고 네 포도즙 틀에 새 포도즙이 넘치리라"(잠 3:9-10). 이 구절은 재물로 하나님을 공경하고 예배하면 창고가 가득 차고 포도즙 틀에 포도즙이 넘침을 말한다. 처음 익은 열매, 즉 삶의 최우선 순위로 하나님을 공경하면 하나님은 하늘의 참된 것으로 채워주신다(11절). 이를 복음의 렌즈로 해석한 것이 마태복음 6장 33절이다. "너희는 먼저 그의 나라와 그의 의를 구하라 그리하면 이 모든 것을 너희에게 더하시리라." 우리가 삶의 모든 영역에서 하나님께 첫 자리를 드리면 그 나머지는 하나님이 책임지신다.

바리새인들은 율법을 잘 지킨다고 하지만, 글자만 문자적으로 해석하고 거기에 더 많은 시행세칙을 덧붙여 율법의 본래 뜻을 흐려버렸다. 18절은 율법을 잘못 해석하는 바리새인들의 태도를 여실히 보여준다. "무릇 자기 아내를 버리고 다른 데 장가드는 자도 간음함이요 무릇 버림당한 여자에게 장가드는 자도 간음함이니라." 이는 무슨 뜻인가? 하나님이 세우신 결혼의 거룩한 의미를 바리새인 자신의 편의대로 해석하고 왜곡했다는 것이다.

그들은 신명기 24장의 "이혼증서를 써서 내보내라"는 말씀을 남용하여, 어떤 이유로든 '이혼증서'만 쓰면 언제든 이혼할 수 있다고 가르쳤다. 그러나 이 말씀은 이혼을 허용한 것이 아니라, 고대 근동 시대의 여성을 보호하기 위한 은혜의 말씀이었다. 당시에는 여성의 인권과 지위가 형편없었다. 여성에게 무슨 이혼증서를 써주었겠는가? 그저 내쫓아버리는 게 전부였다. 이혼증서를 써야 한다는 말씀은 그만큼 결혼을 소중히 여기고 아내를 귀하게 대하라는 뜻인데, 바리새인들은 자기들 입맛에 맞는 규율로 바꾸어버렸다. 이에 예수님은 18절에서 결혼의 본래 의미가 하나님이 한 남자와 한 여자를 평생 하나로 맺어주신 제도라고 바리새인들을 꾸짖으셨다. 예수님이 이처럼 율법에 대한 바리새인들의 무지를 지적하시자, 날카로운 지적 앞에 그들은 더 이상 비웃거나 반박할 말을 찾지 못했다.

우리 안에 바리새적 속성, 즉 자기 의와 외식, 말씀을 자의적으로 해석하는 태도가 자리 잡지 않도록 늘 조심해야 한다. 특히 누가복

❋

237

음 12장 1절에서 예수님은 "먼저 제자들에게 말씀하여 이르시되 바리새인들의 누룩 곧 외식을 주의하라"고 당부하셨다. 그 시대 바리새인의 누룩, 즉 위선과 율법주의, 자기 의에 사로잡힌 교만과 독선에는 제자들의 삶 전체를 무너뜨릴 수 있는 치명적인 독이 있었다. 누룩의 전염성에 대해 고린도전서 5장 6절은 "적은 누룩이 온 덩어리에 퍼지는 것을 알지 못하느냐"고 말한다. 예수님은 제자들의 인생길에 바리새적 요소를 경고하는 표지판을 세우신 것이다.

바리새인들이 처음부터 독사의 자식은 아니었다(마 12:34). 문제는 부패한 본성을 지닌 인간이기에, 시간이 흐르면서 율법에 대한 순종이 자기 의에 뿌리를 둔 외적 경건주의로 변질되었고, 율법을 자신들의 선행을 드러내는 도구로 전락시켰다는 것이다. 겉으로는 신앙과 복음을 말하지만 예수님은 찾아볼 수 없고, 자신의 생각과 의와 공로, 종교적 전통만을 내세울 뿐이다. 그 내면에는 영적 우월감과 남을 쉽게 정죄하는 영적 교만이 가득하다. 이런 이들은 자신이 영적으로 얼마나 메말라 있는지 깨닫지 못해, 기름부음이 있는 은혜의 파도, 영적 물결을 받아들이지 못한다.

II. 재물을 믿음의 모험에 투자하라

본문 비유에서 우리가 주목할 점은 청지기의 시간이 제한되어 있다는 사실이다. 불의한 청지기는 쫓겨나기 전까지만 돈을 쓸 수 있었다. 예수님 말씀의 핵심은 "돈을 가진 시간이 한정되어 있고, 그 돈은 곧 사라질 것"이라는 점이다. 예수님은 한정된 시간 속에서 맡겨

하나님 나라의 비밀을 열다

진 재물을 지혜롭게 사용하라고 말씀하신다. 이 땅의 짧은 생애를 넘어서는 목적을 위해 그 돈을 쓰라는 것이다. 물질을 당장 나에게 도움 되는 데만 쓴다면, 그것은 빛의 자녀답지 않다는 것이다.

그러면 어떻게 해야 하는가? 가진 재물을 믿음의 모험에 투자해야 한다. 우리의 재물은 육체와 영혼이 목마른 이들을 위해, 영적으로 무지한 사람을 위해, 진정 소외된 자와 약자, 가난한 자를 위해 사용하고, 무엇보다 선교와 진리 선포에 써야 한다. 왜 그래야 하는가? 돈은 빨리 사라지기 때문이다. 아니, 우리에게 주어진 삶의 시간이 빠르게 흘러가기 때문이다. 우리 모두는 때가 되면 벌거벗은 채로 주님 앞에 서게 된다. 어느 누구도 물질을 가지고 심판대에 설 수 없다.

그런데 죽음 이후에도 재물을 가져갈 수 있는 길, 물질을 지니고도 주님 앞에 설 수 있는 길이 있다. 어떻게 가능한가? 믿지 않는 사람들은 사후세계를 오해하여 지전을 태워 보내지만, 하늘나라의 진정한 부요함은 그런 것이 아니다. 보통 우리는 죽을 때 돈을 가져갈 수 없다고 말한다. 그러나 예수님은 "보물을 하늘에 쌓을 수 있다"고 말씀하심으로써, 이 땅에서 돈을 가치 있게 쓴다면 영원한 세계로 그것을 가져갈 수 있는 길이 있음을 보여주셨다. 이는 재물로 생명을 구하고 하나님 나라를 세우는 데 쓰면, 그것이 진정 내 것이 되고 누구도 빼앗지 못하는 '하늘의 보화'가 된다는 뜻이다. 모두가 빈손으로 죽지만, 재물을 하나님 나라를 위해 사용한 사람은 하늘에 영원한 보화를 쌓게 된다.

보물을 하늘에 쌓아두라! 하늘에는 인플레이션도, 주가 폭락도, 경제 공황도 없다. 본문 뒤에 나오는 "부자와 거지 나사로" 비유에서, 부자는 돈이 자기 것인 줄 착각하고 호화롭게 살았지만 영원한 세계에서는 실패한 인생으로 판가름났다.

✳

재물이 생명의 궤도를 따라 돌게 하라

어떻게 돈으로 하나님께 영광을 돌릴 수 있을까? 존 파이퍼는 돈의 순기능을 이렇게 표현했다. "돈의 행성이 베풂의 실천 속에서 하나님이 정하신 궤도를 따라 돌 때 하나님의 아름다움은 더욱 환히 빛난다." 돈이 하나님의 다스림 아래 있고 어려운 이들을 위해 쓰일 때, 그것이 하나님을 영화롭게 한다는 뜻이다. "당신의 돈 사용은 하나님의 은혜와 영광에 대한 이해와 경이로움이 흘러넘친 결과인가?" 이는 우리가 돈을 하나님의 은혜와 영광을 경험하게 하는 데 쓰고 있는지를 묻는 것이다.

생명의 복음을 믿는 우리는 이 땅의 "돈의 궤도"가 아닌, 하나님이 원하시는 "복음의 궤도, 생명의 궤도, 섬김과 베풂의 궤도"로 재물을 인도해야 한다. 그리스도인은 믿음의 모험을 통해 빈손으로 죽지 않고, 귀한 물질을 하늘에 쌓아갈 수 있다. 우리가 "돈이라는 행성의 궤도"만 따르면 결코 하나님의 목적을 이룰 수 없지만, "하나님이 정하신 복음의 궤도, 생명의 궤도, 섬김과 베풂의 궤도, 믿음의 모험의 궤도"를 따르면 재물은 하나님이 빚으시는 아름다움으로 빛나게 될 것이다. 이 땅에만 재물을 쌓는 어리석은 자가 되지 말고, 주님 앞에 착하고 충성된 종으로 살아야 한다. 우리가 돈으로 하나님의 영광을 드러내야 한다는 뜻이다.

하나님 나라를 위해 드리는 우리의 헌금은 단순히 예배의 형식을 채우는 것이 아닌, 우리 영혼에 대한 투자다. 우리는 언젠가 아무것도 없이 주님 앞에 서게 된다. 계좌도, 재산도, 추천서도, 명성도 없이 서게 될 것이다. 그때 주님은 이렇게 말씀하실 것이다. "지극히 작은 자 하나에게 한 것이 곧 내게 한 것이니라"(마 25:40). 이는 보물을 하늘에 쌓는 귀한 투자가 어떻게 하는 것인지 보여준다.

재물 사용에서 깊이 새겨야 할 것이 있다. 믿음의 모험으로 주님께 물질을 드리는 것은 과거의 축복에 대한 감사뿐 아니라, 미래에 주실 축복, 우리 인생의 장래 축복에 대한 기대도 담고 있다. 성도의 물질 헌신에는 언제나 감사의 표현과 기대의 표현, 두 가지가 있다.

우리가 물질을 하나님의 뜻대로 사용할 때, 그것은 미래의 더 큰 축복을 준비하는 그릇이 된다. 이것이 성경이 말하는 참된 저축이다. 우리의 보물이 이 땅에 있으면 우리 마음도 이 땅에 매이지만, 하늘에 보물을 쌓으면 우리의 마음도 영원한 것을 바라보게 된다. 이것이 바로 하늘을 바라보며 사는 성도의 저축 방식이다.

III. 믿음의 헌금은 결국 나를 위한 것이다

본문 말씀은 단순한 헌금 설교가 아닌, 우리의 미래가 결정되는 메시지다. 왜 그런가? 마태복음 6장 20절을 다시 보라. "오직 너희를 위하여 보물을 하늘에 쌓아두라 거기는 좀이나 동록이 해하지 못하며 도둑이 구멍을 뚫지도 못하고 도둑질도 못하느니라."

왜 믿음의 모험을 하는가? 왜 믿음의 투자를 하는가? "오직 너희를 위하여"이다. 설교를 위해서도, 교회를 위해서도 아닌, 여러분 자신을 위해서다. 여기에 눈이 열려야 한다. 이 눈이 열려야 재물에 관한 바리새적 태도에서 자유로워질 수 있다. 이 말씀이 우리 삶 속에서 살아 있는 말씀으로 역사해야 한다. 이 진리를 진정으로 깨닫는다면 예외 없이 하늘의 부요를 누리며, 거룩한 부자가 될 것이다. 보물을 하늘에 쌓는 것은 곧 나 자신을 위한 것이다.

이렇게 하늘에 보물을 쌓으면 이 땅에 살면서도 우리 마음이 늘 하늘을 향하게 되고, 하나님 나라를 생각할 때마다 가슴이 뜨거워지며, 하나님 나라를 사모하고 준비하는 삶을 살게 된다. 이것이 진정 가치 있는 삶이며, 이것이야말로 이 땅에서도 본향을 바라보며 사는 삶이다.

"너희를 위하여 보물을 하늘에 쌓으면" 무엇보다 놀라운 열매를 맺는다. 하늘나라야말로 최고의 옥토다. 그러므로 하늘에 보물을 하나 쌓으면 30배, 60배, 100배를 넘어 천 배의 결실을 맺을 것이다. 또한, 보물을 하늘에 쌓는 것은 상급을 준비하는 것이다. 우리가 죽을 때 재물을 가져갈 순 없지만, 우리를 위해 미리 쌓아둠으로써 상급을 준비할 수 있다. 하나님 나라의 상급은 세상의 어떤 복리 이자로도 계산할 수 없다.

보물을 하늘에 쌓을 때 기적 같은 나눔의 축복이 임한다. 성경에는 세상의 투자 법칙을 뛰어넘는 하늘의 투자 원리가 있다. "구제를 좋아하는 자는 풍족하여질 것이요 남을 윤택하게 하는 자는 자기도 윤택하여지리라"(잠 11:25). "주라 그리하면 너희에게 줄 것이니 곧 후히 되어 누르고 흔들어 넘치도록 하여 너희에게 안겨주리라"(눅 6:38). 이 구절에 나타난 하늘의 투자 원리는 한마디로, 우리가 구제함으로써 세상의 투자법으로는 상상할 수 없는 기적의 배당을 받는다는 것이다.

이것을 몰라 망한 이들이 소돔 족속이다. 소돔성이 망한 이유는 음란과 세상적 쾌락에 빠졌기 때문만이 아니다. "또 그가 가난하고 궁핍한 자를 도와주지 아니하며 거만하여 가증한 일을 내 앞에서 행하였음이라 그러므로 내가 보고 곧 그들을 없이 하였느니라"(겔 16:49-50).

하나님 나라의 비밀을 열다

IV. 사랑 테스트, 엘림의 축복

재정 문제는 결국 주님에 대한 사랑의 시험대다. 우리가 재물의 새 판짜기를 하는 것은, 물질을 어떻게 사용하느냐가 주님을 향한 우리의 진정한 사랑을 드러내기 때문이다. 주님을 진정 사랑하는지 아닌지를 보여주는 방법이 여러 가지 있지만, 그 핵심 중 하나가 물질이다. 하나님을 향해, 영원을 위해 믿음으로 투자하는 사람은 마음이 하나님께 있는 사람이다. 때로 하나님은 우리가 주님을 더 사랑하도록, 우리 속의 돈을 사랑하는 마음을 없애시고자 세상 재산을 거두어 가시기도 한다. 그래서 재물에 대한 우선순위를 바로잡아주신다. 돈, 돈, 돈을 외치다 돈을 잃고서야 비로소 주님 사랑하는 길로 돌아서는 이들이 있다.

이스라엘 백성이 세상의 노예로 살던 애굽에서 나와 하나님의 백성으로서 가나안 땅을 향해 갈 때, 광야길을 걸었음을 기억하라. 홍해 기적을 경험하고 나면 모든 것이 순탄할 것이라 여겼으나, 마라의 쓴 물을 만났다. 물이 써서 마실 수 없어 원망과 불평이 터져 나왔다. 홍해 기적으로 감사 찬송하던 입술이 원망과 불평하는 입술로 바뀌는 데는 불과 3일이 걸렸다. 이것이 우리의 실제 모습이다.

왜 그토록 놀라운 기적을 보고도 불평하는가? 미래를 믿음으로 보고 믿음으로 투자하는 안목이 없었기 때문이다. 사실 마라 다음에는 '엘림'이라는 오아시스가 있었다. 엘림에는 샘이 12개, 종려나무가 70그루 있는 광야의 낙원이 있었다. 하나님은 이스라엘 백성에게 '엘림의 축복'을 예비해 두셨는데, 그들은 며칠을 못 참고 미래를 보지 못한 채 원망했다.

우리가 재물을 믿음으로 투자할 때, '마라'가 아닌 '엘림의 축복'을 보는 눈이 있어야 한다. 그래야 조급하지 않고, 불평의 걸음이 아닌 믿음의 걸음을 걸을 수 있다. 우리 인생길은 엘림의 오아시스로 들어가기 전에 돌무더기와 가시덤불, 험한 절벽을 지날 수 있다. 그러나 믿음의 두 기둥인 보아스와 야긴을 지나면 은혜의 저수지, 생명의 샘이 있으며, 어떤 환경에서도 푸른 종려나무를 만날 수 있다.

우리가 누가복음 16장의 재정 제자도 원칙을 따라 재물의 새판 짜기를 하면, 엘림의 마르지 않는 열두 샘의 복을 누리게 될 것이다. 재정과 관련해 과거에 어떤 상처나 시련이 있었든, 하나님의 방식대로 재정을 다루면 모두가 하나님이 예비하신 엘림의 축복을 경험할 수 있다.

재물 사용권을 주님께 드리는 자의 기도

자비로우신 하나님 아버지, 우리 모두에게 재정 원칙의 새판 짜기를 허락하셔서 재물로 주님을 공경하는 은혜를 누리게 하옵소서. 이 땅의 재물을 하늘에 쌓아 포도주 틀과 창고에 넘치는 은총을 경험하게 하시고, 살아계신 하나님을 증거하며, 기쁨으로 재물을 드려 예배하고 헌신함으로써 하나님의 역사를 이루어가는 주역들이 되게 하옵소서.

재물의 바른 사용을 위한 성경적 원리

1. 텔레이오스 재정 제자도(Teleios Financial Discipleship)의
일곱 가지 원칙

1. 소유권자는 주님이시고, 나는 사용자이다.
2. 물질은 영원을 준비하는 연결 고리로 사용한다.
3. 작은 것에 충성할 때 큰 것을 감당할 권능의 문이 열린다.
4. 물질에 대한 바리새적 요소(자기 의와 외식)를 제거한다.
5. 바른 재정 사용은 하나님을 예배하는 일이다.
6. 재물을 믿음의 모험에 투자한다.
7. 하나님 나라를 위한 물질의 헌신은 결국 '나 자신'을 위한 것이다(마 6:20).

2. '엘림의 축복'을 누리기 위한 일곱 가지 다짐

1. 재정의 소유권이 주님께 있음을 인정하고, 매일 아침 "저는 주님의 청지기입니다"라고 고백하겠습니다.
2. 영혼 구원을 위해 재정을 쓰기로 결단하고 영가족과 나누겠습니다.
3. 탁월한 실력과 겸손을 갖춘 일꾼이 되고자 영성과 은사를 계발하겠습니다.
4. 인색하거나 억지로 하지 않고, 기쁜 마음으로 하나님 나라를 위해 드리겠습니다.
5. 이웃 사랑과 하나님 나라가 선포되어야 할 곳을 위해 기도와 함께 물질로 섬기겠습니다.
6. 자녀들에게 단순한 재테크가 아닌, 재정의 높은 영적 가치와 성경적 저축관을 가르치겠습니다.
7. 헌금이 예배임을 깊이 인식하고 정성을 다해 준비하겠습니다.

3부

하나님 나라를 준비하다

16장

천국과
지옥

누가복음 16:19-31

천국과 지옥에 대한 메시지는 오늘날 교회 안에서조차 잊힌 교리요 가르침이 되어가고 있다. 솔직히 말해 누가 지옥에 관해 자주 언급하는 교회에 가고 싶겠는가?

그러나 우리에게 죽음이 실제적인 것처럼, 천국과 지옥 역시 실재하는 세계다. 본문의 설교는 천국과 지옥의 실재를 교인들에게 설득하기 위한 것이 아니다. 그저 하나님께서 천국과 지옥에 대해 말씀하신 것을 있는 그대로 선포하는 것이다. 천국과 지옥의 문제는 설교자와 청중 사이의 문제가 아니라, 청중과 하나님 사이의 문제이기 때문이다.

지옥에 관한 두려움과 공포감을 조성하여 사람들을 천국으로 인도할 수 있을까? 천국과 지옥에 관한 최종적인 결론은 성령님만이 내리실 수 있다. 인간은 오직 이 말씀에 반응할 수 있을 뿐이며, 그 결과는 선택하는 자의 몫이다. 지금은 고인이 된 이어령 박사는 사랑하는 딸을 먼저 보내고 나서 "죽음이 허무요 끝이 아니라는 것을 보게 되었다"고 고백했다.

I. 지옥에 대해 성경은 무엇을 말씀하시는가?

본문은 나사로가 영생을 얻어 천국에서 아브라함의 품에 안겼고, 부자는 지옥에 간 사실을 보여준다. 나사로의 외모는 볼품없었고 온몸이 부스럼투성이로 헐어 있을 만큼 피부병이 심각했다. 부잣집 문 앞이 그의 집이자 생활 터전이었다. 《현대인의 성경》은 그가 "문 앞에 누워 있었다"고 옮긴다. 나사로는 부자의 식탁에서 떨어지는 음식물 찌꺼기로 연명했다. 거지 나사로의 유일한 친구는 그의 헌데를 핥는 개들뿐이었다(21절). 나사로의 삶은 인생의 작은 꿈조차 꿀 수 없을 정도로 비참했다. 바닥 중의 바닥 인생이었고, 미래에 대한 어떤 희망도 품을 수 없는 처지였다.

이런 나사로가 어느 날 죽었다. 그의 비천한 처지로 보아 장례조차 제대로 치러지지 않았을 것이다. 사람들은 그가 죽고 난 뒤 "이제는 더 이상 개들이 돌아다니지 않겠구나"라고 말했을지도 모른다. 누구도 나사로의 죽음을 애도하지 않았다. 그의 마지막 밤이 어땠는지, 임종의 순간이 어떠했는지 아무도 모른다.

그러나 나사로는 숨이 멎는 순간 천사를 보았다. 부잣집 문과는 비교할 수 없이 아름답고 고귀한 진주 문을 목격했다. 천사들은 그에게 동전을 던지는 대신 두 팔 벌려 환영했다. 이 땅에서 환대를 받지 못한 나사로를 천사들이 "아브라함의 품으로 인도했다". 아브라함의 품은 지금 예수님이 계신 곳이며, 우리가 천국이라 부르는 곳을 말한다. 더 이상 고통과 고난과 슬픔과 비참함이 존재하지 않는 곳, 모든 고통이 끝난 곳이다. 거지 나사로는 이 땅에서는 패배자였지만 죽어서는 승리자가 되었다. 우리가 늘 말하듯, 이 땅에서는 순례자로 살다가 천국에서는 주인공이 된 것이다.

반면 부자는 "자색 옷과 고운 베옷을 입고 날마다 호화롭게" 즐기며 살았다. 그는 물질과 시간을 향락과 쾌락에 허비할 뿐, 생산적인 일이나 이웃을 섬겨 영원을 준비하는 데에는 쓰지 않았다. 《한글개역판》에서는 "호화롭게 연락(宴樂)하는데"라고 번역했는데, 요즘 말로는 세상의 모든 것으로 쾌락을 추구하는 사람이었다.

때가 되어 부자도 죽었다. 그의 장례식은 분명 성대했을 것이다. 수많은 조문객이 모여들었을 것이고, 고별사에서는 그가 얼마나 대단한 사람이었는지를 열거했을 것이다. 그의 관도 매우 화려했을 것이다. 하지만 장례식에 온 사람들이 몰랐던 사실이 있다. "그가 음부에서 고통중에 눈을 들어 멀리 아브라함과 그의 품에 있는 나사로를 보고"(23절). 부자의 장례식장에서 조문객들이 추모사를 듣는 동안 그가 지옥에 있으리라고 누가 생각했겠는가! 예수 그리스도의 피의 복음을 믿지 않는 사람이 죽는 순간 지옥에 있을 것이라고 누가 상상이나 하겠는가!

하나님 나라의 비밀을 열다

II. 이 비유가 왜 이렇게 중요한가?

본문의 비유는 두 가지 종착지가 있음을 명확히 한다. 오직 천국과 지옥이라는 두 종착지만이 있을 뿐, 그 중간 지대는 존재하지 않는다. "연옥이 있지 않냐"는 질문이 있을 수 있으나, 성경은 이에 대해 어떤 설명도 하지 않는다. 성도는 죽으면 연옥이 아닌 천국으로 가고, 예수님 없이 죽으면 연옥이 아닌 지옥으로 간다. 죽음 이후에는 영원한 삶이 이어지는데, 이는 끝없는 기쁨의 삶이거나 끝없는 고통과 슬픔의 삶이다. 예수님의 생명의 복음, 피의 복음을 믿는 사람은 죽어서 천국으로 가고, 믿지 않는 사람은 지옥으로 간다. 이 둘 사이에 영혼이 머무는 회색지대는 없다.

천국과 지옥 사이의 회색지대는 없다

어윈 루처는 《당신이 죽은 1분 후》라는 책에서 이렇게 말했다. "죽음의 커튼 뒤로 들어선 1분 후에, 우리는 두 팔 벌려 환영하시는 그리스도를 만나든지, 아니면 세상에서는 결코 알지 못했던 어둠을 처음으로 보게 될 것이다. 어느 쪽이든 우리의 미래는 돌이킬 수 없으며, 영원히 변하지 않을 것이다. 우리는 천사들과 구속받은 사람들로 둘러싸인 보좌에 앉으신 하나님을 뵙거나, 아니면 말로 형용할 수 없는 죄책감을 느끼며 버림받았음을 알게 될 것이다. 이 두 극단 사이에 중간 지역은 없다. 끝없는 기쁨이나 끝없는 슬픔 둘 중 하나다."

미국 프린스턴대 3대 총장이었던 조나단 에드워즈는 데이비드 브레이너드의 장인이었는데, 데이비드 브레이너드가 29살에 죽는 순간 하나님의 찬란한 영광이 방 안에 가득 찬 것을 보았다고 했다. 죽는 순간 우리는 두 팔 벌려 환영하시는 그리스도를 만나든지, 아니면 세상에서는 결코 알지 못했던 어둠 속으로 들어가게 될 것이다. 어느 쪽이든 우리의 미래는 돌이킬 수 없다. 우리는 천사들과 구원받은 사람들로 둘러싸인 보좌에 앉으신 하나님을 뵙거나, 아니면 말로 형용할 수 없는 죄의 고통을 느끼며 버림받았음을 알게 될 것이다. 어원 루처의 말처럼 이 두 극단 사이에 중간 지역은 없으며 끝없는 기쁨이나 끝없는 슬픔 둘 중 하나를 경험하게 될 것이다.

죽음 이후에 천국에 가고 싶다면, 천국에 들어갈 수 있는 시민권을 가지고 죽음을 맞이해야 한다. 빌립보서 3장 20절은 우리에게 귀중한 말씀을 선포한다. "그러나 우리의 시민권은 하늘에 있는지라 거기로부터 구원하는 자 곧 주 예수 그리스도를 기다리노니." 여권이 없으면 어떤 나라도 입국할 수 없듯이, 천국의 시민권이 없는 자는 어떤 방법으로도 천국에 입국할 수 없다. 죽음 이후의 저 나라에서는 비자가 발급되지 않는다.

지옥은 하나님의 선하심을 드러낸다

이 "부자와 거지 나사로 비유"가 특별히 중요한 이유는 천국과 지옥행의 기준을 명확하게 보여주기 때문이다. 이 땅에서의 사회적 지위는 영원한 운명과 무관하다. 부자도 천국에 갈 수 있고 가난한 자도 지옥에 갈 수 있다. 결정적인 것은 각 사람의 마음 상태, 즉 믿음의 상태다.

믿음의 본질은 무엇인가? 이 비유에서 나사로는 하나님을 경외했고, 부자는 그렇지 않았다. 철학계와 자유주의 신학계의 지식인들,

특히 리처드 도킨스 같은 이들은 화려한 수사와 그럴듯한 논리로 많은 영혼을 지옥으로 이끈다. 이들은 하나님이 인간의 창조물이며, 천국과 지옥도 인간이 만든 개념이라고 주장한다.

이런 주장의 근저에는 실재하는 지옥에 대한 두려움이 있다. 자유주의 신학자들은 "지옥은 없다"고 강조하며, "사랑의 하나님이 어찌 지옥을 만드실 수 있는가"라고 반문하면서, 지옥 교리를 신화적 세계관으로 치부하여 배제한다. 그 이면에는 지옥의 실재에 대한 거부감이 자리 하고 있다.

R. C. 스프라울은 "지옥은 하나님의 선하심을 드러낸다"고 했다. 하나님이 악을 심판하지 않으신다면, 그분은 선하신 분이 될 수 없다. 하나님이 공의와 정의를 포기하신다면 그분의 선하심도 부정되는 것이다. 현대인들의 천국과 지옥의 존재에 대한 불신에 관해 이런 지적이 있다. "기독교 세계관의 핵심에는 타협할 수 없는 초자연성이 있다. 따라서 우리는 이 세상의 무신론적 회의주의가 우리의 신앙 체계를 흔들지 못하도록 깨어 있어야 한다."

이는 오늘날 우리가 직면한 세 가지 현실을 드러낸다. 첫째, 현대 사회에는 사탄의 영향력 아래 무신론적 회의주의가 만연해 있다. 둘째, 무신론자들은 기독교의 초자연적 계시와 진리를 조직적으로 거부하고 있다. 셋째, 이러한 영향으로 신자들조차 천국과 지옥의 실재성에 대한 확신이 흔들리고 있는 실정이다.

지옥에 관한 메시지의 대중성과 무관하게, 성경은 지옥의 실재를 분명히 한다. 우리는 이 진리를 정직하게 직면해야 한다. 예수님은 누구보다도 지옥에 대해 자주 언급하셨다. "… 지옥에 던져지는 것보다 나으니라 거기에서는 구더기도 죽지 않고 불도 꺼지지 아니하느니라"(막 9:47-48).

✳

로이드 존스는 이렇게 말했다. "현대인들이 무엇이라고 하든 지옥은 실재한다. 현대인들은 단지 추측할 뿐, 지옥의 실상을 모른다. 만약 우리가 지옥과 영원한 심판을 부정하는 현대 철학의 견해를 받아들이고 하나님은 사랑이시니 모든 것이 결국 잘될 것이라 믿는다면, 이는 죄의 심판에 대한 믿음을 훼손하고 복음의 본질에서 벗어나는 것임을 알아야 한다." 그는 또한 "지옥 교리를 거부한다면, 이는 예수 그리스도를 반대하는 것이다. 하나님의 아들이신 그리스도께서 죄의 본질을 드러내시며 그 죄가 사람들을 지옥으로 이끌 것이라 말씀하셨기 때문이다"라고 강조했다.

지옥의 실상: 오감과 기억이 있는 곳

지옥에 대해 한 가지 더 주목할 것이 있다. 성경이 보여주는 지옥에는 오감이 존재한다. "불러 이르되 아버지 아브라함이여 나를 긍휼히 여기사 나사로를 보내어 그 손가락 끝에 물을 찍어 내 혀를 서늘하게 하소서 내가 이 불꽃 가운데서 괴로워하나이다"(24절). 부자는 아브라함을 보고 들을 수 있었다. 물 한 방울로 혀를 적시게 해달라 호소했고, 뜨거운 불꽃으로 인한 고통을 느꼈다. 부자는 감각을 가진 채로 고통받았다. 영적 존재라서 오감이 없다고 생각할 수 있으나, 성경은 분명히 지옥에서 오감을 통한 고통을 말씀한다.

지옥에는 오감뿐 아니라 기억도 존재한다. "아브라함이 이르되 애 너는 살았을 때에 좋은 것을 받았고 나사로는 고난을 받았으니 이것을 기억하라 이제 그는 여기서 위로를 받고 너는 괴로움을 받느니라"(25절).

이러한 성경의 맥락에서 볼 때, 지옥이 없다면 천국을 믿을 근거도 사라진다. 더욱 주목할 점은, 성경이 천국보다 지옥에 대해 더 많이 말씀한다는 사실이다.

누가 지옥을 말씀하시는가? 바로 예수님이시다. 우리를 위해 피를 흘리신 그분께서 지옥에 대해 이토록 단호하고 생생하게 말씀하셨다. 예수님이 지옥을 말씀하신 이유는 우리 중 누구도 지옥에 가기를 원치 않으시기 때문이다.

지옥은 어떤 곳인가? 지옥은 단순한 마음의 상태가 아니다. 우리는 이 땅에서 '지옥철', '입시 지옥', '은퇴 지옥', '세금 지옥', '솔로 지옥' 등의 표현을 흔히 사용한다. 하지만 이는 실제 지옥이 아니다. 이 땅의 삶이 아무리 고달프더라도 이곳이 지옥은 아니다. 우리가 겪는 어떤 고통도 그 자체로는 지옥이 될 수 없다. 지옥은 사랑의 예수님이 말씀하신 특정한 장소다. 그곳은 말로 형언할 수 없는 끔찍한 곳이다. 이 비유를 통해 사랑의 예수님은 재물을 어리석게 사용한 결과가 얼마나 비참한지를 보여주시며, "너희가 지옥에 가지 않도록 미리 준비하라"고 경고하시는 것이다.

사람들이 천국으로 가는 큰 구원을 외면하는 이유

예수님 비유의 핵심은 "우리가 지옥을 어떻게 대비하고 있는가"이다. 매일 호화로운 잔치와 쾌락을 누렸던 부자는 지옥을 대비하지 못했다. 오늘날 사람들 역시 부자처럼 호화롭게 살며 세상 쾌락을 추구하려 한다.

문제는 그들이 지옥을 대비하지 않는다는 사실이다. 역설적으로 많은 이들이 지옥을 대비하지 않음으로써 오히려 지옥을 준비하고 있다. 그들은 천국을 준비하는 사람들을 조롱하고 무시한다. 더 분명히 말하면, 천국을 준비하지 않는 것이 곧 지옥을 예비하는 것이다.

지옥에서는 무슨 일이 벌어지는가? 지옥의 부자는 "나를 긍휼히 여기사 나사로를 보내어 그 손가락 끝에 물을 찍어 내 혀를 서늘하게 하소서"라고 간청했다. 세상에서 가장 열성적인 기도가 어디서 이루어지는지 아는가? 역설적이게도 지옥에 간 자들이 가장 간절히 기도한다. 그들은 본문에서처럼 자비를 구한다.

자비란 무엇인가? 힘이 없을 때, 길이 없을 때, 협상의 여지가 없을 때 베풀어달라고 간구하는 것이다. 지옥에서는 이런 기도밖에 할 수 없다. 그러나 비극적인 것은 그때는 이미 너무 늦었다는 점이다. 이 땅에서 살며 긍휼을 구할 때는 천국의 문이 열리지만, 이 땅을 떠나면 그 기회는 영원히 사라진다. 이것이 가혹하게 느껴질 수 있다. 한 번뿐인 인생에서 사랑의 하나님께서 어찌 두 번째 기회를 주시지 않느냐고 생각할 수 있으나, 성경은 영원한 두 종착지인 천국과 지옥이 실존하는 곳임을 분명히 선포한다.

예수님의 지상 사역에서 가장 중요한 가르침 중 하나는 인간에게 구원과 마지막 심판이 있으리라는 것이었다. 성경은 명확히 말씀한다. "우리가 이같이 큰 구원을 등한히 여기면 어찌 그 보응을 피하리요"(히 2:3). 지옥의 형벌을 피하는 유일한 길은 예수님이 십자가로 주신 큰 구원을 붙잡는 것이다.

그렇다면 사람들이 하나님의 큰 구원을 외면하는 이유는 무엇인가? "다만 네 고집과 회개하지 아니한 마음을 따라 진노의 날 곧 하나님의 의로우신 심판이 나타나는 그날에 임할 진노를 네게 쌓는도다"(롬 2:5). 이 말씀은 심판 날에 하나님의 진노를 피하고 지옥에 떨어지지 않으려면 어떻게 준비해야 하는지 보여준다.

겉으로는 지옥이 가혹해 보이지만, 실상 진노는 우리가 쌓아가고 있다. 하나님이 지옥으로 보내시는 것이 아니라, 우리가 진노를 쌓아 스스로 지옥으로 가는 것이다. 이것이 지옥의 이유에 대한 반전이며 답이다. 하나님의 가혹함이 아닌, 우리가 스스로 진노를 쌓아가는 것이다. '자발적 지옥행 열차'를 타고도 내릴 생각을 하지 않는 것이다.

그러면 어떻게 해야 하는가? 구원의 길은 회개에 있다. 예수님의 피로 덮어야 한다. 죄악을 더는 쌓지 말고, 구원의 큰길로 들어서야 한다.

III. 거룩한 거지가 되라

우리는 어떻게 지옥을 피할 수 있는가? 나사로처럼 구걸하는 거지가 되어야 한다. 이 땅에서 하나님의 은혜와 자비를 구하는 영적 거지가 되어야 한다. 하나님의 자비를 간절히 구하는 자만이 구원받을 수 있다. 이 땅에는 "나는 구원이 필요 없다"고 말하는 사람들이 있다. 교만에 사로잡혀 구걸하지 않는 이들에게는 천국이 허락되지 않는다.

우리가 이 땅에서 거지는 아닐지라도, 나사로처럼 천국 소망에 관해서는 주님의 긍휼을 구하는 거지가 되어야 한다. 천국은 이 땅에서 하나님의 긍휼을 구하는 거지들이 가는 곳이다. 삶이 너무 힘들어 하나님 앞에서 "하나님, 내게 은혜를 베풀어주소서"라고 울부짖고 간구하는 사람들이 가는 곳이다. "심령이 가난한 자는 복이 있나니 천국이 그들의 것임이요"(마 5:3). 그러나 "나는 하나님이 필요 없다, 나는 은혜가 필요 없다"라고 하는 사람들은 들어갈 수 없다.

나사로가 단순히 거지였기에 천국에 간 것이 아니다. 그의 영혼이 가난했고, 하나님의 자비를 간구했기에 들어간 것이다. 본문 뒷장인 17장에서 나병환자들은 "다윗의 자손이여 나를 불쌍히 여기소서"라고 구했다. 자비를 구한 그들은 고침을 받았다. 누가복음 18장의 맹인은 두 차례나 예수님께 구걸했다. 그는 예수님의 긍휼을 간절히 구함으로써 시력을 되찾았다.

우리 앞에 천국의 문이 열려 있다. 천국은 긍휼을 구하는 거지들로 가득하다. 예수님께서 천국 문을 열어주셨는데, 왜 그토록 많은 사람이 지옥으로 가는 길을 고집하는가? 지옥에서 긍휼을 구한다면 그때는 이미 늦은 것이다.

누가 진짜 부자인가?

누가 진정한 부자인가? 하나님의 긍휼을 많이 받은 사람이 진짜 부자다. 영원의 관점, 천국과 지옥의 관점에서 보면 진정한 부자는 이 땅에서 화려하게 사는 이가 아니라 하나님의 긍휼을 풍성히 받은 사람이다. 의사 누가는 하나님의 자비와 긍휼을 구하는 거지 나사로, 맹인들, 나병환자들이 진짜 부자라고 말한다. 예수님만 믿어도 이 세상의 믿지 않는 최고 부자보다 더 큰 부자인 것이다.

"거룩한 거지가 된다"는 것은 낭만적 구호가 아닌, 천국과 지옥을 가르는 실제적 문제다. 거룩한 거지란 산상수훈의 심령이 가난한 자와 맥을 같이한다. 심령이 가난한 자는 주님의 십자가만 의지하고 하나님의 은혜로 살아간다. 칼빈은 이들을 자기에게 아무것도 바랄 것 없이 하나님의 자비를 의지하는 자라고 했다.

그러나 이런 설명만으로는 신학적·신앙적 이해는 되더라도 현실적으로 잘 안 와닿을 수 있다. 심령이 가난한 자, 거룩한 거지로 살아간다는 것이 구체적으로 어떤 모습을 의미하는지 우리는 쉽게 답하지 못한다. 책 《래디컬》로 물질주의에 빠진 그리스도인들에게 경종을 울린 데이비드 플랫의 말을 빌리면, 거룩한 거지란 하나님께는 드림으로, 사람들에게는 베풂으로 자신의 소유를 비우는 사람이다.

현실에서 거룩한 거지로 산다는 것은 자신을 하나님과 이웃을 위해 내어놓는, 값을 치르는 삶을 통해서만 가능하다. 플랫의 말처럼 "복음은 낭만이 아니다. 삶 전체를 드리는 것이다". 그러므로 거룩한 거지는 세상을 향한 본능을 쳐서 하나님께로 향하는 치열한 영적 전투를 날마다 수행해야 한다. 플랫은 이 땅에서 그리스도인으로 살아가는 거룩한 거지의 모습을 다음과 같이 제시했다.

첫째, 하나님의 최고를 위해 내게 좋은 것을 포기한다. 좋은 것을 하느라 가장 중요한 것을 놓칠 수 있음을 경계한다. 둘째, 내가 받은 은혜를 이웃에게 사랑으로 실천한다. 나의 의가 아닌 복음의 은혜로 이웃을 섬긴다. 셋째, 나의 경험이 아닌 말씀에 순종한다. 세상 경험이 아닌 하나님 말씀이 일하게 한다. 넷째, 한 달에 한 번 혹은 일 년에 한 번은 시간을 떼어 복음을 전한다. 영혼 구원이 제자의 본질임을 실천한다. 다섯째, 정기적인 금식(음식뿐 아니라 미디어 금식)을 통해 하나님께만 집중하는 시간을 가진다.

본문의 부자는 지옥에서 자비를 구했으나 아무것도 얻지 못했다. 부자의 지속적인 간청에 아브라함은 이렇게 답했다. "너희와 우리 사이에 큰 구렁텅이가 놓여 있어 여기서 너희에게 건너가고자 하되 갈 수 없고 거기서 우리에게 건너올 수도 없게 하였느니라"(26절). 우리가 아무리 원해도 한번 지옥에 간 사람을 구원할 수는 없다. 지옥

밖으로 한 발짝도 나올 수 없게 하는 큰 구렁텅이가 있다. 예수님은 이 점을 분명히 하셨다. 구덩이와 꺼지지 않는 불에 대한 말씀은 미신이나 무속이 아닌, 이사야 선지자로부터 나온 것이다(사 14:15, 66:24). 주님께서 이를 더욱 강조하신 것이다.

지옥의 확실성은 이 땅의 성도들에게 큰 도움과 격려가 된다. 이는 이 땅에서 고난받는 성도들에게 임하는 큰 구원을 감사하게 한다. 지옥의 확실성, 즉 지옥 교리는 이 땅에서 믿음의 길을 걷는 모든 성도들을 천국으로 인도하는 결정적인 이정표가 된다.

IV. 말씀이 최종적 권위이다

이 세상 최고의 권위는 성경의 권위다. 문명 이래로 축적된 모든 지식도 성경의 권위 앞에서는 무릎을 꿇을 수밖에 없다. 성경은 지옥에 관한 최종적이고 유일한 권위를 지닌다. 이는 지옥에 대한 인간의 감정과 상상, 논리를 초월하는 진리다. 성경 말씀은 한 글자도 빠짐없이 그대로 믿어야 한다. 세상이 듣기 싫어하거나 지식인들이 무시한다고 해서 이 진리 선포를 부끄러워해서는 안 된다. 지옥의 존재에 관한 하나님의 말씀을 믿지 않는다면, 결국 지옥 불에 떨어져서 "저는 이제 지옥을 믿습니다. 지옥이 진짜임을 알겠습니다. 제발 지옥을 믿지 않은 것을 용서해주십시오. 저에게 자비를 베풀어주십시오"라고 할 수밖에 없을 것이다. 그러나 본문의 부자처럼 그때는 이미 너무 늦다.

참으로 감사한 것은 우리에게 지옥을 피할 길이 있다는 점이다.

하나님 나라의 비밀을 열다

하나님께서 영적인 탈출구를 마련해두셨기 때문이다. 그러나 탈출구가 있어도 그 길을 거절한다면 다른 방법은 없다. 이 땅에서 지옥을 피하기 위해 필요한 일이라면 어떤 희생을 치르더라도 해야 한다. 천국에 가기 위해 필요한 것이라면 무엇이든 해야 한다.

보혈만이 지옥행을 면하는 유일한 길이다

지옥의 문제를 해결한 사람들은, 생전에 하나님의 말씀을 전심으로 받아들이고 믿은 이들이다. 살아있을 때 그리스도의 피의 능력을 믿은 자들에게만 천국이 보장된다. 그리스도의 피의 능력에 관해 베드로전서 1장 18-19절은 말한다. "너희가 알거니와 너희 조상이 물려준 헛된 행실에서 대속함을 받은 것은 은이나 금같이 없어질 것으로 된 것이 아니요 오직 흠 없고 점 없는 어린양 같은 그리스도의 보배로운 피로 된 것이니라." 우리는 이 말씀을 안다. 예수님의 보배로운 피가 우리를 모든 죄에서, 지옥행에서 구원하심을 증거한다.

보혈의 능력이란 무엇인가?

첫째, 우리의 모든 죄를 속하는 속죄의 능력이다. "율법을 따라 거의 모든 물건이 피로써 정결하게 되나니 피 흘림이 없은즉 사함이 없느니라"(히 9:22).

둘째, 칭의의 능력이다. "이제 우리가 그의 피로 말미암아 의롭다 하심을 받았으니 더욱 그로 말미암아 진노하심에서 구원을 받을 것이니"(롬 5:9).

셋째, 생명의 능력이다. "내 살을 먹고 내 피를 마시는 자는 영생을 가졌고 마지막 날에 내가 그를 다시 살리리니"(요 6:54).

넷째, 승리의 능력이다. "또 우리 형제들이 어린양의 피와 자기들이 증언하는 말씀으로써 그를 이겼으니 그들은 죽기까지 자기들의 생명을 아끼지 아니하였도다"(계 12:11). 속죄와 칭의와 생명과 최후 승리가 예수님의 보혈 능력인 것이다.

부자는 지옥에 가서야 그 실재를 깨달았다. 그래서 간절한 마음으로 자기 형제들에게 경고해주기를 원했다. "내 형제 다섯이 있으니 그들에게 증언하게 하여 그들로 이 고통받는 곳에 오지 않게 하소서"(28절). 형제들도 이 땅이 전부인 줄 알고 즐겼을 것이다. 세상의 모든 사람들, 특히 자기 소유로 자신의 배만 채우며 사는 이들은 아브라함의 준엄한 대답을 들어야 한다. "아브라함이 이르되 그들에게 모세와 선지자들이 있으니 그들에게 들을지니라"(29절).

부자가 그것으로는 부족하다고 하자, 아브라함은 마지막 결정적인 말을 했다. "모세와 선지자들에게 듣지 아니하면 비록 죽은 자 가운데서 살아나는 자가 있을지라도 권함을 받지 아니하리라"(31절). 실제로 요한복음 11장에서 마리아와 마르다의 오빠 나사로가 죽었다가 살아났을 때, 사람들이 예수님을 믿었는가? 아니다. 대제사장들은 예수님은 물론 살아난 나사로까지 죽이려 했다(요 11:53, 12:10).

하나님의 말씀을 통해 예수님을 믿지 않는다면, 그 무엇으로도 믿지 못한다. 말씀의 최종적 권위에 뿌리내리지 않으면 어떤 것도 해결되지 않는다. 우리가 지옥이 실재함을 믿는다면, 주위의 믿지 않는 사람들이 지옥을 피할 수 있도록 도와야 한다. 나만 구원의 복음을 믿는 것은 안타까운 일이다. 바울 사도는 눈물을 흘리며 말했다. "내가 여러 번 너희에게 말하였거니와 이제도 눈물을 흘리며 말하노니 여러 사람들이 그리스도의 십자가의 원수로 행하느니라"(빌 3:18). 우리는 지옥을 향해 가는 이웃들을 보며 바울처럼 가슴 아파하고, 그들의 구원을 위해 담대히 복음을 전해야 한다.

✳

세상이, 세상의 유명한 사람이, 세상의 뛰어난 지성들이 지옥이 사실이 아니라고 아무리 주장해도, 살아있는 하나님의 말씀이 사실이라 하니 어찌하겠는가! 우리는 둘 중 하나다. 거만한 부자이든지 하나님의 자비를 간구하는 거지이든지. 우리는 구원을 간구하는 거지 나사로의 길을 택한 사람들이다.

지옥이 없다고 말하는 것은 하나님을 거짓말쟁이로 모는 일이며, 하나님 말씀을 거짓으로 만드는 것이다. 성경은 거듭 단호하게 말씀한다. 이 본문뿐만 아니라, 예수님 오시기 5-600년 전에 기록된 다니엘서에도 있다. "땅의 티끌 가운데에서 자는 자 중에서 많은 사람이 깨어나 영생을 받는 자도 있겠고 수치를 당하여서 영원히 부끄러움을 당할 자도 있을 것이며"(단 12:2).

본문의 천국과 지옥 비유에서 부자의 이름은 나오지 않지만, 천국 간 나사로의 이름은 나온다. 천국 갈 우리의 이름을 지금도 하나님은 다 아신다. "너는 두려워하지 말라 내가 너를 구속하였고 내가 너를 지명하여 불렀나니 너는 내 것이라"(사 43:1b). 어느 날 제자들이 귀신들이 항복한다고 기뻐하자 예수님은 "귀신들이 너희에게 항복하는 것으로 기뻐하지 말고 너희 이름이 하늘에 기록된 것으로 기뻐하라"고 하셨다(눅 10:20).

당신의 이름이 생명책에 기록되어 있는가? 당신의 이름이 어디에 기록되길 원하는가? 명예의 전당, 대단한 집안의 족보, 명문학교 졸업앨범, 독립운동가 명단, 심지어 대통령 명단보다도 하나님 나라 생명책에 기록되는 것이 가장 큰 축복이다. 천국 생명책에 이름이 있기를 원한다면, 예수님을 나의 구세주, 나의 주님으로 고백하라. 그 순간 주님의 보혈이 우리를 덮을 것이다. 그 순간 우리의 모든 죄가 씻기고 우리 이름이 천국의 생명책에 기록될 것이다.

✳

보혈의 피를 믿고 천국을 준비하는 자의 기도

자비로우신 하나님 아버지, 말씀을 통하여 주님이 허락하신 재물과 인생의 기회를 어리석게 살 때 최후가 어떠한지 분명히 깨닫게 하심을 감사드립니다. 우리 각자가 이 땅에서 천국을 철저히 준비하게 하시고, 우리 주위에 지옥을 향해 가는 영혼들이 있다면, 아직 기회가 있을 때 그들에게 순전한 복음을 전하는 축복의 통로가 되게 하여주옵소서. 사랑하는 주의 자녀들이 날마다 주님께 자비를 구하는 거룩한 거지가 되게 하시고, 영원을 위하여 영원하지 않은 것을 포기하는 지혜로운 사람, 진정한 부자가 되어 날마다 천국 소망으로 살아가게 하옵소서.

17장

이웃의 기쁨에
박수치는 인생

마태복음 20:1-16

포도원 비유는 세 가지 주요 장면으로 구성된다. 첫 번째는 포도원 주인이 인력시장에서 일꾼들을 고용하는 장면이다. 이른 아침 오전 6시부터 하루 종일 일한 사람이 있는가 하면, 오전 9시(제 삼시), 정오(제 육시), 오후 3시(제 구시), 그리고 오후 5시(제 십일시)에 고용된 사람들이 있었다. 오전 6시부터 당시 일반적인 노동시간인 12시간을 일한 사람이 있는 반면, 마지막에 온 사람은 단 한 시간만 일했다.

두 번째는 해가 저물어 일을 마쳤을 때 포도원 주인이 청지기를 통해 품꾼들에게 임금을 지불하는 장면이다. 한 시간만 일한 마지막 사람부터 하루 종일 일한 사람까지 모두가 동일하게 한 데나리온의 일당을 받았다.

세 번째 장면은 11절부터 15절까지 이어진다. 처음부터 일한 사람들은 당연히 더 많은 임금을 받을 것이라 기대했으나, 그렇지 않았다. 이것은 불공평해 보였다. 종일 일한 일꾼들이 포도원 주인을 찾아가 "왜 한 시간밖에 일하지 않은 사람에게도 똑같이 한 데나리온을 주느냐"며 항의했다. 이에 포도원 주인은 불평하는 일꾼들을 꾸짖었다. "네가 나와 한 데나리온의 약속을 하지 아니하였느냐 … 나중 온 이 사람에게 너와 같이 주는 것이 내 뜻이니라." 약속한 대로 임금을 지불했다는 점을 들어 그들의 항의를 일축하며 말했다. "내 것을 가지고 내 뜻대로 할 것이 아니냐."

I. 나는 몇 시에 부름받은 사람인가?

이 본문은 우리 삶과 어떻게 연결되는가? 당신은 몇 시에 부름받았는가? 오전 6시인가, 아니면 오후 5시인가? 대체로 어릴 때부터 신앙생활을 했거나 모태신앙인 사람들은 "오전 6시에 부름받았다"고 말한다. 본문의 해석은 다양하지만, 다음과 같이 정리할 수 있다.

이른 아침 6시에 부름받은 사람은 유아기나 소년기에 부름받은 사람이다. 일찍 부르심을 받은 이들은 평생 동안 주님을 알고 섬기며 살아갈 수 있는 특별한 은혜를 받았다.

오전 9시(삼 시)에 부름받은 사람은 대학과 청년기에 부름받은 사람이다. 하루의 4분의 1이 지났고, 예수님과 이른 아침 식사를 하는 복된 시간과 그 환희를 놓친 아쉬움은 있지만, 청년기의 힘과 열정으로 주님을 섬길 수 있다. 찰스 스펄전은 이때 예수님을 믿게 된 사람은 "이것저것 살필 겨를 없이 보배로운 화물을 갑판에 싣고 곧장 믿음의 항구로 직행해야 하는 때"라고 했다.

오후 12시(육 시)는 40대, 중년기에 부름받은 사람이다. 아직 늦지 않았다. 중년이라 할지라도 영광스러운 낮의 일을 감당할 수 있는 때다.

오후 3시(구 시)는 60대, 인생의 장년기에서 노년기로 향할 때 부름받은 사람이다. 예수님 없이 60년을 보낸 서글픔은 있지만, 태양이 아직 산 너머로 떨어지지 않은 때다. "천국 문이 돌쩌귀를 따라 삐걱거리기는 하지만, 아직 그 문이 닫히기 전의 소리를 들을 수 있는 때"이다. 문이 닫히기 전에 더 빨리 긴박하게 뛸 수 있는 시기이기도 하다.

오후 5시(십일 시)는 인생의 모든 일이 끝나갈 때 부름받은 사람이다. 머지않아 인생의 시계가 멈출 때 부름받은 것이다. 인생의 해가 지고 어쩌면 죽음을 앞둔 시기라 할 수 있다. 이것을 보여주는 극적인 예가 십자가상의 강도다. 이때 부름을 받았다면, 나이 들고 몸은 쇠약할지라도 예수님의 큰 사랑을 받은 자로서의 감격을 누리며 힘을 다해 주님을 섬길 수 있다.

이 내용을 베드로, 야고보, 요한 등 제자들의 입장에서 생각해보자. 제자들은 오전 9시에 부름받았다고 생각했을 것이다. 자신들은 젊을 때 제자로 부름받아 죽을 둥 살 둥 고생하는데, 갑자기 다소의 사울이란 사람이 나타나 자신들보다 더 강력하게 사역하는 것을 보았다. 나중에는 사도의 지위까지 오르니 속이 뒤집힐 만한 일이다.

제자들은 3년 동안 열심히 예수님을 따라다니며 가르침을 받았다. 그런데 가말리엘 문하의 이른바 '종교적 금수저'로 태어난 바울은 갈릴리 출신들과는 비교가 되지 않는다. 아마도 제자들은 이 점을 못마땅하게 여겼을 것이다. 바울이 구원받은 것은 기뻐할 일이지만, 사도가 된다고? 더구나 신약 서신서 중 3분의 2를 쓰게 된다고? 게다가 사도행전의 주인공이 된다고? 인간적으로 보면 제자들 입장에서는 도저히 받아들이기 어려운 일이었을 것이다.

II. '공로주의'냐 '은혜주의'냐?

예수님은 이 비유를 통해 세상의 상식과 논리에 사로잡힌 시각을 바로잡고자 하셨다. 이 비유의 배경은 본문 앞 19장에서 제자들, 특히 베드로가 던진 "우리가 모든 것을 버리고 주님을 위해 따랐는데, 무엇을 얻겠습니까?"라는 질문과 연결된다. 베드로의 상급과 보상에 대한 질문에 예수님은 마태복음 19장 마지막 30절에서 "먼저 된 자로서 나중 되고 나중 된 자로서 먼저 될 자가 많으니라"고 말씀하셨고, 20장 16절에서도 같은 말씀을 결론적으로 반복하셨다.

예수님은 제자들이 받을 상급과 보상에 대해 묻자, 이 비유로 하나님 나라는 이 세상의 '공로의 원리'가 아닌 '은혜의 원리'가 다스린다는 사실을 강조하신 것이다. 포도원 일꾼 비유에서 품꾼들을 고용하는 주인이 하나님 나라의 주인이신 예수님을 상징한다면, 품꾼들은 베드로나 요한 같은 예수님의 제자들을 가리킨다.

이 비유에서는 일을 시작한 시간이 모두 달랐음에도 일꾼들이 동

하나님 나라의 비밀을 열다

일한 품삯을 받았다. 여기서 예수님은 어떤 경제 원리를 가르치시려고 이 말씀을 하신 것이 아니다. 누가복음 16장의 '불의한 청지기 비유'는 바리새인의 시각을 교정하는 경제 문제가 주제였지만, 본문의 비유는 최소 희생으로 최대 효과를 봐야 한다는 경제성 원리나 혹은 공정함에 관해 말씀하는 것이 아니다.

이 비유의 핵심은 하나님 나라의 전체 개념, 즉 하나님 나라가 어떤 원리로 작동하는가에 있다. 하나님 나라의 작동 원리는 '공로주의가 아닌 은혜주의', '공로의식이 아닌 은혜 의식'이라는 것이다. 땀 흘리며 수고한 품꾼이 삯을 받는 것처럼, 하나님 나라의 상급과 보상은 주권자이신 하나님의 긍휼과 은혜에 달려 있다. 그것은 오직 은혜로 받을 수 있는 것이다.

이는 구약시대 출애굽 때부터 하신 말씀 속에 그대로 나타나 있다. "나는 은혜 베풀 자에게 은혜를 베풀고 긍휼히 여길 자에게 긍휼을 베푸느니라"(출 33:19). 하나님께서 모세에게 하신 이 말씀이 신구약 전체를 관통하는 하나님의 은혜 사상이다. 하나님의 은혜는 인간의 모든 생각과 공로 의식을 초월한다.

하나님 나라는 은혜의 원리가 작동하는 곳이다

예수님은 포도원 일꾼 비유를 통해 하나님 나라에서는 세상의 '공로의 원리'가 아닌 '은혜의 원리'가 지배한다는 사실을 보여주셨다. 본문에서 포도원 주인이 불평하는 품꾼을 꾸짖은 것은 하나님 나라에서는 어떤 공로주의도 발을 붙일 수 없음을 가르치신 것이다. 즉, 하나님 나라의 새 백성, 예수님의 온전한 제자는 세상적 가치체계인 공로주의가 아닌, 하나님 나라의 가치체계인 은혜주의로 새롭게 빚어져야 함을 말씀하신다.

칼빈은 '공로'라는 말 자체가 성경에 없음을 강조했다. 어떤 이들은 히브리서 13장 16절을 인용하여 성경이 선행을 강조한 것 속에 인간의 공로를 인정하는 의미가 있다고 주장한다. 그러나 선행의 가치는 전적으로 하나님의 은혜에서 온다. 칼빈은 이러한 기독교의 선행 개념이 누가복음 17장 10절에 잘 나타난다고 했다. "이와 같이 너희도 명령받은 것을 다 행한 후에 이르기를 우리는 무익한 종이라 우리가 하여야 할 일을 한 것뿐이라 할지니라." 이 구절은 기독교에서 선행에 기초한 인간의 공로의식이 설 자리가 없음을 보여준다. 물론, 신자의 선행에 대해 성경이 상급을 약속하고 선을 행하다 낙심하지 말라고 권면한다는 사실도 기억해야 한다(갈 6:9, 살후 3:13).

제자들이 예수님을 따르기 위해 모든 것을 버렸고, 예수님이 그들에게 하나님의 영광의 보좌에 앉을 자리를 주시며, 이 땅에서 여러 배를 받고 또 영생을 상속하게 하신다 해도(마 19:27-29), 그것조차 제자들의 공로나 헌신에 대한 대가가 아니라 주님의 주권적인 은혜의 선물이라는 것이다.

포도원 비유를 통해 말씀하신 은혜 사상은 머리로는 이해되지만 마음이 불편한 분이 있을 것이다. 예를 들어 내가 교회에서 20년, 30년 죽도록 충성했는데 어떤 사람은 중직을 받고 나는 못 받았을 때 마음이 어떻겠는가? 성경의 은혜 원리는 머리로는 이해되지만, 실제 내 삶의 현장에서 부딪힐 때는 받아들이기 쉽지 않은 것이다. 이런 관점에서 우리는 본문 뒤에 나오는 야고보와 요한의 어머니가 보인 치맛바람을 이해할 수 있다. 나머지 10명의 제자들이 이를 보고 분하게 여겼다(마 20:24).

그러나 하나님 나라는 하나님의 주권적인 역사로 인해 은혜의 원리만이 다스리는 나라다. 공로의식이 아닌 은혜의식으로 사는 나라가 하나님 나라다. 하나님 나라에는 세상의 공로의식과 보상의 원리가 끼어들 수 없다는 사실을 예수님은 단호하게 선포하신다.

III. 비교의식이 문제다

이처럼 공로의식을 강조하는 이유는 그 밑바탕에 우리의 죄에 대한 십자가의 대속과 구원의 은혜를 무력화하려는 사탄의 치밀한 의도가 숨어 있기 때문이다. 인간의 공로의식은 그리스도의 공로를 소멸시킨다. 이것을 제대로 깨달아야만 공로의식의 덫에서 벗어날 수 있다.

하나님 나라는 무엇으로 세워지는가? 하나님 나라의 본질은 무엇인가? 하나님 나라는 은혜로만 세워지는가? 그렇다면 인간의 행위나 공로는 설 자리가 없는가? 이는 지난 1,600년간 기독교 교리를 둘러싼 논쟁이었다. 기독교에서 하나님의 은혜와 인간의 공로를 둘러싼 대립은 오랜 역사를 지니며, 5세기 초 펠라기우스로부터 본격화되었다.

펠라기우스는 인간의 선행을 강조했다. 인간이 자유의지로 도덕적일 수 있다고 보았다. 반면 어거스틴은 펠라기우스의 주장이 기독교를 도덕의 성취, 즉 공로를 내세우는 종교로 변질시킬 것이라 경고했다. 인간의 본성이 죄로 말미암아 손상되고 타락했기에, 도덕적 행위를 앞세우는 펠라기우스의 가르침은 십자가 대속의 은혜를 무력화한다고 반박했다.

이 오랜 신학 논쟁을 소개하는 이유는 우리가 그만큼 공로의식을

17장. 이웃의 기쁨에 박수치는 인생

경계해야 하기 때문이다. 공로의식이 지나치면 인간의 전적 부패성을 잊고, 기독교의 본질인 십자가의 대속과 구원의 은혜를 외면하게 된다. 그리므로 공로의식은 결국 십자가의 대속과 구원의 은혜를 무력화하려는 사탄의 속임수임을 분명히 인식해야 한다.

다시 정리하면, "인간이 죄성을 통제할 수 있는가?"라는 질문에 펠라기우스는 인간의 자유의지로 가능하다고 보았고, 어거스틴은 부패한 본성 때문에 불가능하다고 했다. 당신은 어떻게 생각하는가? 인간은 타고난 죄성을 통제할 수 있는가, 없는가?

인간은 하나님의 은혜 없이는 죄성을 통제할 수도, 해결할 수도 없다. 어거스틴은 "하나님의 은혜란 무엇인가?"에 대해 "인간의 죄성을 고쳐주시고 새롭게 하시는 하나님의 행위"라고 했다. 하나님 나라는 은혜로 숨 쉬는 곳이며, 인간의 공로의식은 발붙일 수 없다. 그리고 선행은 받은 은혜에 대한 자연스러운 감사이며, 조건이 아닌 결과다. 이를 깨달은 우리는 어떻게 적용해야 하는가? 우리가 받은 하나님 은혜에 대해, 일찍 부름받았다면 더욱 감사해야 하고 '남들이 어떻다'라는 비교를 멈추고 우리가 받은 은혜에 집중해야 한다.

본문에서 계속 나타나는 것이 '비교'다. 은혜가 떨어지면 제일 먼저 나타나는 것이 바로 비교다. 12시간 일한 사람은 1시간 일한 사람과 비교하여 자신들이 우월하다고 생각하고 "이럴 수 있느냐"며 공로의식으로 불평한다.

주님은 그런 것에 신경 쓰지 말라고 하신다. 그러나 이것이 쉽지 않다. 왜일까? 가인의 후예인 우리 안에는 질투와 시기의 본성이 깊이 자리 잡고 있어서 세상의 비교 원리에 찌들어 있기 때문이다. 이러한 비교 본능이 우리 속에 얼마나 강하게 자리 잡고 있는지 모른다. 예수님을 부인했던 베드로는 나중에 예수님과의 관계가 회복되

✳

274

고 큰 은혜를 받고도 이를 극복하지 못했다. 요한복음 21장에서 예수님이 베드로에게 "내 양을 먹이라, 내 양을 치라"고, 선한 목자가 되라 말씀하셨는데도, 갑자기 비교의식이 발동하여 "이 사람은 어떻게 되겠사옵나이까"(요 21:21b)라고 물었다. 이에 예수님은 "네게 무슨 상관이냐 너는 나를 따르라"고 단호하게 대답하셨다(요 21:22).

본문의 비유 말씀과 베드로에게 하신 "네게 무슨 상관이냐 너는 나를 따르라"는 말씀은 우리 모두를 향한 것이다. 우리가 교회에서, 세상을 살아가면서 비교의식을 가지고 "저 사람은 어떻게 될까?"라고 물을 필요가 없다. 그렇게 물을 때마다 예수님은 "너는 나를 따르라"고 말씀하시며, 본문의 포도원 비유를 되새기라고 하신다. 예수님을 믿는 우리는 "누가 어떻다 저렇다" 하지 말고, 오직 주님만 따르면 된다.

하나님은 포도원 주인처럼 수고한 모든 일꾼에게 한 데나리온의 은혜를 주신다. 물론 객관적으로 보면 더 나은 은사, 더 큰 은혜를 받은 사람이 있는 것처럼 보이지만, 이 비유의 핵심은 하나님의 주권적 은혜에 눈이 열려 공로의식을 버리고 남과 비교하지 말아야 한다는 것이다. 이런 의미에서 본문에는 생명의 복음의 본질이 담겨 있고, 하나님의 은혜가 과격할 만큼 선명하게 드러난다.

가인을 살인자로 만든 비교의식은 오늘날 모든 사람들, 심지어 그리스도인들 속에도 자리 잡아 교회의 역동성을 빼앗는 원인이 되고 있다. 고린도교회는 바울파, 아볼로파, 게바파로 나뉘어 자기 파가 더 낫다는 비교의식으로 고통받았다. 서로 갈등하고 상처를 주고 있었다(고전 1:10-13, 3:4-7). 주님은 고린도교회의 분열을 치료하는 해결책으로 지체의식을 주셨다. 우리는 각자 다른 은사를 받았지만 모두 그리스도의 한 몸이라는 진리다. 고린도전서 12장 전체에서 "너희

✳

275

는 그리스도의 몸이요 지체의 각 부분이라"(고전 12:27)고 강조하신 것처럼, 우리는 서로 비교하지 않고 각자의 자리에서 그리스도의 몸을 세우는 지체로 살아가야 한다.

우리 모두는 오후 5시에 부름받은 자이다

질투와 시기는 가인처럼 평정심을 잃게 만든다. "나중 온 이 사람들은 한 시간밖에 일하지 않았는데, 종일 수고하며 더위를 견딘 우리와 같게 하였나이다." 쉽게 말해 "이 사람들은 1시간 일했는데, 어떻게 하루 종일 뙤약볕에서 일한 우리와 똑같은 일당을 받을 수 있는가?"라며 자신의 우위를 내세워 남들과 비교하고 평가하며 때로는 상대방을 비하하는 것이다.

그러나 오후 5시에 부름받은 품꾼 입장을 생각해보자. 나는 아침 6시에 선택받았으나, 이들은 9시에도, 12시에도, 3시에도 탈락되어 오후 5시까지도 일자리가 없어 잔뜩 마음 졸이고 있었다. '나는 어떡하면 좋지? 오늘 일당을 못 받으면 우리 가족이 굶을 수밖에 없는데…'

주인이 "너희는 어찌하여 종일토록 놀고 여기 서 있느냐"고 물으니, "우리를 품꾼으로 쓰는 이가 없음이니이다"라며 절박하게 대답한다(6-7절). 오후 5시까지 얼마나 비참했겠는가. 집에서 아빠를 기다리는 토끼 같은 자녀들, 가족의 얼굴이 떠올라 마음은 괴롭고 차가운 현실에 심히 무력감을 느꼈을 것이다. 그때 너그러운 포도원 주인이 이해타산을 넘어 5시에 일자리를 준 것이다. 이것이 예수님의 목자의 심정이다. 예수님은 한 사람이라도 더 구원받기를, 한 사람이라도 더 주님 나라를 위해 쓰임받기를 원하시는 선한 목자이시다.

만약 일찍 부름받은 품꾼이 이러한 포도원 주인의 마음을 가졌다

✳

면, "나보다 공부 못하던 친구, 형편없던 친구"가 마침내 선택받아 함께 일하게 되었을 때, "친구야 너무 잘됐다. 네가 일자리 없어 굶을까 봐 정말 걱정했어"라며 진심으로 기뻐했을 것이다. 더구나 그 친구가 1시간 몫이 아닌 하루 노동의 몫을 받았다면, 그에게 딸린 식구들을 생각하며 더욱 기뻐했을 것이다.

이것이 바로 예수님이 우리에게 원하시는 온전한 제자의 가치관, 하나님 나라의 은혜의식이다. 나보다 늦게 된 사람이 나처럼 인정받거나 심지어 나보다 주님의 일에 더 크게 쓰임받는다고 불평하는 것이 아니라, "이렇게 귀한 도구로 쓰임받으니 그 영혼이 얼마나 잘 되었는가!"라고 그의 입장에서 함께 기뻐하는 마음을 갖길 원하신다. 돌아온 탕자의 맏형이나 바리새인처럼 비판하는 것이 아니라, 이웃과 함께 웃고 함께 울 수 있는 지체 의식을 갖길 바라신다. 이는 은혜의식에 눈을 뜬 자만이 가질 수 있는 영적 각성이다.

우리는 모두 은혜받을 자격 없는, 십일 시(오후 5시)에 부름받은 품꾼과 같다. 이른 아침이든, 삼 시든, 구 시든, 십일 시든 포도원에 고용된 사람들의 공통점이 있다. 누구도 자기 뜻으로 온 것이 아니라, 모든 경우에 주인이 먼저 제안했다는 것이다. 하나님께서 먼저 찾아오시기 전까지는 아무도 하나님께 오지 않았다. 특히 십일 시에 주인이 일꾼을 부른 것의 핵심은, 선한 주인이 자신을 위해서가 아니라 일꾼을 위해 그들을 고용했다는 점이다. 일꾼의 자격이 없는 자를 일꾼으로 부르신 것이다. 그러므로 십일 시의 부르심은 예수님 은혜의 절정을 보여준다. 이런 점에서 우리 모두는 구원받을 자격이 없음에도 주님께서 친히 불러주셨다는 점에서 십일 시에 부름받은 자라 할 수 있다.

이른 아침에 쓰임받은 일꾼은 세 배나 더 복을 받은 사람이다

교회 내에는 우월의식을 지닌 사람들이 있다. 이들은 성경지식과 함께 신학지식도 상당하고, 술과 담배를 멀리하며 도덕적으로 반듯한 삶을 산다. 그러나 남들에 대해 우월의식을 갖고 바리새인처럼 되면, 자신이 쌓은 자기 의의 산, 자기 도덕의 산으로는 올라갈지 몰라도 결코 하나님이 주신 은혜의 산에는 오를 수 없다.

아침 6시에 부름받은 사람들이 손해를 본 것일까? 결코 아니다. 이들은 종일 일하면서 '오늘 딸에게 예쁜 인형을 사주고, 아내에게 고등어와 두부라도 사 가야지' 하며 콧노래를 부르며 보람되게 일할 수 있었다. 주님의 일도 "부름받아 나선 이 몸 어디든지 가오리라" 노래하며 사명으로 감당할 수 있었다. 그러니 남들과 비교하여 질투할 것이 아니라, 일생 써 주시는 하나님께 감사해야 한다.

스펄전은 이른 아침에 부름받은 사람을 가리켜 "세 배나 복을 받은 사람"이라 했다. 하나님께 자신을 더 많이 드리고, 하나님의 영광을 위해 더 많이 섬길 기회가 있기 때문이다. "어린 시절부터 주님을 섬기며 자란 이들은 이른 아침 풀잎에 맺힌 이슬처럼 순수하고 아름다운 영혼의 빛을 지닌 복된 사람들이다. 정말 말로 표현할 수 없는 매력을 지니고 있고, 그 신선함과 광채가 이루 말할 수 없이 사랑스럽다."

자녀가 세상 것들로 오염되기 전에, 포도원 비유의 은혜 의식이 새벽빛 같은 순전한 수줍음으로 그 심장에 새겨진다면, 이보다 더 귀한 축복이 어디 있겠는가! 이것이야말로 우리가 자녀에게 물려줄 참된 유산이요, 자녀의 평생을 복되게 하는, 세상이 결코 줄 수 없는 진주 같은 선물이며, 이것이 바로 오전 6시에 부름받아 12시간을 일한 이의 축복이다.

한편 너무 늦게 예수님을 믿었다고 '믿음의 콤플렉스'를 가질 필요는 없다. 공로의식을 뛰어넘는 지체의식을 갖게 되면, 은혜의식으로 충만하여 우리의 인생이 어떤 상황에 있더라도 새롭게 시작하는 전환점이 될 것이다. 하루를 살든, 한 달을 살든, 일 년을 살든, 이런 바른 신앙의 토대 위에 은혜 의식이 삶의 원동력이 된다면, 비교 의식으로 인한 질투나 고민으로 낭비되지 않는, 누수 없는 삶을 살아가며 하늘의 복을 누릴 수 있다. 나중 된 자로서 먼저 되는, 세상의 모든 계산과 상식을 초월하는 축복을 받을 수 있다.

은혜의식으로 언제나 이웃의 성공에 박수치는 인생의 기도

선한 목자 되시는 주님, 우리 안에 오염된 공로의식을 예수님의 보혈과 목자의 심정으로 깨끗이 씻어주시고, 복음의 생명이 넘치는 은혜의식으로 살게 하옵소서. 공로의식에 사로잡혀 나를 남보다 앞세우는 비교의식을 버리고, 이웃을 내 자신과 같이 사랑하는 지체의식을 갖게 하사, 목자의 심정으로 서로 기뻐하고 응원하는 기쁨 충만한 하나님의 자녀로 살게 하옵소서.

17장. 이웃의 기쁨에 박수치는 인생

18장

믿음의 혈관에
무엇이 흐르는가?

누가복음 17:5-10

예수님을 믿는다고 고백하는 것과 실제로 그리스도인의 삶을 사는 것은, 겉으로는 같아 보이나 현실에서는 큰 차이를 보인다. "당신은 예수님을 믿습니까?"라는 질문에 그렇다고 대답하는 사람에게 "실제로 그리스도인다운 삶을 살고 있습니까?"라고 다시 물으면, 대부분 망설이거나 다른 대답을 내놓을 것이다.

그렇다면 우리는 어떻게 자신이 진정한 그리스도인의 삶을 살고 있는지 판단할 수 있을까? 그리스도인으로서 치러야 할 대가를 지

하나님 나라의 비밀을 열다

불하고 있는지 돌아보면 답을 찾을 수 있다. 지난 한 주, 한 달을 되돌아보자. 그리스도인이기에 감수한 손해가 있었는가? 그리스도인이기에 견뎌낸 어려움이 있었는가? 그리스도인이기에 선택한 희생이 있었는가? 이런 경험들이 없다면, 우리는 아직 참된 그리스도인의 길을 걷고 있다고 말하기 어려울 것이다.

그리스도인답게 산다는 것

동시에 그리스도인의 삶은 희생만이 아닌, 그리스도께서 주시는 깊은 기쁨을 누리며 사는 것이다. 즉 그리스도와 함께 산다는 것은 십자가를 지는 동시에 부활의 기쁨으로 사는 것이다. 베드로는 이를 정확하게 표현했다. "나는 … 그리스도의 고난의 증인이요 나타날 영광에 참여할 자니라"(벧전 5:1). 따라서 그리스도인의 삶이란 예수님과 복음을 위해 십자가를 기꺼이 지면서도, 동시에 그분이 주시는 기쁨과 영광을 누리며 사는 것이라 할 수 있다.

가장 중요한 것은 이 진리를 삶으로 살아내는 것이다. 이를 위해 우리는 마음속에 한 가지 간절한 질문을 품고 살아야 한다. 마치 구약시대에 포로로 잡혀간 유대인들이 "우리는 이제 어떻게 살아야 하는가?"라고 절망 속에서 부르짖었듯이, 오늘날 우리도 죄의 중력이 지배하는 이 세상에서 "어떻게 하면 참된 그리스도인으로 살 수 있을까?"라고 끊임없이 물으며 살아야 한다. "너희가 말하여 이르되 우리의 허물과 죄가 이미 우리에게 있어 우리로 그 가운데에서 쇠퇴하게 하니 어찌 능히 살리요 하거니와"(겔 33:10).

지금 우리가 가슴 깊이 물어야 할 질문은 바로 이것이다. "어떻게 하면 진정한 그리스도인답게 살 수 있는가?" 본문은 어떤 상황에서도 변함없이 그리스도인의 삶을 살아갈 수 있는 비결을 보여준다. 17장 1-4절에서 예수님은 제자들에게 형제를 실족하게 하는 것보다 차라리 연자맷돌을 목에 메고 바다에 빠지는 편이 낫다고 말씀하셨다. 또한 형제가 죄를 짓고 회개하면 하루에 일곱 번이라도 용서하라 하셨다. 이 엄중한 말씀을 들은 제자들은 자신의 의지와 능력으로는 감당할 수 없음을 깨닫고 "우리에게 믿음을 더하소서"라고 간구했다. 그런데 예수님은 이렇게 믿음을 구하는 제자들에게 뜻밖에도 종의 자세를 가져야 한다는 비유로 대답하셨다.

예수님이 말씀하신 종의 자세의 핵심은 이렇다. 종이 밖에서 일하고 들어와도 주인은 수고했다며 식사부터 권하지 않고(7절), 오히려 식사 준비를 시키며(8절), 종이 명령을 이행했다고 감사하지도 않듯이(9절), 제자들도 "우리는 무익한 종이라 우리가 하여야 할 일을 한 것뿐이라"(10절)고 고백해야 한다는 것이다. 제자들이 "더 큰 믿음을 주소서"라고 간구했을 때, 주님은 단호하게 네 차례나 반복하며 종의 자세를 강조하셨다.

고대 사회에서 종이 주인의 소유물처럼 취급받았다 해도, 사랑의 예수님께서 이토록 냉정하게 말씀하신 것이 선뜻 이해하기 어렵지 않은가? 마태복음 20장의 포도원 품꾼 비유에서 12시간 일한 이에게 1시간 일한 이를 보며 기뻐하라 하신 것이 우리 상식으로는 받아들이기 힘든 것처럼, 주님을 위해 온 마음과 정성을 다해 충성했는데도 "잘했다, 수고했다" 대신 "나는 무익한 종입니다. 마땅히 해야 할 일을 했을 뿐입니다"라는 고백을 요구하시는 명령을 어떻게 받아들여야 할까?

하지만 이는 현대 사회의 노동 가치 기준으로는 도저히 이해할 수 없는, 혁명적이고도 고차원적인 말씀이다. 왜 예수님은 더 큰 믿

하나님 나라의 비밀을 열다

음을 구하는 제자들에게 하필 종의 자세를 요구하셨을까? 믿음과 종의 도는 어떤 관계가 있는 것일까? 이를 이해하기 위해서는 말씀 속에 흐르는 주님의 깊은 뜻을 헤아려야 한다.

I. 뽕나무 뿌리가 뽑히려면

제자들은 "작은 자 하나를 실족하게 하면 연자맷돌을 목에 매여 바다에 던져지는 것이 낫다", "형제가 회개하면 제한 없이 용서하라"는 예수님의 말씀을 감당할 수 없었다. 자신들의 힘으로는 이 말씀에 순종하기 어렵다는 것을 깨달은 제자들은 "우리에게 믿음을 더하소서"라고 간구했다.

이에 주님은 "너희에게 겨자씨 한 알만 한 믿음이 있었더라면 이 뽕나무더러 뿌리가 뽑혀 바다에 심기어라 하였을 것이요 그것이 너희에게 순종하였으리라"고 답하셨다. 이 말씀에 제자들의 마음은 더욱 무거워졌을 것이다.

뽕나무 뿌리는 매우 넓고 깊게 퍼지기에 뿌리째 뽑는 것 자체가 거의 불가능하다. 게다가 뽑은 뽕나무를 바다에 심어 자라게 한다는 것은 더더욱 불가능한 일이다. 당시에는 중장비도 없었으니, 이는 인간의 능력으로는 불가능한 일처럼 보였을 것이다.

그렇다면 예수님은 왜 이런 말씀을 하셨을까? 제자들은 대단한 믿음이 있어야만 예수님의 높은 수준의 명령에 순종하고 기적 같은 사역을 할 수 있다고 생각했다. 주님은 기적을 일으킬 만큼 큰 믿음보다는, 비록 겨자씨만 한 작은 크기라도 '참된 믿음의 본질'을 강조하신 것이다.

하나님의 말씀을 들으면서 '이게 가능할까? 내가 할 수 있을까?' 하고 의심하지 말라는 뜻이다. 즉, 주님의 명령에 "주님, 안 됩니다" 라고 말하지 말라는 것이다. 주님은 "네가 가진 겨자씨만 한 작은 믿음으로라도 시작하라. 그러면 그 믿음이 점차 자라나 큰 믿음, 귀한 믿음이 될 것이다"라고 말씀하신다. 겨자씨는 비록 작지만 그 안에 놀라운 생명력이 담겨 있다는 것이다.

신앙의 핵심은 제자들이 기대했던 것처럼 큰 기적과 이적을 행하는 데 있지 않다. 기적과 이적만으로는 사람의 마음이 진정으로 변화되지 않기 때문이다. 신약의 가장 큰 기적 중 하나인 요한복음 11장의 나사로 부활 사건에서도, 사람들은 은혜를 받기는커녕 오히려 예수님을 죽이려 모의했다. 요한복음 5장에서도 38년 된 병자가 치유되는 것을 본 유대인들은 도리어 예수님이 안식일에 병을 고쳤다며 트집을 잡았다. 이처럼 기적은 유대인들의 마음을 결코 변화시키지 못했다.

예수님의 공생애에서 가장 중요한 사건은 십자가 사건이었다. 주님은 공생애 말기로 갈수록 기적을 행하지 않으셨다. 이는 기적보다 일상에서 순간순간 드러나는 참된 믿음이 더 본질적임을 보여주시기 위함이었다.

무모한 섬김, 혁명적 섬김

그렇다면 예수님이 말씀하시고자 한 참된 믿음, 큰 믿음은 무엇일까? 주님은 본문을 통해 뽕나무를 뿌리째 뽑아 바다에 심는 기적적인 능력이 아닌, 종의 태도를 갖는 것이 큰 믿음의 핵심이며 그리스도인다운 삶의 본질임을 보여주셨다. 제자들은 믿음의 크기와 외적 능력을 구하며 대단한 사역으로 높임받기를 원했지만, 주님은 기적을 행하는 큰 믿음이 아닌 믿음의 본질과 깊이를 말씀하신 것이다.

예수님은 이 땅에 오신 가장 큰 목적이 '섬기는 것'이라고 하셨는데, 이는 세상 기준으로는 이해할 수 없는 무모한 섬김이었다. 적당히 손해 보는 정도가 아닌, 세상 사람들이 당황스러워할 만큼 혁명적인 섬김이었다. 주님께서 종의 도를 네 번이나 강조하신 이유가 바로 여기에 있다.

오늘날 세상이 말하는 섬김은 자신을 어느 정도 희생하여 다른 사람을 돕는 정도일 것이다. 그러나 성경이 말하는 섬김은 이와는 전혀 다르다. 마태복음 10장 45절에서 예수님은 섬기기 위해 이 땅에 오셨고, 자기 목숨까지 내어주기 위해 오셨다고 말씀하신다. 성경의 섬김은 적당한 수준의 희생이 아닌, 자신의 생명까지도 내어놓는 것이다. 세상 사람들의 눈에는 이러한 섬김이 무모하게 보일 수밖에 없다.

예수님을 믿는 자는 이처럼 세상의 기준을 뛰어넘는 혁명적 섬김을 통해 우리 안에 있는 죄의 뿌리, 육신의 쓴 뿌리를 뽑아내고 불신앙을 극복해야 한다.

지난 40여 년의 목회 생활 동안 때로는 난관에 부딪히고, 식음을 전폐할 만큼 괴로운 시기도 있었다. 그러나 그때마다 나를 다시 일으켜 세운 것은 무언가를 해보려는 노력이 아니라, "내가 섬김의 도를 실천해야겠다"는 결단과 실천이었다. 그 과정에서 믿음의 난제들이 해결되는 것을 수없이 목격했다. 참된 섬김 속에는 삶의 불순물을 정화하고 직면한 장애물을 녹여내는 용광로와 같은 거룩한 마그마가 흐르고 있기 때문이다.

＊

인간의 모든 죄의 중심에는 무엇이 있는가?

성경이 말하는 섬김, 그리스도인이 실천해야 하는 섬김이 우리 육신에 깊이 박힌 죄성을 뽑아내는 이유는 무엇일까? 이 땅에 죄가 들어온 이후, 인간의 본성에 가장 깊이 뿌리박힌 죄의 속성은 무엇일까? 성경은 수많은 죄를 경계하고 있다. 골로새서 3장 5절이 경고하는 음란과 사욕, 정욕, 탐심 같은 죄들을 살펴보면, 이 모든 것의 근저에는 하나의 공통된 본질이 있다. 그것은 무엇일까? 또 인간이 하나님의 십계명을 거듭 어기는 근본적인 이유는 무엇인가?

여러 설명이 가능하겠지만, 모든 죄의 본질과 근원은 하나로 수렴된다. 바로 자기중심주의다. 내가 우선이고, 내가 먼저며, 내가 관심받아야 하고, 내가 드러나야 한다는 욕망에서 죄가 시작되는 것이다. 오늘날 세상의 모든 문화와 사람들의 삶을 지배하는 핵심 가치역시 자기중심적 사고방식이다. 세상은 "당신이 원하는 대로 하라", "당신의 욕망을 이루라", "당신의 쾌락을 추구하라"는 메시지를 언론과 수많은 책, 유튜브를 통해 끊임없이 전파하고 있다.

변화되기 전의 제자들도 마찬가지였다. 그들은 예수님을 3년이나 따르며 그분의 섬김을 목격하고도 자기중심적 사고에서 벗어나지 못했다. 예수님이 십자가에 달리시기 직전까지도 그들은 누가 더 큰 자인지를 두고 다투었다. 그래서 예수님은 극단적인 처방을 내리셨다. 바로 제자들의 발을 직접 씻기신 것이다. 제자들의 더러운 발을 씻긴 스승이 역사상 어디 있었던가?

성경이 말하는 섬김, 세상 사람들의 눈에 무모해 보이는 이 섬김은 우리 속에 깊이 자리 잡은 자기중심주의와 맞서 싸우고, 그것을 뿌리째 뽑아내는 것이다. 이는 곧 나 중심의 인간 본성을 완전히 뒤엎는 작업이다. 그래서 진정한 섬김, 성경의 섬김은 우리 안에 뽕나무 뿌리처럼 박혀 있는 옛 본성을 제거하는 거룩한 도구라 할 수 있다.

죄와 사탄이 우리 속에 심어놓은 자기중심주의는 너무나 깊이 뿌리내려 한두 번의 섬김으로는 제거되지 않는다. 그래서 섬김은 평생에 걸친 신앙의 거룩한 여정이며, 자신을 쳐서 주님께 복종시키는 제자도의 길이다.

인생길에서 깊은 상처와 트라우마로 고통받고 있는가? 그렇다면 예수님이 원하시는 참된 믿음이 무엇인지 다시 한번 생각해보라. 우리의 생각을 뛰어넘는 회복의 은혜를 경험하게 될 것이다. 마태복음 9장 22절에서 혈루증 여인을 향해 "네 믿음이 너를 낫게 하였느니라"고 하신 말씀은 육신의 질병뿐 아니라 마음의 상처에도 동일하게 적용된다. 예수님을 향한 올바른 믿음이 우리를 치유한다.

II. 겨자씨와 같은 믿음은 '네 번 겹침의 섬김'에서 시작한다

7-10절에서 예수님은 참된 섬김의 기준을 제시하셨다. 이를 더 깊이 살펴보면, 섬김의 본질과 깊이를 통해 그리스도인다운 삶의 표준을 보여주고 계심을 알 수 있다.

첫째, "밭에서 돌아오면 그더러 곧 와 앉아서 먹으라 말할 자가 있느냐"(7절). 종이 하루 종일 밖에서 양을 치고 밭일을 하고 돌아와도, 주인은 "수고했으니 밥부터 먹어라"라고 하지 않는다.

둘째, "도리어 그더러 내 먹을 것을 준비하고 띠를 띠고 내가 먹고 마시는 동안에 수종 들고 너는 그 후에 먹고 마시라 하지 않겠느냐"(8절). 오히려 주인은 종에게 자신이 먹는 동안 시중들라고 한다.

셋째, "명한 대로 하였다고 종에게 감사하겠느냐"(9절). 종이 하루 종일 바깥일과 집안일을 충실히 했다고 해서 주인이 감사하지는 않는다. 그것은 종이 마땅히 감당해야 할 본분이기 때문이다.

넷째, "이와 같이 너희도 명령받은 것을 다 행한 후에 이르기를 우리는 무익한 종이라 우리가 하여야 할 일을 한 것뿐이라"(10절). 종이 자신의 모든 임무를 완수한 후에도 스스로를 무익한 종으로 여기듯, 제자들도 같은 마음가짐을 가져야 한다는 것이다.

지금도 나는 대학부 리더 서임식이나 순장 파송식을 할 때마다 예수님이 말씀하신 종의 도를 기본 정신으로 삼고 있다. 특히 젊은 시절, 대학부 리더 서임식에서 이 종의 자세를 마음에 새기며 흘린 뜨거운 눈물을 잊을 수가 없다.

왜 예수님은 '종의 자세'를 네 번이나 반복해서 강조하셨을까? 빌립보서 2장 7절의 말씀처럼, 예수님 자신이 먼저 "종의 형체"를 취하셨기 때문이다. 우리가 주님의 마음을 전심으로 품을 때, 예수님의 '종의 본성'(the very nature of a servant)이 우리 안에 새겨지는 것이다.

섬김이 그리스도인의 본성이 되어야 하는 이유

20세기의 순교자 디트리히 본회퍼는 "자기 삶에서 단 한 번이라도 하나님의 자비를 체험한 사람은 그 후로 섬기는 것을 당연히 여길 것이다"라고 했다. 오스왈드 챔버스는 섬김이 곧 그리스도에 대한 헌신의 표현이라고 말했다. 즉, 하나님의 사랑을 경험한 사람은 자연스럽게 이웃을 섬기게 되며, 그리스도를 향한 헌신은 필연적으로 섬김으로 나타난다는 것이다.

우리는 세상적 성공이 아닌 그리스도를 향한 충성을 위해 부름받았다는 사실을 기억해야 한다. 그렇다면 우리는 어떻게 이 충성을 보여줄 수 있을까? 바로 이 땅에서 보이는 형제를 섬기는 것이 보이지 않는 그리스도께 대한 헌신과 충성의 증거가 된다.

따라서 예수님을 믿고 단 한 번이라도 하나님의 은혜를 경험한 사람에게서는 자연스럽게 섬김이 흘러나올 수밖에 없다. 더 깊이 생각해보면, 모든 제자와 순장, 모든 성도는 세상의 성공을 위해서가 아니라 주님의 마음을 깨닫고 이웃을 섬기기 위해 부름받은 것이다.

이러한 진리를 깊이 깨닫게 되면, 누군가 나를 인정하지 않더라도 원망하거나 서운해할 필요가 없다. 예수님이 말씀하신 네 가지 종의 자세로 섬기면, 다른 이들로 인해 시험 들거나 상처받을 일도 없고, 얕은 은혜에 머물 이유도 없다.

평생을 하나님 섬기는 일을 기쁨으로 삼았던 토마스 아 켐피스는 이렇게 말했다. "주님의 헤아릴 수 없는 은혜를 무엇으로 보답할까? 내 소원은 단 하루라도 주님의 크신 은혜에 합당한 섬김과 봉사를 하는 것이다." 섬김은 우리가 하나님께 무엇을 해드리는 것이 아니라, 받은 은혜에 대한 자연스러운 응답이자 거룩한 본능의 표현이다. 이것이 바로 참된 그리스도인의 삶이다.

III. 이 땅이 전부가 아니다

주님의 이 말씀을 듣고 너무 가혹하다고 느끼는 이들이 있을 것이다. 그러나 왜 예수님은 우리에게 인간의 본성으로는 감당하기 힘든 요구를 하시는 것일까? 여기에 관련된 의미 있는 실화가 있다.

시어도어 루즈벨트 대통령의 이야기다. 그가 아프리카 사냥을 마치고 미국으로 돌아오는 배에는 우연히도 평생을 아프리카에서 선교하다 귀국하는 선교사 부부도 함께 타고 있었다. 뉴욕 항구에는 대통령을 맞이하기 위한 수많은 환영 인파와 밴드가 기다리고 있었다. 배가 정박하자마자 대통령 찬가가 울려 퍼지고, 고위 공직자들이 영접을 나왔다.

우리는 아직 진짜 집에 도착하지 않았다

그런데 선교사 부부를 파송한 단체나 교회에서는 아무도 마중 나오지 않았고, 부둣가의 인파도 이들에게는 전혀 관심을 보이지 않았다. 부부는 조용히 배에서 내려 뉴욕 이스트사이드의 허름한 아파트로 향했다. 그때 남편 선교사의 마음에 서운함이 밀려왔다. '우리는 평생을 바쳐 아프리카 선교를 하고 왔는데, 돈도 없고 돌봐주는 사람도 없고 관심 가져주는 이도 하나 없구나. 하나님께 생애를 바쳤지만 얻은 것이 아무것도 없는 것 같다.' 대통령은 그저 사냥 다녀왔을 뿐인데 저렇게 환영받는 것이 불공평하다고 느꼈다.

아내가 말했다. "여보, 분명 불공평하게 느껴지죠. 하지만 그 서운한 마음을 주님께 올려드리면 어떨까요?" 남편은 그 말에 따라 침실에서 무릎 꿇고 기도했다. 한참 후 환한 얼굴로 나온 남편에게 아내가 물었다. "어떠셨어요?" 남편이 대답했다. "주님 앞에 무릎 꿇고 제 불평을 다 말씀드렸어요. 대통령은 저렇게 환영받는데 저희는 아무도 신경 쓰지 않아 서운하다고, 주님이 우리를 잘못 대하시는 것 아닌지 여쭈었더니, 주님이 작은 목소리로 속삭이셨어요. '애야, 너는 아직 집에 온 게 아니다. 여기는 진짜 네 집이 아니야.'"

그리스도인이 섬김을 실천할 때 때로는 이해받지 못하거나 오해로 인해 마음이 상할 수 있다. 진심을 다해 주님을 사랑하는 마음으로 형제와 이웃을 섬겨도, 누군가가 오해를 넘어 비난하거나 음해한다면 인간적으로 눈물이 나고 깊은 아픔을 느낄 수밖에 없다. 이럴 때 그리스도인은 어떻게 해야 할까? 바울 사도의 고백이 섬김의 바른길을 보여준다. "곧 모든 겸손과 눈물이며 유대인의 간계로 말미암아 당한 시험을 참고 주를 섬긴 것과"(행 20:19). 진심을 다했음에도 오해받아 어려움을 겪을 때, 멈추는 것이 아니라 그 고난을 견디며 주님 섬기는 일을 이어가는 것이 참된 자세일 것이다.

이 땅에서 우리는 네 겹의 섬김을 실천해야 하며, 그 과정에서 칭찬은커녕 억울한 일도 겪을 수 있다. 하지만 본향에 이르면 주님께서 우리를 기다리고 계실 것이다. 섭섭함에 불평하고 싶을 때, 주님은 "얘야, 여기는 네 집이 아니야. 네게는 진정한 집이 있단다. 나와 함께 영광의 보좌에 앉자"라고 말씀하실 것이다. 그때는 주님께서 직접 우리를 섬기실 것이다.

누가복음 12장 37절을 보라. "주인이 띠를 띠고 그 종들을 자리에 앉히고 나아와 수종들리라." 주인이 몸소 허리에 띠를 두르고 종들을 식탁에 앉힌 뒤 직접 시중을 든다는 것이다. 이는 종들이 상상할 수 있는 모든 것을 뛰어넘는 일이다. 우리가 섬기는 중에 세상적으로 억울한 일을 당하더라도, 본향에서는 만왕의 왕이요 만주의 주이신 하나님께서 친히 우리를 섬기심으로 모든 것이 보상될 것이다.

힘들고 억울한 일이 많아도 네 겹의 종의 도를 가지고 '과격한 섬김', 더 큰 섬김을 실천해보자. 만약 우리가 섬김과 헌신에 대해 다른 이들의 인정과 칭찬, 보상을 바란다면 그것은 하나님이 아닌 자

✳

18장. 믿음의 혈관에 무엇이 흐르는가?

신을 섬기는 것이다. "나는 무익한 종입니다"라고 고백하는 믿음이야말로 주님이 원하시는 성도의 모습이다. 이것이 바로 주님이 이 땅에서 이루고자 하시는 뜻이며, 참된 믿음, 큰 믿음이다.

이 믿음의 겨자씨를 우리의 가슴과 섬김의 발걸음에 심어보자. 오늘 당장 심지 못하더라도 이번 주에, 이번 주에 못하더라도 다음 달에라도 심을 수 있다. 이렇게 하나씩 심어가며 진정한 그리스도인으로 살아가는 은혜를 함께 누리기를 바란다.

성만찬 만큼 중요한 종의 도(道)

마태, 마가, 누가복음은 최후의 만찬에서 예수님이 떡과 잔의 예식으로 성찬을 제정하신 것을 다루고 있다. 반면 요한복음은 그 자리에서 일어난 세족식을 기록하고 있다. 다른 복음서들이 성찬 제정의 말씀만을 전하는 것과 달리, 요한복음은 예수님이 제자들의 발을 씻기신 장면을 자세히 묘사하고 있다. 요한은 제자들의 발을 씻기신 예수님의 행동이 성찬 제정만큼 중요한 의미를 지닌다고 본 것이다. 예수님께서 성찬의 자리에서 제자들의 발을 씻기신 행동이야말로 성찬의 본질을 가장 잘 보여주기 때문이다.

성찬은 단순히 예배의 자리에만 머물러서는 안 되며, 반드시 섬김의 자리로 이어져야 한다. 예수님의 성찬에 참여한다는 것은 단순히 몸과 마음을 정결히 하여 그분의 살과 피를 기념하는 것에 그치지 않는다. 성찬의 본질은 다른 이들의 발을 씻기는 자리로 나아가는 것이다. 영성 신학자 로날드 롤하이저가 "성찬은 우리를 부르는 초청이자, 우리에게 섬길 힘을 주는 은총이다"라고 한 말은 이를 잘 보여준다.

하나님 나라의 비밀을 열다

성찬이 단지 예수님의 살과 피를 기념하는 떡과 포도주를 마시는 것으로 끝난다면, 그것은 예수님이 의도하신 참된 성찬이 아니다. 성찬은 우리의 불신을 환대로, 교만을 겸손으로, 자기 이익을 자기 부인으로 변화시켜 타인을 섬기는 자리로 이끄는 것이다.

그렇다면 어떻게 성찬을 통해 다른 이를 섬기는 자리로 나아갈 수 있을까? 예수님의 모습에서 그 답을 찾을 수 있다. 예수님은 제자들의 발을 씻기시기 전에 "저녁 잡수시던 자리에서 일어나 겉옷을 벗고 수건을 가져다가 허리에" 두르셨다.

예수님의 피와 살을 기념하며 이 땅에서 섬김의 도를 실천하는 첫걸음은 바로 자신의 자리에서 일어나는 것이다. 자리에 안주한 채로는 결코 다른 이를 섬길 수 없다. 둘째로 자기의 겉옷을 벗어야 한다. 예수님이 겉옷을 벗으신 것은 단순히 발 씻기는 일에 방해되기 때문만이 아니었다. 요한은 여기에 더 깊은 의미를 담고 있다. 우리가 다른 이를 섬기려면 자신을 감싸고 있는 옷을 벗어야 한다. 자신의 신념, 주장, 고집, 교만, 아집의 옷을 벗지 않고서는 다른 이의 발을 씻을 수 없다. 형제를 섬기기 위해서는 때로 자존심, 도덕적 판단, 우월감, 이념, 개인적 품위마저도 내려놓아야 한다. 그리고 수건을 허리에 둘러야 한다. 이는 말로만이 아닌 삶 속에서 섬김을 실천해야 함을 의미한다. 예수님의 말씀처럼 "너희가 먹을 것을 주는 것"이고(마 14:16), "헐벗은 자에게 겉옷을 주는 것"(마 25:36)이다.

자기중심주의가 만연한 이 시대에 예수님을 믿는 자로서 종의 모습으로 살아가려면, 때로는 억울함과 손해를 기꺼이 감내해야 한다. 우리 안에는 종처럼 섬길 능력이 없기에, 간절히 기도해야 한다. "주여, 무모하고도 혁명적인 순전한 섬김의 능력을 주옵소서. 진정으로 수고를 다한 후에 '나는 무익한 종이라'는 고백을 기쁨으로 올려드

293

18장. 믿음의 혈관에 무엇이 흐르는가?

릴 수 있게 하옵소서." 이러한 종의 섬김을 통해 깨어진 가정이 회복되고, 우리의 일터와 자기중심적인 사회가 주님만이 주인 되시는 하나님 나라로 세워질 수 있을 것이다.

언제나 종의 도를 다하는 자의 기도

사랑의 하나님 아버지, 우리는 섬길 능력이 없으나 이 땅에 오셔서 자기 목숨까지 내어주신 예수님을 따라, 많은 수고 후에도 "나는 무익한 종이라"는 고백을 기쁨으로 드릴 수 있게 하옵소서. 우리가 가정과 일터에서 작은 겨자씨 믿음으로 시작하여 뽕나무가 뿌리째 뽑혀 바다에 심기는 큰 믿음의 증인이 되게 하시고, 평생 어떤 상황에서도 섬김의 자리를 지키며, 종으로 오신 주님을 본받아 네 겹의 섬김의 도를 실천하며 살게 하옵소서.

하나님 나라의 비밀을 열다

19장

나는 누구의
이웃인가?

누가복음 10:25-37

선한 사마리아인의 이야기는 그리스도인이라면 누구에게나 익숙한 비유이다. 이 비유에 대한 대부분의 생각은 율법교사가 물었던 것처럼, "누가 나의 이웃입니까?"라는 질문에 있다(29절). 그러나 사실은 "누가 내 이웃입니까?"라는 질문보다 "나는 누구의 이웃인가?"에 대한 각성이 먼저이다. 이것은 해석의 문제라기보다는 실천과 해결의 문제이다.

　　대학교수를 하다가 회사를 운영하게 된 분의 이야기가 있다. 그는

CEO와 교수의 차이점을 이렇게 설명했다. 교수 시절에는 문제를 학술적 관점에서 분석하고 논문으로 정리하면 됐지만, 회사 CEO가 되니 문제가 생기면 반드시 해결해야만 했다는 것이다. 교수 시절에는 주로 문제를 분석하고 지적하고 해석하는 데 능력을 썼다면, CEO가 되고 나서는 문제 해결에 대부분의 에너지를 쏟게 되었다고 한다. 모든 경우가 그렇지는 않지만, 업무 특성상 그런 차이를 경험했다는 것이다.

이 비유에서 우리는 등장인물들의 행동을 분석하는 것에서 그치지 않고, 그들의 모습을 통해 실제적인 해결책을 찾아야 한다. 문제 해석도 중요하지만, 어떻게 해결할 것인가가 더욱 중요하다. 비유 속에 담긴 예수님의 목자의 심정을 깨닫고, 이것을 어떻게 삶에 적용하고 실천할 것인가가 핵심이다.

당신은 문제의 해석자인가 해결의 실천가인가?

이 땅에서 사는 동안 문제는 늘 우리 곁에 있으며, 우리는 매일 그 문제들과 씨름하며 살아간다. 그런데 문제를 지적하는 것과 문제를 해결하는 것은 다른 차원이다. 세상은 문제를 지적하는 사람들로 넘쳐난다. 중요한 것은 문제를 바라보는 관점이다. 훌륭한 관점을 확보하는 것이 문제 해결을 위한 가장 중요한 첫걸음이다. 예를 들면 문제가 내게 고통을 준다는 관점 대신, 문제는 내가 성장할 수 있는 기회라는 관점이 그러하다. 특히 중요한 것은 문제를 지적하는 것과 해결하는 것이 본질적으로 다른 차원의 행위임을 깨닫는 것이다.

한 설문조사에서 등산객들의 의견을 물었다. 많은 사람이 다양한 문제점을 제기했다. 등산로가 너무 좁다, 경사가 너무 가파르다, 벌

✳
296
하나님 나라의 비밀을 열다

레가 너무 많다, 가로등이 부족하다, 안내 표지판이 부실하다는 의견이 쏟아졌다. 심지어 산에 돌이 너무 많다는 지적도 있었다. 이는 우리 인생길에서 마주치는 문제들과 닮아 있다. 내 길은 너무 좁고 가파르며, 장애물로 가득하고, 길을 밝혀줄 조언자도 없으며, 유독 내 발걸음만을 방해하는 돌부리들로 가득하다고 느낀다.

지난 인생을 돌아보며 자문해보자. 당신은 길이 좁다고 불평하는 사람인가, 아니면 길을 넓히는 사람인가? 가파르다고 탓하는 사람인가, 아니면 길을 다듬어 평탄하게 만드는 사람인가? 벌레를 혐오하는 사람인가, 아니면 이를 해결하는 사람인가? 어둠을 원망하는 사람인가, 아니면 빛을 밝히는 사람인가? 이정표가 없다고 불평하는 사람인가, 아니면 새로운 이정표를 세우는 사람인가? 돌부리를 탓하는 사람인가, 아니면 이를 치우는 사람인가?

어느 날 한 청소년이 아버지에게 삶의 어려움을 토로했다. 이에 아버지는 이렇게 말했다. "인생에는 두 부류의 사람이 있단다. 한쪽은 '내 앞의 산이 너무 높아서 도저히 오를 수 없어'라며 발걸음을 멈추는 사람이 있고, 다른 한쪽은 그 산을 오르면서 자신의 근력을 키워가는 사람이 있지. 전자는 산 앞에서 두려움에 갇혀 있는 사람이고, 후자는 그 산을 통해 더 강해지는 사람이란다." 우리는 인생의 난관 앞에서 어떤 선택을 하고 있는가? 산이 높다며 불평하고 있는가, 아니면 그 산을 오르며 성장하고 있는가?

선한 사마리아인 비유의 배경

선한 사마리아인 비유는 한 율법교사의 질문으로 시작된다. "어떤 율법교사가 예수님을 시험하여 무엇을 해야 영생을 얻습니까?"

여기서 '시험'이라는 단어는 광야에서 사탄이 예수님을 시험할 때, 그리고 예수님이 사탄에게 "하나님을 시험하지 말라" 하실 때 사용된 바로 그 단어다.

사탄의 시험은 죄성을 가진 모든 사람 속에 본능처럼 자리 잡고 있다. 그래서 죄의 속성을 지닌 인간은 누구나 문제를 지적하는 데 능숙하다. 이 비유에서 율법교사는 문제를 진단하는 자이고, 예수님은 문제를 해결하시는 분이다. 우리 안에 있는 '시험하는 성향, 즉 문제를 지적하기 좋아하는 성향'으로는 비유 속 레위인이나 제사장처럼 결코 생명을 살리는 일을 할 수 없다.

이 비유에는 특별한 배경이 있다. 본문의 앞 장인 9장에서 예수님과 제자들이 사마리아 지역으로 들어갔을 때 사람들이 그들을 환대하지 않았다. 이때 야고보와 요한은 "하늘에서 불을 내려 그들을 멸망시키시는 것이 어떻습니까?"라며 예수님께 건의했다. 예수님은 그들을 꾸짖으시고, 선한 사마리아인 비유를 통해, 그들의 좁은 세계관이 아니라 하나님 나라 세계관으로 이웃을 '확장'하게 하는 가르침을 주셨다.

다시 말해, 예수님은 문제 지적에만 머무는 이들에게 확실한 방향을 제시하신 것이다. 동시에 이 비유는 하나님 말씀을 실천하되 자신이 편하게 정한 기준에만 안주하는 이들을 향해, 더 높은 하나님 나라의 기준으로 나아가라고 도전하시는 말씀이다.

본문에 등장한 율법교사는 당대 이스라엘의 엘리트였다. "내가 무엇을 하여야 영생을 얻으리이까?"라는 질문은 그의 학식에 걸맞은 깊이 있는 질문이었다. 그러나 예수님은 그의 시험하려는 의도를 보시고 "율법에 무엇이라 기록되었으며 네가 어떻게 읽느냐"고 되물으셨다. 이에 율법교사는 "네 마음을 다하며 목숨을 다하며 힘을

하나님 나라의 비밀을 열다

다하며 뜻을 다하여 주 너의 하나님을 사랑하고 또한 네 이웃을 네 자신 같이 사랑하라 하였나이다"라고 완벽하게 대답했다. 예수님은 "네 대답이 옳도다. 이를 행하라 그러면 살리라"고 칭찬하시며 실천을 강조하셨다.

유대인들에게 하나님 사랑은 당연한 것이었기에, 율법교사는 자신의 이웃 사랑도 인정받고 싶어 "그러면 내 이웃이 누구니이까"라고 다시 물었다. 이에 예수님께서 본문의 비유를 말씀하기 시작하신 것이다.

당시 유대인들에게 이웃은 동족만을 의미했다(레 19:18). 심지어 오순절 성령강림 이후에도 베드로는 고넬료에게 "유대인으로서 이방인과 교제하는 것이 위법인 줄은 너희도 알겠지만"(행 10:28)이라고 말했다. 그런데 예수님은 선한 사마리아인 비유를 통해 이웃의 범위를 확장하신다. 또한 마지막에 "너도 이와 같이 하라"고 말씀하셨다. 해석에만 머물지 말고 실천하라는 명령이었다.

율법 속에 담긴 하나님의 은혜

어떤 사람이 예루살렘에서 여리고로 내려갔다. 예루살렘은 해발 754m, 여리고는 해수면 아래 258m로, 고도 차이가 1,000m가 넘었다. 예루살렘에서 여리고까지는 직선거리로 22km 정도였는데, 경사가 가파르고 길이 험해 강도가 많은 지역이었다.

여리고로 가던 이 사람은 강도들에게 붙잡혀 죽을 정도로 맞고 옷이 벗겨진 채 피투성이가 되어 빈사 상태에 빠졌다. 이때 제사장과 레위인이 그를 보고도 그냥 지나쳐버렸다. 그들의 행동에 대해서는 시체를 만지면 부정해져서 성전 직무를 수행할 수 없기 때문이라는 해석이 가능하다(민 19:11). 때문에, 그들은 이미 죽었거나 곧 죽을 것 같은 사람에게 가까이 가지 않으려 했을 것이다.

율법에 따르면 시신이나 부정한 사람을 만지면 자신도 부정해지는데, 예수님은 이 문제를 어떻게 다루셨는가? 예수님은 나병환자를 치유하시려 직접 그의 몸에 손을 대셨다. 율법상 나병환자는 부정한 자였다. 그래서 그들은 전염을 막기 위해 공동체에서 멀리 떨어져 살면서, 사람이 지나갈 때면 "부정하다 부정하다"라고 외쳐야 했다(레 13:45-46). 따라서 나병환자를 고치시려 직접 손을 대신 예수님의 행동은 유대의 관습을 깨뜨린 것이었다. 율법의 해석보다 실제적인 문제 해결에 집중하신 것이다. 이러한 예수님의 태도는 율법에 나타난 은혜의 관점에서 보면 더 깊이 이해할 수 있다. 어니스트 케빈은《율법, 그 황홀한 은혜》에서 율법에 대한 오해와 복음의 공통점 그리고 율법과 은혜의 관계를 잘 정리했다.

첫째, 율법의 정신을 온전히 이해하려면 율법을 주신 분이 하나님이심을 기억해야 한다. 오늘날 복음주의 교회에는 율법에 대한 오해가 있다. 율법은 제거되어야 하고 은혜가 그 자리를 대신해야 한다는 것이다. 이러한 반율법주의는 성경의 가르침이 아니며, 예수님의 가르침은 더욱 아니다. 우리가 기억해야 할 것은 율법을 통해 일하시는 분도, 은혜를 베푸시는 분도 한 분이신 하나님이심을 기억해야 한다.

둘째, 율법의 정신을 바르게 깨닫기 위해서는 율법 속에 나타난 주님의 심정을 이해해야 한다. 율법과 복음의 공통점은 하나님의 영광을 위한다는 것이다. 율법의 목적도, 복음의 목적도 본질적으로는 하나님의 영광을 위함이다. 이것이 율법에 담긴 주님의 심정이며, 본문의 선한 사마리아인 비유에서 예수님이 말씀하시려는 진정한 뜻이다.

셋째, 율법의 정신을 복음으로 실천하려면 율법 속에 담긴 하나님의 은혜를 볼 수 있어야 한다. 율법에 담긴 하나님의 심정을 보여주는 말씀이 있다. 예레미야서 31장 31-33절은 새 언약과 옛 언약을 말씀하고 있는데, 이는 히브리서 8장 8절과 10절에서 다시 인용된다. 여기서 말하는 두 언약은 서로 다른 언약이 아니다. 즉 행위언약과 은혜언약으로 나뉘는 것이 아니라, 동일한 은혜언약이며, 핵심은 "나는 그들의 하나님이 되고 그들은 내 백성이 되리라"는 말씀이다. 이것이 율법에 나타난 하나님의 심정이요, 예수님의 심정이다. 그래서 신학자 프란시스 로버츠는 "율법은 복음의 안경을 쓰고 바라보아야 한다"고 했다. 율법을 복음의 안경으로 보면 그 밑바닥에는 "나는 그들의 하나님이 되고 그들은 내 백성이 되리라"는 자기 백성을 향한 예수님의 심정이 깊이 흐르고 있음을 알 수 있다. 청교도들은 이를 "율법의 은혜"라고 표현했다. 율법 조문의 밑바탕에는 자기 백성을 향한 예수님의 심정이 강물처럼 흐르고 있는 것이다.

I. 사마리아인처럼 목자의 심정을 지녀야

33절의 "어떤 사마리아 사람은 여행하는 중 거기 이르러 그를 보고 불쌍히 여겨"에서 '불쌍히 여긴다'는 말은 '스플랑크니조마이'이다. 강도 만난 사람을 보고 가슴 깊이 아파하는 마음이었다. 이 사마리아 사람은 눈앞의 어려움을 분석하고 판단하는 데 그치지 않고 직접 나서서 해결했다. 그는 아마도 사업가였을 것이다. 사업차 가던 길을 멈추고 온 힘을 다해 도움을 베풀었다. 자신의 소유를 아낌없이 써가며 치료했다. 포도주와 기름을 부어 의사의 일을 대신했고,

민첩하고 침착하게 좋은 솜씨를 보였다. 사마리아인은 모든 것을 투자해 한 생명을 살렸다. 기름과 포도주, 현재 가진 돈, 미래의 돈("비용이 너 틀빈 내가 돌아올 때 깊으리라", 35절), 자기 짐승(오늘날로 말하면 자가용), 시간(주막에서 하루를 머물며 돌봄)까지, 그는 자신의 모든 것을 제때 아낌없이 내어주었다. 그는 참된 목자의 심정을 지닌 사람이었다.

선한 사마리아인의 비유를 통해 주님은 우리에게 이 시대를 어떻게 살아가야 할지 그 방향을 제시하신다. 해석에만 머무르지 말고 문제 해결에 중점을 두어야 한다. 우리 안에는 늘 자신에게 유리한 방향으로만 해석하려는 성향이 있다. 이것이 문제가 되는 이유는 그러한 해석에는 하나님이 계실 자리가 없기 때문이다. 문제 상황에서 그 상황을 해석하는 주체가 인간이라면, 어떻게 하나님께서 개입하실 수 있겠는가! 가나안 땅을 정탐한 열두 정탐꾼의 예가 이를 잘 보여준다. 열 정탐꾼의 해석에는 사실은 있었지만 하나님은 없었다. 반면 같은 상황을 본 갈렙과 여호수아의 해석에는 하나님이 계셨다. 하나님이 문제 속에 계신다면, 그 문제도 하나님께서 해결해주실 것이다. 이것이 성도가 문제를 만났을 때 해석보다 해결에 중점을 두어야 하는 이유다.

선한 사마리아인 비유에서 해석보다 해결을 중시한 예수님의 방식은 인생의 수많은 난제를 깊이 있게 해결하는 통찰을 보여준다. 주님은 36절에서 "네 생각에는 이 세 사람 중에 누가 강도 만난 자의 이웃이 되겠느냐"고 물으셨다. 여리고 길에서 강도 만나 죽을 뻔한 사람의 문제를 해결하는 관점에서 볼 때, "누가 나의 이웃인가?"가 아니라 "내가 누구의 이웃이 되는가?"가 중요함을 말씀하신 것이다. 이웃의 범위를 규정하고 판단하기보다, 도움이 필요한 사람에게 먼저 다가가 실천하는 것이 중요함을 가르치셨다.

하나님 나라의 비밀을 열다

II. 신앙적 해결을 위해서는 감정의 허들을 넘어야 한다

사람은 문제에 직면할 때 이성보다 감정이 먼저 움직인다. 부부간의 수많은 다툼이 이를 잘 보여준다. 사마리아 사람에게도 유대인에 대한 악감정이 있었겠지만, 개인과 민족의 감정을 뛰어넘었다. 강도 만난 사람의 국적은 언급하지 않고 단지 "어떤 사람"이라고만 나온다. 아마 유대인이었을 것이다. 그러나 사마리아 사람은 그를 돕기 전에 출신을 묻지 않았다.

예수님께서 비유의 주인공을 '사마리아인'으로 설정하신 것은 우리가 섬길 이웃을 민족 감정으로 제한하지 말라는 뜻이다. 만약 예수님이 이 비유를 한국에서 말씀하셨다면 강도 만난 자는 일본 사람, 중국 사람, 북한 사람이 될 수 있고, 우크라이나에서라면 러시아 사람, 영국에서라면 프랑스 사람, 브라질에서라면 아르헨티나 사람, 튀르키예라면 그리스 사람이 될 수 있다.

이 비유에는 '전 인류의 형제애'라는 놀라운 진리의 씨앗이 담겨 있다. 예수님 안에서는 온 세계가 하나다. 신앙인이 앞장서서 인류애를 실천해야 하는 이유가 여기에 있다. 불쌍하게 부상당한 사람은 누군가의 도움에 대해 아무런 보답도 할 수 없다. 그는 처음 보는 낯선 사람이었고, 자기 동족에게조차 외면당한 사람이었다.

그렇다면 보답할 수 없는 사람, 나와 무관한 사람, 자기 공동체에서조차 외면당한 사람, 심지어 나에게 적대감을 가진 사람을 그리스도인이 인류애로 도와야 하는 이유는 무엇인가?

사도행전 17장 26절이 그 해답을 보여준다. "인류의 모든 족속을 한 혈통으로 만드사 온 땅에 살게 하시고." 우리 그리스도인이 인류애를 가져야 하는 이유는 모든 사람을 한 혈통으로 만드신 창조주를 하나님 아버지로 모시기 때문이다. 지상의 모든 인간은 하나님이 지으신 한 혈통이다. 그러므로 우리는 어려운 처지에 있는 누구에게든 창조주의 손길을 느껴야 하고, 그 낯선 이에게 다가가 고통을 덜어주고 상처를 치유해야 할 책임이 있다. 이것이 복음적인 인류애이며, 사람들이 흔히 말하는 지구촌 개념의 인류애와는 차원이 다르다.

'인류'는 본래 기독교적인 용어다. 예수님께서 대사명을 주시기 전까지는 꿈도 꾸지 못한 개념이었다. "나는 누구의 이웃인가?"라고 물을 때, 우리는 할 수 있는 한 세계적인 시야를 가져야 한다. 그리고 단순히 말로만 '세계화'를 하지 말고 실제로 세계적 기준에 맞춰 행동해야 한다.

2003년, 일본 유학생 이수현은 지하철 승강장에서 취객이 선로에 떨어진 것을 목격했다. 열차가 역으로 들어오는 순간, 그는 선로에 뛰어내려 취객을 구하려다 목숨을 잃었다. 이수현의 희생은 개인주의적 성향이 강한 일본 사회에 큰 충격을 주었다. 당시 일본 총리도 빈소를 찾았고, 이는 일본인들의 한국인에 대한 인식을 바꾸는 계기가 되었다.

"북한이 식량난으로 굶주리고 있다"는 안타까운 소식을 접하면 여러 해석이 나온다. 흔히 "우리가 지원한 식량이 북한 군인들의 입으로 들어가 총알이 되어 돌아온다"는 말을 한다. 그렇다면 어떻게 해야 할까? 선한 사마리아인 비유를 통해 우리는, 북한에 태어났다는 이유만으로 굶주리는 이들을 그리스도의 사랑으로 돕는 것이 마땅함을 깨닫는다.

사랑의교회는 "사랑광주리" 사역을 통해 구체적인 실천을 보여주고 있다. 이들은 남북한은 물론 세계 각지의 소외된 이웃들을 빈곤과 기아, 재난에서 구하는 일에 앞장서고 있다. 특히 통일 시대를 준비하며 북한의 어린이들을 건강하게 돕고, 동시에 남한의 차세대를 통일 한국의 지도자로 키워내어, 앞으로 다가올 평화로운 한반도를 준비하는 일에 힘쓰고 있다. 이것이 북한 문제를 비롯한 이웃의 빈곤이나 재난에 대해 해석보다는 해결을 추구하는 모습이다.

이제 우리에게 더 중요한 과제가 있다. 바로 "영적인 문제를 어떻게 해결할 것인가"이다.

III. 영적으로 강도 만난 사람을 어떻게 할 것인가?

영적 문제도 해석을 넘어 해결이 있어야 한다. 이웃 사랑을 단순히 물질적 도움의 차원으로만 축소한다면, 이는 인간을 영과 육을 가진 온전한 존재로 보는 성경의 가르침에 크게 부족한 것이다. 우리가 선한 사마리아인처럼 참된 이웃이 되려면, 사탄이라는 강도를 만나 피범벅이 되어 누워 있는 영혼들을 불쌍히 여겨야 한다.

주변에는 영적으로 강도 만나 죽어가는 영혼들이 넘쳐난다. 더 깊이 들여다보면, 죄와 사망의 사슬에 묶여 벗어나지 못한 채 영원한 멸망으로 향하는 사람들이 얼마나 많은가? 서울만 해도 1,000만 인구 중 적어도 800만이 아직 사탄의 속임수에 넘어가 죄와 사망의 사슬에 묶인 채 영원한 멸망을 향해 끌려가고 있다.

우리가 진정으로 강도 만난 자의 이웃이 되려면 마음이 넓어져야 한다. 복음의 관점으로 자신을 돌아보아야 한다. 비유를 통해, 죄로 죽게 된 우리를 위해 예수님께서 십자가에서 대속의 피를 흘리신 복음의 진수를 깨달아야 한다.

우리가 강도 만난 자이다

우리가 바로 그 강도 만난 사람이었다. 영적으로 보면 강도 만난 자는 곧 우리 자신이다. 우리는 죄로 인해 그대로 두면 죽을 수밖에 없는 존재였다. 하나님을 거부한 채 그분을 떠난 자였다. 우리의 옷을 벗긴 강도는 다름 아닌 우리의 '불의'였고, 우리가 받은 상처는 우리 손으로 할퀸 것이었다. 우리는 본성적으로 예수님을 대적하고 거부했던 존재였다.

강도 만난 자는 사마리아인의 친절을 거부하지 않았지만, 우리는 예수님의 사랑을 거절했고, 심지어 예수님께서 싸매어주신 상처를 풀어버렸으며, 치유하러 다가오시는 그분을 배척했고, 부어주신 기름과 포도주마저 물리쳤던 자들이었다.

이런 점에서, 우리가 강도 만난 자의 진정한 이웃이 되려면 세 가지를 깨달아야 한다. 첫째, 나 자신이 강도 만난 자와는 비교도 할 수 없이 흉악한 죄인이었고, 둘째, 그대로 두면 영원히 죽을 수밖에 없는 존재였으며 셋째, 그런 우리를 살리기 위해 십자가에서 피 흘려 자신을 내어주신 예수님께 깊은 감사를 느낄 때, 비로소 우리는 해석을 넘어 실천으로 나아가 강도 만난 자의 참된 이웃이 될 수 있을 것이다.

어떻게 해야 하는가? 지금 바로 시작해야 한다. 먼저 가까운 영적 가족들, 선교사들, 목회자, 정부 지도자를 위해 하나님의 얼굴을 구해야 한다. 또한 영적으로 생명의 위기에 처해 사탄의 속임수에 넘어가 무너진 이들을 위해 기도해야 한다. 선한 사마리아인처럼 사회적 편견을 깨뜨리고 우리의 시각을 넓혀야 한다. 민족적 감정을 뛰어넘어 목자의 심정과 시각을 달라고 기도해야 한다. 영적으로 어려운 이들을 발견할 수 있는 '선교사의 눈'을 달라고 기도해야 한다.

특히 영적 공감 능력을 달라고 기도해야 한다. 즉 목자의 심정을 갖게 해달라고 기도하는 것이다. "즐거워하는 자들과 함께 즐거워하고 우는 자들과 함께 울라"(롬 12:15). 영적 공감 능력으로 우는 자들과 함께 우는 것이 선한 사마리아인의 자리에 서는 것이다.

우리 중에 다른 이의 아픔에 함께 울 수 없게 된 이는 없는가? 믿음을 머리로만 알려 하고 마음으로 느끼는 법을 잃어버린 이는 없는가? 신앙을 그저 자신을 보호하는 부드러운 쿠션으로만 여기지는 않는가? 복음은 결코 낭만이 아니며 희생과 섬김 속에서 생명의 진액이 흐르는 실제이다. 존 스토트가 지적했듯 일부 교인은 기독교를 부드러운 거대한 쿠션처럼 사용하는 경향이 있다. 그들에게 기독교는 불편하고 딱딱한 삶으로부터 자신을 보호하면서, 자신의 편의에 따라 위치와 모양을 바꾸는 자기중심적 종교에 불과하다.

기독교는 세상의 기준을 조금 넘어서는 정도의 사랑을 요구하지 않는다. 우리의 전부를, 삶의 모든 것을 요구한다. 예수님께 헌신한다는 것은 나의 모든 것, 즉 생각과 계획, 꿈과 소망까지도 내려놓고, 슬퍼하는 자들과 함께 슬퍼하며 고통받는 자들과 함께 고통받겠다는 결단이다. 그래서 복음은 결코 감상적인 이상이 아니다. 그것은 희생과 섬김을 통해 생명의 진액이 흐르는 실체이다.

우리에게는 선한 사마리아인의 시간이 얼마 남지 않았다

한 영혼의 가치를 복음의 눈으로 바라보는 시각을 회복해야 한다.

✳

오늘날 세상은 모든 것을 통계로 설명한다. 사람도 단지 통계 속 숫자에 불과하다. 그래서 우리도 모르는 사이 사람을 숫자로만 대하는 습관이 생겼다.

그러나 진정한 복음은 사람을 수가 아닌 이름으로 부른다. 예수님의 공생애를 다룬 사복음서는 그분이 한 사람을 찾고 또 찾으신 이야기이다. 예수님은 잃어버린 자를 끊임없이 찾으셨다. 이를 가장 잘 보여주는 것이 누가복음 15장이다. 여기에는 잃어버린 양, 잃어버린 동전, 잃어버린 아들의 이야기가 나온다. 생명을 수가 아닌 이름으로 부르신 장엄한 말씀이다. 우리가 어려운 사람과 상처 입은 이들을 돕는 것은, 사람을 단순한 숫자로만 보는 세상의 방식을 버리고 예수님처럼 한 사람 한 사람의 이름을 부르며 찾아가는 복음의 본질을 실천하는 일이다.

이토록 아름답고 가슴 뛰는 일을 두고 '내가 아니어도 다른 누군가 하겠지'라는 생각을 버려야 한다. 우리에게는 지체할 시간이 없다. 돌아보면 벌써 50이요 60이다. 조금만 더 가면 70이요 80이다. 우리가 지금 선한 사마리아인처럼 어려운 이웃을 돌보는 일에 나서야 하는 이유는, 우리에게 많은 시간이 남지 않았기 때문이다. 우리가 선한 사마리아인의 삶을 사는 것도, 우리 몸에 힘과 기운이 있을 때에야 가능하다.

구체적으로 주변에서 인생의 바닥에 주저앉아 있는 영혼들의 명단을 적어보자. 그리고 그들을 돕는 데 필요한 실제적인 도움을 조금이라도 실천해보자. 이것이 지금 예수님의 선한 사마리아인 비유 말씀을 내 것으로 삼고, 해석을 넘어 실천하는 일이 아닐까?

선한 사마리아인의 삶을 실천하려는 자의 기도

자비로우신 하나님 아버지, 우리 모두가 강도 만난 자를 불쌍히 여기는 21세기의 선한 사마리아인이 되게 하시고, 도움이 필요한 형제에게 우리의 것을 아낌없이 내어주는 참된 예수님의 제자가 되게 하옵소서. 또한 영적으로는 바로 내가 강도를 만나 죽게 된 자임을 깨닫게 하시고, 나를 위해 찢기신 십자가의 은혜 앞에서 영적 공감 능력을 회복하여, 미운 사람에게도 선한 사마리아인의 사명을 다하게 하옵소서. 우리는 영적으로 강도 만난 자처럼 쓰러져 죽을 수밖에 없는 존재였습니다. 그러나 주님의 섬김과 희생으로 다시 살아난 것을 늘 마음 깊이 새겨, 이웃의 영혼을 구하는 일에 온 힘을 다해 섬기게 하옵소서.

20장

왕의 잔치에
초대합니다

마태복음 22:1-14

임금은 아들의 혼인 잔치를 위해 모든 것을 갖추고 사람들을 초청했다. "그 종들을 보내어 그 청한 사람들을 혼인잔치에 오라 하였더니…." 종들이 잔치에 초대할 이들을 한 사람 한 사람 찾아가 왕의 이름으로 초대했다.

　이 말씀을 이해하려면 고대 근동 사회의 왕의 잔치를 알아야 한다. 당시 고대 근동 국가(이스라엘, 이집트, 바벨론, 앗수르, 페르시아 등)에서 왕실의 결혼식은 전 국가적 축제였다. 수많은 군중이 장관을 이루었고, 모든 참석자가 화려하고 빛나는 예복을 입었다. 잔치의 절정에서 왕이 등장했다.

특별히 주목해야 할 것은, 왕이 잔치를 베풀었을 뿐만 아니라 손님들의 예복까지 세심하게 준비했다는 점이다. 4절을 보면 "모든 것을 갖추었으니 혼인잔치에 오소서 하라 하였더니"라고 하는데, 여기에는 음식뿐 아니라 예복도 포함되었다. 서양의 결혼식에서도 들러리 예복을 혼주 측에서 준비하듯, 손님은 잔치에 와서 준비된 예복을 입어야 했다. 본문과 같은 맥락의 말씀이 누가복음 14장 17절에도 나오는데, "오소서 모든 것이 준비되었나이다"라고 했다. 영적으로 볼 때, 이는 예수님이 십자가에서 하신 "다 이루었다"는 말씀과 연결된다.

당시 왕이나 귀족들은 엄청난 수의 예복을 보유했다. 로마의 시인 호라티우스(Quintus Horatius Flaccus, B.C. 65-B.C. 8)는 "어떤 귀족들은 손님이 갈아입을 예복을 5천 벌이나 가지고 있었다"고 전한다. 잔칫집에서 혼주가 초대받은 이들에게 이런 의복을 제공했다는 것이다. 왕실 잔치는 이보다 더욱 성대했을 것이다.

구원 역사의 관점에서 보면, 잔치에 초대받은 이들은 참으로 복된 사람들이다. 성경은 "어린양의 혼인잔치에 청함을 받은 자들은 복이 있도다"(계 19:9)라고 말씀한다.

이 세상에는 수많은 혼인잔치가 있다. 그러나 세상의 모든 잔치는 주인을 중심으로 열린다. 그래서 어떤 잔치에 초대받는다고 해서 그 사람의 운명이 바뀌지는 않는다. 반면 하나님 나라의 혼인잔치는 100퍼센트 주인을 위하면서도, 동시에 100퍼센트 초대받은 사람을 위해 베풀어진다. 이것이 하나님 나라 잔치의 신비다. 세상의 어떤 잔치도 온전히 초대받은 사람을 위한 잔치는 없다. 하지만 하나님 나라의 잔치는 온전히 왕 되신 하나님을 위하면서도, 동시에 온전히 초대받은 사람을 위해 열린다. 초대받은 사람의 운명이 바뀐다는 점이 하나님 나라 잔치의 특별한 점이다.

I. 초대를 거절한 사람들

왕은 연회와 식사, 장소, 예복에 이르기까지 모든 것을 빈틈없이 준비했다. 그러나 초대받은 사람들은 초청에 응하지 않았다. "오기를 싫어하거늘"이라 했다. 그들은 왕의 초대를 영광으로 여기지 않았다. 왕의 초대장을 들고 간 하인들이 빈손으로 돌아오자, 왕은 다시 다른 하인들을 보냈다. 그런데 사람들은 귓등으로도 듣지 않고 핑계를 대며, 어떤 이는 밭으로, 어떤 이는 사업하러 갔다. 병행 본문인 누가복음 14장 18-20절을 보면, 어떤 이는 새로 산 밭을 봐야 한다 했고, 다른 이는 새로 산 소를 시험하고 싶다 했으며, 또 다른 이는 새로 장가들어 못 가겠다고 했다. 이들은 재산과 소유와 쾌락 때문에 왕의 초청을 거절했다.

심지어 어떤 이들은 초대장을 가져온 하인들을 모욕하고 죽여버렸다. 이들은 참으로 무례하기 짝이 없는 자들이었다. 왕은 이 소식을 듣고 크게 노하여 군대를 보내 그 살인자들을 진멸하고 그들의 동네를 불살라버렸다.

"임금이 노하여 군대를 보내어 그 살인한 자들을 진멸하고 그 동네를 불사르고." 여기서 왕의 하인을 죽인 것은 잘못이지만, 단지 잔치 초대를 거절했다고 모두 죽이고 동네를 불태운 것은 지나치지 않냐고 생각할 수 있다. 하지만 이는 단순한 잔치가 아니다. 이는 복음의 잔치이기에, 복음의 초청을 거부한 자들에 대한 하나님의 심판을 말씀하시는 것이다.

이 비유에는 복음의 깊은 비밀이 담겨 있다. 이렇게 진노한 왕은 종들에게 "혼인잔치는 준비되었으나 청한 사람들은 합당하지 [않다]"고 하며, 이제 초대에 감사할 만한 이들에게 눈을 돌렸다. 초대를 거절한 이들에게는 진노했지만, 이것이 오히려 평소에는 초대받을 수 없던 이들에게 기회가 되었다. 신학적으로 보면, 초대받은 이스라엘 백성이 거부하니 이방인에게 초청의 기회가 넘어간 것이다.

이는 구약에서도 예표로 보여주셨는데, 가나안 땅 앞에서 밤새 불평하던 이들에 대해 플랜 A 대신에 플랜 B가 시행되었다. "여분네의 아들 갈렙과 눈의 아들 여호수아 외에는 내가 맹세하여 너희에게 살게 하리라 한 땅에 결단코 들어가지 못하리라"(민 14:30). 초대를 거절하자 들어가지 못하게 된 것이다.

"그렇게까지 해야 하나"라고 생각할 수 있지만, 그만큼 이 비유에는 엄중한 복음의 무게가 담겨 있다. 이제 새로운 계획을 위해 왕은 다시 하인들을 보냈다. "사람을 만나는 대로 잔치에 청하여 오라"고 했다. 누구든 데려오라 한 것이다. 그러자 "종들이 길에 나가 악한 자나 선한 자나 만나는 대로 모두 데려오니 혼인잔치에 손님들이 가득한지라"(10절).

은총보다 금은을 택하는 21세기 에서들

드디어 멋진 잔치가 시작되었다. 왕이 잔치를 주관하러 들어왔는데, 한 사람이 왕이 나눠준 예복을 입지 않고 자기 옷을 입고 있었다. "친구여 어찌하여 예복을 입지 않고 여기 들어왔느냐"라고 하자, 그

❋

313

20장. 왕의 잔치에 초대합니다

는 한마디도 하지 못했다. 그러자 왕은 "그 손발을 묶어 바깥 어두운 데에 내던지라 거기서 슬피 울며 이를 갈게 되리라"(13절)고 명했다.

많은 이들이 세상적인 이유로 왕의 잔치를 거절함으로써 운명이 바뀌었다. 일시적이고 하찮은 것 때문에 영원하고 귀중한 것을 잃는다면 이 얼마나 비통한 일인가! 그렇다면 신앙인이 인생길에서 가장 우선해야 할 것은 무엇인가? 잠언 22장 1절은 이렇게 말한다. "많은 재물보다 명예를 택할 것이요 은이나 금보다 은총을 더욱 택할 것이니라."

하지만 현실은 정반대다. 우리는 하나님의 은혜보다 은이나 금 같은 재물을 택한다. 나는 진정 하나님의 은혜를 이 세상 재물보다 더 귀하게 여기고 있는지를 어떻게 알 수 있는가? 주일예배에 참석할 때와 큰돈을 벌 수 있는 모임에 참석할 때, 마음이 더 설레는 곳은 어디인가? 골방에서 하나님을 만날 때와 친구를 만날 때, 어느 쪽이 당신의 발걸음을 더 재촉하는가? 말씀을 읽을 때와 세상의 큰 상을 받은 책을 읽을 때는 어떠한가?

성경에는 덜 중요한 것 때문에 진짜 중요한 것을 놓쳐 대성통곡한 사람이 있다. 우리는 흔히 에서를 팥죽 한 그릇에 장자의 명분을 판 사람으로 생각한다. 하나님의 축복이 담긴 장자의 명분을 단지 팥죽 한 그릇과 바꾸었으니 말이다. 그런데 성경 기자가 성령의 감동으로 이 사건을 자세히 기록한 이유는 무엇일까? 이는 단순한 해프닝이 아니라, 후세 사람들에게 중대한 교훈을 주기 위함이다. 히브리서 기자는 "한 그릇 음식을 위하여 장자의 명분을 판 에서와 같이 망령된 자가 없도록 살피라"(히 12:16)고 경고했다.

우리는 에서의 어리석음을 한탄하면서도, 삶의 현장에서 에서처럼 어리석은 선택을 하는 자신에 대해서는 얼마나 둔감한지 모른다.

'지금 당장 죽게 되었는데, 양심을 조금만 양보하면 큰 재물을 얻을 수 있는데, 한두 번 예배를 빠진다고 무슨 큰일이랴?'라고 생각하는 것은, 창세기 25장 32절에서 에서가 "내가 죽게 되었으니 이 장자의 명분이 내게 무엇이 유익하리요"라고 한 것과 무엇이 다른가!

지금 당신이 가장 중요하게 여기는 것이 무엇인지 알 수 있는 방법이 있다. 케네스 보아는 자신의 사망기사를 써보라고 한다. "당신의 사망 기사를 지금 쓰라. 그리고 그것이 천국에서 의미 있을지 살펴보라. 이 세상을 떠나면, 복음을 나누고 잃어버린 자들을 섬기고 가난한 자들을 먹일 특권을 다시는 누리지 못한다."

하나님을 가장 우선시할 때 받는 축복이 있다. 제임스 패커는 이렇게 말했다. "내 인생에서 하나님을 가장 우선순위에 두면, 자기중심적인 분노가 가라앉고 삶의 열정이 솟아나며, 무엇을 하든 행복감을 느끼고 사람들을 향한 큰 사랑이 생겨난다. 그러므로 모두 자기중심에서 깨어나, 하나님을 주인으로 모시는 인생을 살아가라."

II. 올바른 예복을 갖춰 입어야 한다

예복을 입지 않은 자를 바깥 어둠으로 던져 거기서 울며 이를 갈게 하리라는 말씀을 들으면, '단지 예복을 안 입었다고 이렇게 가혹한 벌을 내리시다니' 하고 의아해할 수 있다. 이 말씀의 진정한 의미를 이해하기 위해 더 깊이 들여다보자.

3, 5절에 천국 잔치 초대장을 받았는데 거부한 사람들이 나오고, 11절에는 초대에 응했으나 왕이 준비한 예복을 입지 않은 사람이

나온다. 우리가 주님이 예비하신 '어린양의 혼인잔치'에 가려면 올바른 예복을 갖춰서 입어야 한다. 여기서 중요한 것은 내 마음대로 옷을 입으면 안 된다는 것이다. 아무리 멋진 옷이 있더라도, 자기 마음대로 입으면 안 된다. 군인들이 논산 훈련소 입대할 때도, 준비된 군복을 입고 훈련 받아야 하며, 세계적인 명품을 입고 왔더라도 집으로 돌려보낸다.

예복을 입지 않는 사람의 마음

예복을 입지 않은 사람은 왜 거부했을까? 왕이 예복을 준비해줬지만, '저는 제 옷을 입겠습니다. 제 옷이 좋습니다'라며 거절한 것이다. "친구여 어찌하여 예복을 입지 않고 여기에 들어왔느냐"는 질문에 그가 말을 못한 것은, 마음속에 이런 교만이 있었기 때문이다. '저는 제 옷에 자신 있습니다. 제 능력과 제 의로도 하나님 앞에 설 수 있습니다. 제 삶은 정당합니다. 제 능력과 선행, 제 삶과 인격을 보십시오.' 이 사람의 가장 큰 문제는 하나님이 예비하신 '의의 예복'을 입지 않은 것이다.

우리가 플랜 B를 통해 초대받은 것만으로는 부족하다. 하나님이 준비하신 의의 예복을 입어야 한다. 그것은 바로 예수님의 보혈로 주어진 의의 예복이다. 마치 우주복을 입지 않으면 우주에 갈 수 없듯이, 아무리 좋은 옷이라도 왕의 예복이 아니면 소용없다. 왕이 준비한 예복은 예수님이 십자가에서 흘리신 보혈의 능력을 믿고 고백하는 자가 입는 옷이다. 이는 예수님이 입혀 주시는 의의 옷이며, 자기 의로움으로는 결코 입을 수 없는 옷이다.

혼인 예복은 우리에게 전가되는 그리스도의 의를 상징한다. 혹시

하나님 나라의 비밀을 열다

더러워진 옷이 있다면 어린양의 피로 씻음을 받아야 한다. "어린양의 피에 그 옷을 씻어 희게 하였느니라"(계 7:14). 우리가 더러워진 누더기 같은 옷을 입고 있다면, 이 말씀을 그대로 믿고 주 앞에 나아가 보혈로 씻김받아 눈보다 더 희게 되기를 바라야 한다.

본문에서 예복을 입지 않은 사람은 세상에서는 대단한 사람일 수 있으나, 잔치를 베푼 왕의 입장에서는 참으로 무례한 사람이다. 예복을 의도적으로 거부한 것은 '나는 존경받는 사람이니 내 옷을 입고 참석하겠다'는 큰 교만이다.

우리는 분명히 알아야 한다. 우리의 의는 더러운 옷과 같다. "우리는 다 부정한 자 같아서 우리의 의는 다 더러운 옷 같으며…"(사 64:6). 우리에게는 인간적인 자기 의의 멋진 옷이 아니라, 주님이 예비하신 올바른 옷, 어린양의 피로 씻긴 의의 예복이 필요하다. 그렇지 않으면 "임금이 사환들에게 말하되 그 손발을 묶어 바깥 어두운 데에 내던지라 거기서 슬피 울며 이를 갈게 되리라"(13절)는 말씀처럼, 영원한 형벌을 받게 된다. 이는 지옥에 떨어진 영혼의 절망과 슬픔을 나타내는 표현이다. 자기 옷을 고집한 사람은 영원한 형벌에, 왕의 예복을 입은 사람은 영원한 잔치에 들어가는 것이다.

우리는 자신의 의로움과 힘으로 하나님 앞에 설 수 없다. 어린양의 혼인잔치에서 우리는 하나님께서 친히 준비하신 예복을 입어야 한다. 이는 우리가 아닌 하나님이 예비하신 것이며, 우리는 믿음으로 이 초청에 응하고 이 옷을 입어야 한다.

하나님의 왕되심을 인정하지 않는 반역의 마음

왜 사람들은 왕의 초대를 거절하고, 잔치에 와서도 예복을 입지 않

✳

317

았을까? 우리는 이 비유를 보며 "할 일이 있어 밭에 가고, 사업상 나갔다고 잔치에 못 간 것을 왜 그렇게 문제 삼는가?" 하고 생각할 수 있다. 그러나 이는 단순한 불참의 문제가 아니다. 초청을 거절한 변명 속에는 왕의 권위를 인정하지 않고, 나아가 왕의 아들이 자신들을 다스리는 것조차 거부하는 마음이 담겨 있다. 이들은 임금에 대한 경의도 없고 왕자의 권위도 인정하지 않는다. 단지 자신의 독립적 주권을 주장하기 위해 밭과 사업을 핑계 삼은 것이다. 예복을 입지 않는 문제에 대해 스펄전은 통찰력 있는 해석을 하고 있다.

"혼인 예복은 우리에게 전가되는 그리스도의 의를 가리킨다. 안타깝게도 많은 명목상의 그리스도인이 구주의 의로 말미암아 의롭다 함을 얻는다는 교리를 발로 차버리고 자기 의를 내세운다. 믿음으로 말미암는 하나님께로서 난 의를 거부한다는 것은 첫째 하나님의 영광을 명백하게 대적하는 것이고, 둘째 높이 되신 하나님의 아들의 이름과 인격과 사역을 거부하는 것이다."

실제로 그들의 마음 밑바닥에는 왕권을 인정하지 않는 패역과 반역, 배신의 마음이 깔려 있다. 열왕기상 1장에서, 아도니야가 요압과 아비아달을 중심으로 쿠데타를 일으킨 것도 같은 맥락이다. 아도니야는 "내가 왕자 서열 1위"라며, "밧세바의 아들 솔로몬이 어떻게 왕이 될 수 있느냐"는 교만으로 솔로몬의 왕위를 부정했다. 요압은 "내가 개국공신"이라는 자부심에 사로잡혀 있었다. 하나님께서 솔로몬을 다윗의 후계자로 미리 택하셨음에도, 이를 거부하고 자기 뜻을 내세우는 것은 하나님의 주권을 대적하는 것이며, 결국 스스로 멸망의 길을 택하는 것이다. 이는 바리새인과 유대 종교 지도자들이 예수님을 인정하지 않은 것과 같다.

결국 왕권을 부정하는 행위의 본질은 "내 삶은 내가 주인이 되어

하나님 나라의 비밀을 열다

내 뜻대로 살겠다"는 교만한 선언이다. 이는 하나님의 주권에 대한 정면 도전이며 독립 선언이다. 우리가 하나님 앞에서 입어야 할 옷은 '자기 의'의 옷이 아니라, 주님이 예비하신 '흰 세마포 옷'이다.

III. 교회는 잔칫집이다

본문은 혼인 잔칫집에 관한 내용이다. 잔치의 소식은 기쁜 소식이며, 복음 역시 참된 기쁨의 소식이자 잔치이다. 이런 의미에서 복음이 살아 숨 쉬는 지역교회는 물론, 무형교회인 우리 자신에게도 기본적으로 잔치와 희락성이 있다. 그래서 교회에 오는 사람은 잔치의 기쁨을 누려야 하고, 교회는 혼인잔치의 설렘으로 가득해야 한다.

예수님은 천국을 설명하실 때, 천국은 마치 혼인 잔칫집과 같다고 말씀하셨다. 당시 사회의 정신세계와 영적 상태는 바리새인의 율법주의, 사두개인의 자유주의, 에세네파의 극단적 금욕주의로 인해 메마름과 우울함이 가득했다. 이런 현실을 보시고 예수님은 강력하게 선포하셨다. "아니야, 천국은 잔칫집이란다." 바울 역시 이 진리를 깊이 깨닫고 로마서 14장 17절에서 "하나님의 나라는 의와 평강과 희락"이라고 고백했다.

교회가 세상에서 지친 영혼의 쉼터가 되어야 한다는 진리는 내 목회의 근간이 되었는데, 여기에는 이유가 있다. 청년 시절에 9년 동안 다닌 교회의 담임목사님은 주일예배마다 한 번도 빠짐없이 "수고하고 무거운 짐 진 자들아 다 내게로 오라"(마 11:28)고 선포하셨다. 이를 통해 "그래, 예수님께 나아가는 자는 누구든지 어떤 상황에서도 쉼을 얻어야 하고, 쉼을 누릴 수 있다"는 의식이 되어 내 안에 깊이 새겨졌다.

하나님은 우리를 초대하시는 어린양의 혼인잔치를 위해 완벽한 음식과 예복 그리고 잔치를 예비하셨다. 지금도 변함이 없다. 주일 예배는 수고하고 무거운 짐 진 자들이 모두 나아와 영혼의 잔치를 경험하는 거룩한 자리다.

교회는 하나님의 완벽한 잔치가 베풀어진 곳이기에, 목마른 자들은 생수를 마실 수 있고, 배고픈 자들은 생명의 떡을 먹을 수 있으며, 피곤한 자들은 참된 쉼을 얻을 수 있다. 교회는 늘 잔치가 벌어지는 곳으로, 생수와 떡과 쉼이 가득하다. 그래서 우리는 일주일의 첫날, 이 잔치의 힘으로 한 주를 살아가는 것이다.

안타까운 것은 코로나 팬데믹 이후 많은 교회가 잔칫집의 기쁨을 잃어버렸다는 현실이다. 대면 예배조차 드릴 수 없게 되면서, 예배를 통한 생수와 생명의 떡과 쉼마저 희미해졌다. 비록 환경적 제약으로 불가피하게 온라인 예배가 허용되었으나, 온라인 예배는 얼굴과 얼굴을 마주하며 함께 드리는 대면 예배와는 본질적으로 그 깊이와 충만함에서 비교조차 할 수 없다.

이는 마치 먹방을 보는 것과 직접 음식을 맛보는 것의 차이며, 여행 영상을 보는 것과 실제로 그곳에 가서 체험하는 것의 차이와도 같다. 온라인 예배에서는 함께 드리는 기쁨, 함께 기도하고 찬양할 때 임하시는 쉐키나의 영광과 기쁨을 온전히 누릴 수 없기 때문이다.

하나님은 오늘도 우리에게 풍성한 잔치를 준비하고 계신다. 그리스도인은 자기 몫의 십자가를 지고 고난도 겪지만, 우리가 분명히 선포할 수 있는 것은 기독교가 기쁨의 종교이며 혼인 잔칫집이라는 사실이다. 그리스도인은 마땅히 하나님의 거룩하심을 따라 경건하고 거룩하게 살아야 하지만, 그것은 차갑고 무거운 경건이 아니라 순전한 어린아이처럼 기뻐하고 즐거워하며 찬양하는, 잔치의 기쁨이 넘치는 생명력 있는 경건이 되어야 한다.

복음의 희락성으로 기쁘고 즐거워야 하는 인생!

우리는 '초상집의 하인'이 아니라 '잔칫집의 하인'이다. 초상집 성도가 아닌 잔칫집 성도이다. 이것을 분명히 해야 한다. 교회에 오면 생수가 있고, 생명의 떡이 있으며, 참된 쉼이 있다. 우리가 섬기는 교회가 이런 잔칫집에 대한 확신도 없고, 기쁨도 없으며 초상집같이 우울하다면, 어떻게 믿지 않는 사람들에게 와서 보라고 할 수 있겠는가! 삼천리 반도의 모든 교회마다 누구든지 교회에 오면 생명의 거듭남, 사명의 거듭남, 잔치의 거듭남, 생수의 거듭남의 기쁨으로 회복되기를 소망한다. 특별히 순전한 복음을 통한 잔치의 연속성이 있기를 간절히 바란다. 특히 교회에서 앞장선 이들의 얼굴에서 잔칫집의 즐거움과 거룩한 흥겨움이 빛난다면, 그 섬김과 헌신의 자리가 바로 왕의 잔칫집이요, 하나님 나라가 세워지는 현장이 될 것이다.

하나님은 잔치를 향한 열정으로 가득하셔서, 한 계획이 막히면 새로운 길을 여시며 끝까지 포기하지 않으시는 분이다. 여기서 중요한 것은 "채울 때까지, 가득 찰 때까지"이다. 처음 보낸 종들이 실패하고 돌아오면 다른 종을 보내고, 보낸 종이 죽으면 또 다른 종을 보내셨다. 예를 들어, 예수님이 승천하신 후 제자들이 복음을 전했다. 야고보가 죽임을 당할 때는 베드로를 보내 일하셨고, 스데반이 죽임을 당하자 빌립을 보내셨다. 하나님은 절대 포기하지 않으신다. 토마스 선교사가 죽으면 언더우드가 오고, 윌리엄 캐리가 죽으면 허드슨 테

일러를 보내신다.

왕의 잔치 초대 비유에서 예수님은 인간 본성에 대해 날카로운 통찰을 보여주셨다. 예수님은 잔치 초대를 거부한 사람들이 진정한 이유를 말하지 않는다고 암시하셨다. 이들은 주님의 주되심을 거부하는 사람이었고, 왕권과 왕조를 인정하지 않는 사람들이었다. 하나님은 자기가 잘나고 똑똑하고 할 일 많다며 거절하는 플랜 A에 속한 사람들, 자신이 선택받았다고 잘난 척하는 이스라엘 백성들을 치우시고 이방인을 향한 플랜 B를 실행하셨다. 촛대를 옮기신 것이다. 유대인의 구원이 이방인의 구원으로 옮겨간 것이다.

그러나 플랜 B처럼 보이는 것이 사실은 이미 하나님의 플랜 A였다. 유대인들이 하나님을 거절하니 하나님께서 이방인에게 눈길을 돌리셨지만, 겉으로는 차선책처럼 보였던 이방인 구원이, 사실은 하나님이 태초부터 계획하신 구원의 큰 그림이었다. 첫 계획 안에 모든 계획이 이미 담겨 있었던 것이다.

우리는 올바른 예복을 입고 잔치성을 회복해야 한다. 성경에는 하나님 나라의 잔치를 상징적으로 보여주는 두 가지 중요한 사건이 있다. 바로 구약의 희년과 신약의 주일이다.

희년은 레위기 25장 10절에서 보듯 이스라엘 백성에게 50년마다 찾아오는 자유와 해방의 절기다. 50년째가 되면 팔렸던 토지는 본래 주인에게 돌아가고 노예는 자유를 얻는다. "너희는 오십 년째 해를 거룩하게 하여 그 땅에 있는 모든 주민을 위하여 자유를 공포하라 이 해는 너희에게 희년이니 너희는 각각 자기의 소유지로 돌아가며 각각 자기의 가족에게로 돌아갈지며." 이 희년을 성경은 "은혜의 해"라 부른다(사 61:2). 기쁨과 은혜가 넘치는 이 희년은 하나님 나라의 잔치를 생생하게 보여준다. 예수님께서도 공생애를 시작하실 때 처음 선포하신 것이 하나님 나라였고, 그 나라의 본질을 이사야 61장 2절을 인용한 누가복음 4장 18-19절에서 보여주셨다. 그 핵심은 18절의 자유와 19절의 은혜다.

자유와 은혜는 하나님 나라 잔치의 핵심 특징이다. 이 의미를 바로 아는 것이 중요한 이유가 있다. 우리가 "하나님 나라는 잔치"라고 말할 때, 이는 단순한 즐거움과 기쁨만을 뜻하지 않는다. 죄에 묶였던 우리가 자유를 얻고, 자격 없는 자들이 하나님의 은혜를 마음껏 누리게 되었기에 진정으로 기뻐하고 즐거워하는 것이다.

예수님의 부활의 영광을 간직한 신약의 주일은 기쁨의 떡을 떼는 날이었다(행 20:7). 초대교회 성도들은 주일마다 성찬을 통하여 죽음을 이기신 예수님의 살과 피를 기념하였고, 새언약되신 예수님을 찬송하며 감사와 기쁨의 친교를 나누었다. 매 주일 예배는 작은 부활절이었고, 어린양 혼인잔치의 거룩한 흥겨움이 가득하였다. 그러므로 주님의 몸 된 교회는 태생적으로 희락성에 기초하고 있다.

하나님 나라 잔치가 가지는 특징들

복음주의 사회학자 토니 캠폴로는 하나님 나라 잔치가 지닌 두 가지 본질적 특징을 말했다.

첫째, 기독교의 잔치성은 그리스도인이 언제 어디서나 지녀야 할 근본적 기질이다. 이는 단순한 이벤트가 아닌 삶의 태도이며, 그리스도인은 어디에 있든 잔치의 기쁨을 창조하는 사람이다. 신약시대 성도들은 이를 실천했다. 1세기 그리스도인들은 감옥에 갇혔을 때조차 간수와 다른 이들을 놀라게 하는 잔치의 영성을 보여주었다. 사도행전 16장 23-25절의 바울과 실라를 보라. 그들은 발이 차꼬에 묶인 극한 상황에서도 찬송을 불렀고, 그 기쁨의 찬양이 감옥 전체에 울려 퍼졌다.

둘째, 기독교의 잔치성에는 어린아이의 순수한 즐거움과 기쁨이 있다. 하나님 안에는 마치 소풍을 앞둔 어린아이 같은 설렘과 흥분이 있다. 그래서 하나님께 항복하는 사람은 어린아이가 된다. 체스터튼은 이러한 기쁨에 대해 "하나님은 우리 속에서 유일하게 어린아이와 같은 영을 지니신 분"이라고 표현했다. 이는 어린아이가 가진 순전한 즐거움, 진정한 기쁨을 말한다.

하나님은 지금도 우리를 위해 잔치를 베푸신다. 예수님을 구주로 믿는 우리는 하나님 나라의 잔치에 참여하여 언제 어디서나 그 즐거움을 누리는 특권을 받은 자들이다. 나의 가정은 물론 내가 머무는 모든 곳에서 하나님 나라 잔치의 기쁨이 강물처럼 흘러넘치기를, 그리하여 남은 생애가 세상은 알지 못하는 참된 기쁨으로 가득하고 날마다 혼인잔치의 영광으로 나아가기를 소망한다.

하나님 나라 혼인 잔치의 기쁨으로
살기를 소원하는 자의 기도

선한 목자 되시는 주님, 주님께서 우리를 왕의 잔치에 끊임없이 초대하셨음에도, 일상적인 핑계를 대며 그 초대를 거절했던 우리의 교만과 어리석음을 용서하소서. 매주 드리는 예배가 왕의 혼인잔치가 되게 하시고, 어떤 상황에서도 주님이 준비하신 예복을 입고 마음과 정성을 다해 참석하는 자 되게 하옵소서. 예배를 드릴 때마다 어린아이처럼 기쁘고 순전한 마음으로 주님을 경배하게 하시고, 샘물같이 솟아나는 그리스도의 보혈로 모든 우울함이 씻겨 나가게 하옵소서. 주님께서 주시는 생명의 떡과 생수와 참된 쉼을 통해 인생의 무거운 짐들이 벗겨지는 축복을 누리게 하옵소서.

21장

달란트의
신비

마태복음 25:14-30

이 땅의 삶은 예고편이요, 천국의 삶이 본편이다. 우리는 이 땅에서 순례자로 살며, 천국에서는 주인공으로 살게 될 것이다. 그렇다면 이 인생 순례길에서 주님이 맡기신 달란트를 가지고 하나님 나라를 위해 어떤 믿음의 모험을 해야 할까? 우리가 이 땅의 삶은 잠시이 며, 영원한 하나님 나라가 우리의 진정한 본향임을 깊이 깨달을 때 비로소, 이 세상에서 어떻게 살아야 할지 그 방향이 분명해진다. 소 중한 것과 버릴 것, 보물과 쓰레기, 실체와 허상을 분별하는 지혜를

하나님 나라의 비밀을 열다

얻게 되는 것이다. 본문은 우리가 인생 순례길의 실체를 바르게 깨닫고 준비할 수 있도록 귀중한 삶의 나침반을 제시한다.

천국 문 앞에서 받게 되는 두 질문

마태복음 25장의 달란트 비유는 하나님 나라를 향해 가는 순례자의 삶이 어떠해야 하는지를 보여주는 핵심적 진리를 담고 있다. 14절의 '또'는 1절의 "그때에 천국은 마치…"와 연결되어 있다. 주님께서 '열 처녀 비유'에 이어 '달란트 비유'를 말씀하신 것이다.

어떤 큰 부자가 있었다. 이 부자는 장기 여행을 떠나게 되었는데, 자신의 큰 재산을 관리할 종들을 불러들였다. 한 사람에게는 다섯 달란트를, 다른 이에게는 두 달란트를, 또 다른 이에게는 한 달란트를 맡겼다.

달란트는 고대 근동과 지중해 지역에서 귀금속의 무게를 재는 단위였는데, 금 한 달란트는 6천 데나리온에 해당했다. 1데나리온이 노동자의 하루 품삯이었으니, 한 달란트는 노동자가 6천 일을 일해야 벌 수 있는 거금이었다. 오늘날의 가치로 환산하면, 하루 품삯을 15만 원으로 계산할 때 한 달란트는 9억 원, 다섯 달란트는 45억 원에 이르는 큰 금액이었다.

주님께서 이 비유를 말씀하신 핵심은 하나님이 모든 사람에게 달란트를 주신다는 것이다. 많은 성도들이 달란트는 목회자나 선교사 또는 특별히 헌신된 사람들만의 이야기라고 생각한다. 하지만 이는 잘못된 생각이다. 은사로서의 달란트는 예수님을 구주로 영접한 모든 이에게 주어진다. 예수님은 특정한 사람들만을 위해 오신 것이 아니라, 차별 없이 모든 이를 위해 피를 흘리셨기 때문이다. 또한 목회자나 평신도나 모두가 심판대 앞에 서게 되므로 서로 간에 차별이 있을 수 없다.

오늘날 많은 성도들이 달란트는 특별한 사람들에게만 주어진다고 오해하여 교회와 성도가 영적 권능과 능력을 잃어가고 있다. 그러나 우리는 모두 최소한 한 달란트 이상을 받았다.

밥 버포드는 그의 책 《하프타임》에서 우리가 천국 입성 직전에 두가지 질문을 받게 될 것이라고 말한다. "너는 예수님을 위해 무엇을했는가?"와 "하나님께서 주신 달란트로 무엇을 했는가?"이다.

두 번째 질문은 하나님께서 모든 사람에게 고유한 달란트를 주셨음을 기본으로 전제한다. 그렇지 않다면 "네가 받은 달란트로 무엇을 했느냐"는 질문 자체가 성립할 수 없기 때문이다. 모든 이에게 예외 없이 달란트를 주셨기에, 주인이 종에게 "내가 준 달란트로 무엇을 했느냐"고 물을 때 우리 모두가 답해야 한다. 베드로전서 4장 10절은 "각각 은사를 받은 대로 하나님의 여러 가지 은혜를 맡은 선한 청지기같이 서로 봉사하라"고 말씀한다. 이는 믿는 자는 누구나 은사를 받았음을 보여준다. 그렇다면 하나님이 우리에게 주신 달란트는 무엇인가?

I. 하나님이 우리에게 주신 달란트가 무엇인가?

달란트를 단순히 특정 영역의 재능이나 은사로만 한정 짓는다면, 말씀에 담긴 깊은 진리를 제대로 이해할 수 없다. 그렇다면 마태복음 25장이 말하는 달란트의 본질적 의미는 무엇일까?

하나님 나라의 비밀을 열다

내가 가진 달란트는 내 것이 아니다

첫 번째 실마리는 14절에서 발견된다. "또 어떤 사람이 타국에 갈 때 그 종들을 불러 자기 소유를 맡김과 같으니." 주인은 누구의 소유를 종에게 맡겼는가? 자기 소유를 맡겼다. 우리가 받은 이 소유는 누구의 것인가? 내 것이 아닌 하나님의 것이다. 우리가 받은 다섯 달란트, 두 달란트, 한 달란트는 모두 하나님께 속한 것이다. 달란트는 하나님이 소유하고 계시다가 우리에게 나누어 주신 것이며, 이것이 달란트 비유가 지닌 중요한 복선이요 신비다.

우리에게 주어진 재물과 시간과 건강과 자녀들은 누구의 소유인가? 내 것 같지만 실상은 내 것이 아니다. 달란트 비유의 신비는 이 사실을 인정하는 데서부터 풀린다. 이는 창조의 원리이기에, 이를 인정하지 않으면 영적 질서를 거스르는 고달픈 삶이 시작된다.

예를 들어, 자녀가 하나님의 소유가 아닌 내 소유라 생각하고 내 뜻대로 키우려 한다면, 그 부모의 길은 한숨과 후회로 점철될 것이다. 이것이 달란트 비유를 푸는 핵심이다. 달란트는 하나님이 내게 주신 것이지, 내가 스스로 쟁취한 것이 아니다.

이런 말을 들으면 자수성가한 분들은 "내가 죽도록 노력해서 여기까지 왔는데 무슨 소리냐?"라고 반문할 수 있다. 그럼에도 우리가 가진 모든 것은 내 것이 아닌 하나님의 것이라는 진리는 변함이 없다. 이것이 달란트 비유의 깊은 신비다.

야고보 사도는 이 진리를 깨닫고 이렇게 말씀했다. "온갖 좋은 은사와 온전한 선물이 다 위로부터 빛들의 아버지께로부터 내려오나니…"(약 1:17). 우리는 모두 예외 없이 달란트를 받았고, 그것은 나의 능력이 아닌 위로부터 임한 것이다. 우리가 가진 재능이 하나님께로

✳

329

부터 왔다는 것을 피상적으로 이해하는 단계는, 그저 교만하지 말아야 한다는 수준의 깨달음에 머무는 것이다.

내가 가진 재능이 하나님께서 주신 것임을 진정으로 깨달은 사람은 삶의 목표가 성공에서 가치로 옮겨간다. 성공을 좇는 삶에서 의미를 추구하는 삶으로 전환되는 것이다. 많은 이들이 나이가 들수록 무력감을 느낀다. 큰 기쁨도, 설렘도 없고, 깊은 슬픔조차 덤덤하게 받아들이는 때가 온다. 그러나 자신의 모든 것이 하나님께로부터 왔음을 깨달은 사람의 삶에는 거룩한 흥분과 설렘이 넘친다. 돈도, 시간도, 재능도 더는 성공이 아닌 하나님께서 주신 의미를 위해 사용하기 시작한다. 인생길에서 허상이 아닌 실체를 붙잡고 경험하며 소중한 것과 버릴 것을 분별하게 된다. 이것이 영적으로 성공하는 삶이다.

내 소유가 주님께로부터 왔다고 인정할 때 자연스럽게 나타나는 성경적 표현이 청지기 의식이다. 청지기의 일반적 의미는 집안일을 맡아보거나 시중드는 사람이지만, 성경의 청지기는 주인의 것을 "충성되고 지혜롭게 관리하는 종"(마 24:45)을 뜻한다. 내가 가진 것이 주님의 소유임을 깨달을 때 비로소 하나님의 것을 충성되고 지혜롭게 관리할 수 있게 된다.

하나님의 종들은 이를 깊이 깨닫고 "하나님의 여러 가지 은혜를 맡은 선한 청지기같이 서로 봉사하라"(벧전 4:10)고 했다. 우리에게 있는 모든 소유는 하나님이 주신 것이니 선한 청지기로서 사용하라는 것이다.

기독교의 진정한 청지기 의식은 주인의 것을 자기 것처럼 쓰는 것이 아니라, "하나님의 것을 하나님의 것으로 인정하고 사용하는 것"을 말한다. "사람이 어찌 하나님의 것을 도둑질하겠느냐 그러나 너희는 나의 것을 도둑질하고도 말하기를 우리가 어떻게 주의 것을 도둑질하였나이까 하는도다"(말 3:8). 청지기 의식 없이 소유를 자기 것으로만 여기는 사람은 하나님의 것을 도둑질하는 것과 같다.

모든 사람에게는 "재능대로" 주어지는 달란트가 있다

두 번째 실마리는 "각각 그 재능대로"라는 구절에 있다(15절). 주인은 한 사람에게는 다섯 달란트, 다른 이에게는 두 달란트, 또 다른 이에게는 한 달란트를 주고 떠났다. 하나님께서 그분의 소유를 우리의 재능대로 나누어 주셨다는 것이다.

여기서 "재능대로"라는 말씀은 단순히 개인의 능력을 의미하는 것이 아니라, 하나님이 각 사람을 독특하게 지으신 창조의 원리를 담고 있다. 이것이 바로 하나님이 인정하시는 '나다움'의 신비다. 하나님이 보시는 독특성, 나다움, 다양성, 창조성…, 이것이 달란트의 신비에 포함되어 있다.

만약 다양성과 창조성, 나다움이 없다면 세상은 생기 없는 권태로움으로 가득할 것이다. 장미가 아름답다 해도 세상의 모든 꽃이 장미라면 결국 장미를 보는 순간 지루함을 느낄 것이다. 하나님은 장미도, 들꽃도 주셨다. 산도, 강도, 푸른 바다도 주셨다. 이것이 창조주 하나님의 다양성이다. 따라서 은사가 다르다고 해서 '누구는 인삼 먹고 누구는 무를 먹나?' 하는 식으로 비교의식과 시기심이 발동된다면 달란트 비유 속에 담긴 예수님의 마음을 다시 붙잡아야 할 것이다.

사람마다 재능이 다르다는 것은 이미 하나님의 창조 계획 안에 포함되어 있다. 다섯 달란트, 두 달란트, 한 달란트를 주신 분은 하나님이시다. 하나님 나라를 향해 가는 여정에서 우리가 드릴 수 있는 모든 것, 그것이 바로 하나님이 각 사람에게 맡기신 고유한 달란트다.

세 번째 실마리는 전체 내용을 통해 알 수 있다. 맡겨진 달란트로 주인의 뜻을 위해 투자해야 한다. 주인이 주신 달란트는 주인의 뜻을 위해 사용해야 한다. 주님께서는 우리에게 주신 것으로 이익을 남기기를 바라신다. 다시 말해 현상 유지에 머물지 말고, 인생 순례 길에서 신앙의 모험을 감행하여 풍성한 열매를 맺으라는 뜻이다. 이것이 우리가 붙잡아야 할 믿음의 투자다.

성경이 말하는 달란트는 "주인이 우리에게 주신 재능을 잘 사용하여 주인의 뜻에 따라 모험하고 투자하는 행위 또는 모든 기회"라고 정의할 수 있다. 따라서 순례의 길에서 하나님이 주신 달란트를 깨달은 사람은 늘 이런 질문을 던진다. "주님, 내 남은 삶을 어떻게 주님을 위하여 투자할까요? 주님, 내 인생의 순례길을 하나님 나라를 위하여 어떻게 모험할까요?"

II. 순례길이 끝날 때, 결산의 시간이 온다

달란트 비유의 또 다른 의미는 순례의 길이 끝날 때 결산의 때가 온다는 것이다. 주인이 떠나고 수년이 지났다. 여행을 마치고 돌아온 주인은 '내가 준 달란트로 종들이 어떤 이익을 남겼을까?' 생각하며 그들을 불렀다.

먼저 다섯 달란트 받은 자가 감사와 기쁨으로 "보소서 내가 또 다섯 달란트를 남겼나이다"라고 말하자, 주인은 흡족한 미소를 지으며 답했다. "잘하였도다 착하고 충성된 종아 네가 적은 일에 충성하였으매 내가 많은 것을 네게 맡기리니 네 주인의 즐거움에 참여할지어다." 이어 두 달란트 받은 자도 감사한 얼굴로 "보소서 내가 또 두 달란트를 남겼나이다"라고 하니, 주인은 그에게도 동일한 칭찬을 했다.

여기서 주목할 점이 있다. 다섯 달란트 받은 자와 두 달란트 받은 자가 주인에게 보고했을 때 칭찬의 정도가 다른가? 전혀 다르지 않다. 이 사실이 매우 중요하다. 우리가 얼마의 달란트를 받았든 상관없이, 믿음으로 모험하고 선한 청지기로서 충성과 진정성을 다한다면 주님이 주시는 칭찬과 상급은 차이가 없다.

맡은 달란트의 크기와 관계없이 최선의 이익을 남기는 사람에게 주님은 동일한 기쁨으로 동일한 칭찬을 하신다. 이 진리를 깊이 새기면 인생을 낭비 없이 본래 목적대로 가치 있고 고귀하게 살 수 있다. 강단에서 말씀을 전하는 자나 교회의 미화를 담당하는 분이나 충성된 종의 마음이 같다면 상급 또한 동일할 것이다. 우리가 받은 달란트의 크기와 관계없이 주어진 사명에 전심으로 충성하면 하나님이 주시는 상급은 조금도 다르지 않다. 여기에 대한 당당한 확신이 있어야 한다.

한 달란트 남긴 종의 잘못들

이제 한 달란트 받은 자가 등장한다. 그의 태도부터 심상치 않다. 땅에 달란트를 파묻었다가 주인이 돌아오자 그대로 내놓으며 장황한 변명을 늘어놓는다. "주인이여 당신은 굳은 사람이라 심지 않은 데서 거두고 헤치지 않은 데서 모으는 줄을 내가 알았으므로"(24절).

✱

아무도 주인을 평가하라고 하지 않았건만, 한 달란트 받은 자는 제멋대로 주인을 평가하고 폄하하였다. 당신은 굳은 사람이고, 심지도 않은 데서 거두며, 헤치지도 않은 데서 모으는 사람이라고 했다. 이는 무슨 뜻인가? 땅에 씨도 뿌리지 않고 추수도 하지 않으면서 무조건 거둬들이는, 즉 노동의 수고도 없이 폭리만 취하는 악덕 기업가라 매도하는 것이다.

이를 보면 한 달란트 받은 자에게는 주인의 뜻을 이해하고 따르려는 의지가 전혀 없었다. 오히려 주인을 향한 마음이 비뚤어져 있다. 심지어 자신이 받은 한 달란트를 잃어버리지나 않고 가져온 것만 해도 고마워해야 한다는 듯하다.

이에 대한 주인의 반응은 매우 단호했다. "악하고 게으른 종아." 주인을 평가하는 것이 중요한 게 아니라 맡겨진 작은 일에 충성하지 못한 것이 문제였다. "이 무익한 종을 바깥 어두운 데로 내쫓으라. 거기서 슬피 울며 이를 갈리라." 성경에서 이토록 강력한 질책은 찾아보기 힘들다. 그만큼 받은 달란트로 사명을 감당하지 않고 인생을 허비한 것이 얼마나 심각한 문제인지 보여준다. 어릴 적에 이 말씀을 읽을 때는 주인의 서릿발 같은 질책을 이해하기 어려웠다. '그게 뭐 그리 잘못됐나? 이자를 못 남긴 것이 그렇게 큰 잘못인가? 적어도 원금은 그대로 돌려주지 않았는가.'

한 달란트 받은 자의 잘못은 크게 두 가지였다.

첫째, 그는 주인의 소유권과 주권을 인정하지 않고 자기 독립을 선언했다. 이는 아담의 후예가 보여준 본성 그대로였다. "당신은 굳은 사람이고, 남에게 일만 시키고 자신은 일하지 않으면서 이익만 취하는 악덕 주인"이라며 주인을 우습게 본 것이다. 주인이 격렬하게 반응한 이유가 여기에 있다. 종의 대답 속에는 "내가 당신보다 낫다"는 교만이 가득했다. 이에 주인은 "악하고 게으른 종아"라며 그의 잘못을 날카롭게 지적했다.

한 달란트 받은 자의 핵심 문제는 "주인의 종, 주인의 청지기, 주인의 사람이 되기를 거부한 것"이었다. 자신은 멋진 독립선언을 한다고 여겼지만, 주인의 사람이 아니니 주인의 이익이나 뜻에는 관심이 없었다. 오직 자기 생각과 철학만을 중요시했다. 그러나 주인의 뜻을 외면한 채 제 마음대로 살았을 때 결과는 비참했다. "이 무익한 종을 바깥 어두운 데로 내쫓으라. 거기서 슬피 울며 이를 갈리라." 얼마나 끔찍한 판결인가.

둘째로, 한 달란트 받은 종은 겉으로만 종인 척했을 뿐, 진정한 종이 되고자 하는 마음이 없었다. 착한 종은 언제나 주인 편에 서고, 충성된 종은 주인의 마음을 헤아린다. 그러나 한 달란트 받은 종은 진정한 섬김이 무엇인지 몰랐다. 그는 주인의 뜻은 아랑곳하지 않고 세상의 안일함에 젖어 믿음의 모험을 외면했다.

오늘날 교회 안에서도 이런 모습을 볼 수 있다. 겉으로는 열심히 신앙생활을 하는 것 같지만, 실제로는 예수님이 아닌 자신에게 집중된 신자들이 있다. 우리는 예수님을 구주로 영접하는 순간 주님을 따르는 믿음의 길에 들어서고, 그리스도를 위해 위험을 무릅쓰고 믿음의 모험을 감행하는 자로 거듭나야 한다.

이 비유의 핵심은 하나님이 주신 달란트로 하나님 나라를 위해 충성되게 모험하라는 것이다. 초대교회 성도들은 생명을 걸고 하나님 나라를 위한 믿음의 여정을 대장부처럼 걸어갔다. 히브리서 11장을 보면, 그들은 생명과 삶을 잃을 수도 있는 상황에서도 주님을 위한 모험을 주저하지 않았다.

III. 믿음의 모험을 해야

하나님은 인생이라는 순례의 길을 항해할 배와 노를 주신다. 그러나 중요한 것은 하나님이 직접 노를 젓지는 않는다는 점이다. 믿음의 모험을 위해 우리가 직접 노를 저어야 한다. 그런데 주님에 대한 불만과 피해의식이 있는 사람은 한 달란트 받은 자처럼 결코 모험하려 하지 않고, 충성하기를 거부한다.

그렇다면 '믿음의 모험'이란 구체적으로 무엇인가? 자신이 믿는 바를 행하는 것일까? 때로 그럴 수 있지만, 진정한 믿음의 모험은 성경 말씀대로 행하는 것이다. 절대적 기준은 성경이어야 한다. 인간의 믿음은 이념과 환경, 교육 방식에 따라 얼마든지 왜곡될 수 있기 때문이다.

우리가 인생의 배를 저을 때, 세상의 크고 멋진 '첨단의 노'가 순풍에 돛 단 듯 나아가게 할 것이라 생각하기 쉽다. 그러나 이런 '하이테크의 노'보다 중요한 것은 순박하지만 진실한 '말씀의 노'다. 그리스도인은 성공이 아닌 순종을 위해, 충성을 위해 부름받았다. 이것이 믿음의 모험을 위한 기초가 된다. "너희가 범사에 순종하는지 그 증거를 알고자 하여 내가 이것을 너희에게 썼노라"(고후 2:9).

우리가 저어야 할 믿음의 노는 무엇인가?

믿음의 모험에서 핵심은 "내가 무엇을 받았느냐"가 아니라 "받은 것으로 무엇을 하느냐"이다. 달리 말해 "이미 결정된 것을 고민하지 말고, 내가 더 잘할 수 있는 것에 전력을 다하라"는 것이다. 태어난

하나님 나라의 비밀을 열다

곳, 부모, 키 같은 것들은 이미 결정된 것이다. 그러나 주님을 더욱 사랑하고, 더욱 헌신하며, 받은 은혜로 더욱 창의적으로 섬기는 것 등은 내가 할 수 있는 영역이다. 이것이야말로 우리가 힘써야 할 일이다.

특히 "각각 그 재능대로"에서 '재능'으로 번역된 헬라어 '뒤나미스'(δύναμις)는 "(내가 하나님께 받은) 나에게 있는 힘과 능력"을 의미한다. 사도행전 1장 3절에서는 이를 '권능'이라 표현했다. 하나님은 이미 우리 각자에게 필요한 능력을 다 주셨다. 다섯 달란트 받은 이에게는 다섯 달란트의, 두 달란트 받은 이에게는 두 달란트의, 한 달란트 받은 이에게는 한 달란트의 노를 저을 수 있는 능력을 주셨다.

우리가 받은 '재능'은 곧 '파워'이며, 우리는 예외 없이 이 능력을 받았다. "하나님이 우리에게 주신 것은 두려워하는 마음이 아니요 오직 능력과 사랑과 절제하는 마음이니"(딤후 1:7). 여기서 '능력' 역시 같은 뒤나미스다. 주님은 한 달란트 받은 종에게도 그것을 감당할 능력을 주셨다. 하나님은 모든 이에게 믿음의 모험을 감행할 수 있는 능력을 주신 것이다.

우리가 이 능력에 대한 깨달음이 있으면, 내 손에 있는 것이 무엇인지를 감사하고, 그것을 가지고 믿음의 모험을 할 수 있다. 결코 남의 손에 있는 것과 비교하지 않는다. 내게 없는 것을 찾으려 하지 않는다. 두 달란트 받은 자는 다섯 달란트 받은 사람과 결코 비교하지 않았다. 하나님께서 우리 각자에게 필요한 재능과 능력을 주실 때는, 믿음의 모험을 통해 기적도 일으키시고, 열매도 주실 준비가 되신 것이다.

하나님은 다 준비가 되어 있는데, 우리가 믿음의 모험을 하지 않는 것이 문제다. 한 달란트 받은 자의 가장 큰 문제 중 하나는, 이 능력을 받았음에도 포기한 것이다. 그는 주인의 뜻을 더 알려고 하지도 않았고 관심도 없었다.

하나님은 우리 모두에게 뒤나미스, 즉 능력과 파워를 주셨다. 그 뒤나미스를 가지고 무엇을 하느냐가 중요하다. 주님께서 맡겨 주신 재능과 달란트를 가지고 믿음의 모험을 하면, 그런 사람에게는 매일 기적을 체험하는 삶을 사는 길이 열려 있다. 조니 에릭슨 타다는 17살 때 다이빙을 하다가 목뼈를 다쳐 사지가 마비되었다. 원래 조니는 수영, 테니스, 승마, 등산 등 활동적인 운동을 좋아하는 청소년이었는데 얼마나 답답했겠는가.

처음에는 하나님도 원망하고 고통 가운데 있었으나, 펜을 입에 물고 글씨와 그림을 연습하는 가운데, 그녀 안에 있던 예술적 재능이 발휘되어, 누가 봐도 입으로 그렸다고는 믿을 수 없는 훌륭한 그림을 그렸다. 중요한 것은 그저 그림을 훌륭하게 그린 것에 있지 않았다. 그의 그림 재능이 자신의 것이 아니라 하나님께서 맡기신 달란트임을 알게 된 것이다.

그래서 조니 에릭슨은 자신의 그림에 늘 "PTL"(Praise the Lord)이라고 적었다. 이것은 자신의 재능이 자신의 것이 아니라 하나님께서 주신 것임을 고백하는 자의 모습이다. 달란트가 하나님으로부터 주어진 것임을 인정하는 사람은 원망 대신에 감사를, 불평 대신에 찬양을 하나님께 올려드리는 것이다.

조니를 통해 절망 속에 주저앉아 있던 수많은 사람이 다시 일어나는 용기를 얻었다. 만약 조니가 자포자기하고 예술적 재능을 절망이라는 땅에 묻어두었으면, 아무 일도 일어나지 않았을 것이다. 그러나 그녀가 하나님이 주신 재능을 가지고, 펜을 입에 물고 그림을 그리는 믿음의 모험을 했을 때, 그녀의 삶은 기적이 되었다. 무엇을 소유하느냐보다 그 소유로 무엇을 하느냐가 중요한 것이다.

무엇이 믿음의 모험을 방해하는가?

한 달란트 받은 종의 세계관은 본질적으로 왜곡되어 있었다. 그는 종으로서의 정체성을 망각한 채 주인을 함부로 판단했다. 한 달란트를 받은 종은 스스로를 주인인 양 착각했는데, 이는 치명적인 정체성의 혼란이었다. 하나님이 주신 정체성을 벗어나는 것은 믿음의 도전을 막으려는 사탄의 핵심 전략이다. 사탄이 하와를 유혹할 때도 정확히 이 지점을 공략했다. 하와로 하여금 피조물이라는 본래 정체성을 잃게 만들었다. "이것을 먹으면 하나님과 같이 될 것이다"라는 사탄의 속삭임은 "네가 스스로의 주인이 될 수 있다"는 유혹이었다. 현대적 관점에서 보면 "내 삶은 내 것이니, 내 방식대로 살겠다"는 태도가 가장 큰 문제다. 이것이야말로 한 달란트 받은 자의 근본적 문제이며, 인본주의의 본질이다.

한 달란트 받은 종은 자신만의 관점에서 달란트를 땅에 묻는 행위가 정당하다고 여겼으며, 이를 불순종으로 인식조차 하지 못했다. 그러나 하나님은 그에게 어떤 엄중한 판결을 내리셨는가? "악하고 게으른 종아"라는 단호한 질책이었다. 이는 곧 그의 사고방식 자체가 잘못되었다는 선언이었다. 달리 말해 "네가 종의 자리에서 이탈했고, 너의 세계관이 심각하게 왜곡되었다"는 뜻이다. '악하다'에 해당하는 헬라어 단어가 마태복음에서 특히 자주 사용된 것은 의미심장하다. 이 복음서가 유대인들을 향해 기록되었기에, 그들의 잘못된 태도를 강하게 지적하시는 주님의 경고가 담겨 있기 때문이다.

한 달란트 받은 종은 겉모습은 그리스도인이었으나 실체는 달랐

✳

339

다. 교회는 다녔지만 진심을 하나님께 바치지 않았고, 주인을 제대로 알지 못했기에 충성도 하지 않았다. 마찬가지로 주님을 온전히 알지 못하니 제대로 된 섬김도 없었다. 세속적 가치관으로 살았기에 자신의 모든 것을 자신만을 위해 사용했다. 이처럼 사는 이들을 향해 주님은 "악하고 게으른 종아"라는 경고의 말씀을 주시는 것이다.

믿음의 모험에 어떤 보상이 있는가?

첫 번째, 주님의 칭찬이 있다. 주님은 "착하고 충성된 종아"라고 칭찬하셨다. 여기서 "착하다"로 번역된 '아가도스'(αγαθος)는 단순한 성품의 착함이 아니라, "탁월한, 우수한, 선한, 훌륭한"이라는 의미를 모두 담고 있는 단어로, 히브리어 '토브'에서 파생되었다. 이는 앞선 두 종이 하나님이 창조하신 본연의 역할을 온전히 수행했다는 뜻이다. 다시 말해 자신의 의지가 아닌 주인의 뜻을 따라 살았으며, 성경 말씀 그대로를 실천했다는 의미이다.

두 번째로 주목할 것은 칭찬을 넘어 더 큰 책임이 맡겨졌다. "네가 적은 일에 충성하였으매"라는 표현의 헬라어 시제는 미완료 과거로, 한 번의 충성이 아닌 지속적인 충성을 의미한다. 이처럼 신실한 자에게 "내가 많은 것을 네게 맡기리니"(마 25:21, 23)라고 약속하셨다. 주인이 더 큰 책임을 맡기면서 종과의 관계는 더욱 깊은 신뢰로 발전하게 된다. 이때 주님과 나만이 나눌 수 있는 감탄사가 터져 나오는 것이다.

세 번째는 주인의 즐거움에 동참한다. 여기에는 깊은 진리가 담겨 있다. 우리가 믿음으로 도전하는 방식에 따라 우리의 영원한 삶의 차원, 곧 영원한 즐거움이 결정되는 것이다. 가장 큰 상급은 달란트 자체가 아니라, 그 달란트를 주신 주인과 함께하는 식탁 교제이다. 주목할 점은 이 기쁨이 우리뿐 아니라 주인에게도 즐거움이 된다는 사실이다.

종의 입장에서 주인에게 기쁨을 드릴 수 있다는 것보다 더 큰 보상은 없다. 세상 사람들이 단순히 돈과 보상을 위해서만 일한다면, 주의 제자들은 한 차원 높은 목적, 즉 주님께 기쁨을 드리기 위해 일한다. 이때 우리는 즐거움을 누리면서 동시에 하나님께 영광을 돌리게 된다. 주님이 우리로 인해 기뻐하시는 것, 이것이 우리가 받는 최고 상급이다. 맡겨진 달란트로 열심히 일하는 것을 넘어서, 주님과 함께 그분의 기쁨을 나누는 자리에 초대받는 것이다. 이때 종의 섬김은 부담이 아닌 영광과 기쁨이 된다. 일하면서 즐거워하니 생산성이 높아지고 창의력도 샘솟는 것이다.

믿음의 배는 정박이 아니라 항해를 위한 것이다

배는 항구에 정박해 있을 때 가장 안전하지만, 배의 본질은 항해에 있다. 잠시의 정박은 오직 더 큰 항해를 준비하는 과정일 뿐이다. 기름을 채우고, 식수와 식료품을 보충하며, 괴혈병을 예방하기 위한 레몬까지 실어 다음 항해를 준비한다. 주일 예배는 이러한 항해와 정박이 절묘하게 조화를 이루는 시간이다. 위대한 항해를 위한 영적 충전의 시간이며, 영혼이 회복되고 기름부음 받아 다시 항해를 시작하는 순간이다. 일주일이 지나면 다시 정박하는 이 거룩한 리듬이 없는 삶은 목적 없이 표류하다 끝나는 것에 불과하다.

폴 투르니에는 이렇게 말했다. "그리스도인이란 하나님의 모험이 그 속에서 계속되고 새로워지며 새롭게 솟아나고 그 모험에 충만하게 참여하는 자이다." 이는 세상의 태풍이 두려워 인생의 배를 항구에 묶어둔 채 사는 이들은 결코 누릴 수 없는 축복이다. 믿음의 모험을 시작하지 않고서 이렇게 하니님의 영감과 인도를 받는 활동을 하면서 하나님을 체험할 수 있겠는가? 그리스도인은 결코 항구에 정박한 채 살아가는 사람들이 아니다. 믿음의 선배들은 안주하지 않고 모험을 감행했다. 아브라함과 모세와 베드로 같은 신앙의 선조들은 상상조차 하지 못했던 모험에 뛰어들었다.

우리는 모두 언젠가 생을 마감한다. 그렇기에 우리에게는 두 가지 선택이 있다. "안전하고 평안하게 살다가 죽을 것인가, 아니면 믿음으로 주님 앞에 모험하며 살 것인가?" 그리스도인의 삶은 세상과 타협하며 적당히 살다 가는 인생이 아니다. 생애의 모든 순간을 주님께 바치고 믿음의 모험을 하다가 주님을 만나는 것, 이것이 마지막 순간까지 주님의 나라와 복음의 영광을 위해 인생의 배를 항해하는 다섯 달란트, 두 달란트 받은 자의 진정한 모습이다.

하나님 나라의 비밀을 열다

받은 달란트로 믿음의 모험을 감행하는 자의 기도

자비로우신 하나님 아버지, 우리 각자에게 주신 재능이 곧 뒤나미스, 하나님의 능력이며 파워임을 깨닫게 하사, 우리 모두가 믿음의 날개를 펼치는 거룩한 모험가들이 되게 하옵소서. 그리하여 주님 앞에 섰을 때 "잘했다 충성된 종아"라는 칭찬을 받게 하시고, 이 땅에서 살아가는 동안 주님께서 이미 열어 놓으신 하늘 창고의 복을 누리며, 맡겨주신 사명을 넉넉히 감당하는 진정한 인생 승리자들이 되게 하옵소서. 인생 후반으로 가면 갈수록 수많은 장벽 앞에서도 믿음의 모험에 자신을 던지는 삶이 되게 도와주옵소서. 매일 아침 믿음의 모험을 호흡처럼 들이쉬고, 양식처럼 삼키게 하시며, 주님을 뵙는 그날까지 믿음의 모험으로 비상하게 하여 주옵소서.

22장

양과 염소
심판

마태복음 25:31-46

양과 염소 비유는 앞서 나온 "열 처녀 비유"나 "달란트 비유"와는 달리 장차 실현될 현실이며, 예수님의 재림과 심판을 가장 구체적으로 보여준다.

보좌에 앉으신 인자는 바로 그리스도이시다. 오직 주님만이 그 보좌에 앉으실 것이다. 오늘날 기독교 안에서조차 기독교인이나 유대인, 무슬림이 "동일한 하나님을 섬긴다"는 다원주의적 주장이 있지

하나님 나라의 비밀을 열다

만, 본문은 그렇지 않음을 분명히 한다. 마지막 심판자로 오시는 분은 오직 예수 그리스도뿐이다. 보좌에 앉으신 분이 예수님이라는 것은, 마호메트도, 부처도, 엘리야도, 공자도 아닌 오직 주님만이 심판자라는 뜻이다. 보좌에 앉으신 주님께서 모든 민족을 심판하실 것이다.

I. 심판대에서의 양과 염소의 태도

이 비유는 이렇게 시작된다. "인자가 자기 영광으로 모든 천사와 함께 올 때에 자기 영광의 보좌에 앉으리니 모든 민족을 그 앞에 모으고 각각 구분하기를 목자가 양과 염소를 구분하는 것같이 하여 양은 그 오른편에 염소는 왼편에 두리라."

31절에서 인자, 곧 예수님은 영광의 보좌에 앉으셔서 양과 염소를 구분하여 오른편에는 양을, 왼편에는 염소를 두셨다. 이런 이유로 성경학자들은 예수님의 십자가 좌우에 있던 두 강도 중 구원받은 강도는 오른편에, 구원받지 못한 강도는 왼편에 있었을 것이라고 해석한다.

이 말씀은 예수님께서 감람산 골짜기 저지대에서 고지대인 예루살렘을 올려다보시며 하신 것이다. 예수님의 처지 자체가 골짜기와 같은 상황이었다. 세상 눈으로 보면 예수님은 패배자였다. 이 말씀을 하시는 그 순간에도 유대 종교지도자들을 비롯한 반대 세력이 예수님을 죽일 계획을 세우고 있었다. 겉보기에는 어둠의 세력이 승리한 것 같았다. 사흘 뒤면 예수님이 십자가를 지셔야 할 상황이었다. 이 때문에 예수님을 따르던 무리는 흩어졌고, 제자들마저 두려움과 나약함에 사로잡혔다. 심지어 그중 한 명은 예수님을 배신했으니, 악이 승리하고 선이 패배하는 듯한 상황이었다.

그러나 예수님은 놀라운 말씀을 하셨다. "인자가 자기 영광으로 모든 천사와 함께 올 때에 자기 영광의 보좌에 앉으리니 모든 민족을 그 앞에 모으고…"(31-32절). 여기서 '모든 민족'은 단순히 유대인이나 서양인, 동양인 같은 특정 민족을 뜻하는 것이 아니라, 이 땅에 살았던 모든 사람을 의미한다.

예수님은 초림 때는 하나님의 어린 양으로 오셨지만(요 1:29), 재림 때는 왕 중의 왕이요 심판주로 오실 것이다(계 19:6). 이 땅의 모든 족속이 예외 없이 주님 앞에서 심판을 받을 것이다. 첫 번째 오심에서는 십자가에서 거절당한 구원자였지만, 이제는 심판자로 오실 것이다.

양은 영생으로, 염소는 영벌로

심판의 날에는 그 누구도 주님 앞에서 변명할 기회가 없다. 우리의 뜻은 중요하지 않다. 곧바로 판결문이 선포된다. "내 아버지께 복 받을 자들이여 나아와 창세로부터 너희를 위하여 예비된 나라를 상속받으라." 그리고 왼편의 염소는 영벌에, 오른편의 양들은 영생에 들어간다(46절).

그날은 사실 보고서가 아닌 믿음 보고서를 써온 충성된 양들이 마침내 '아버지 평가서'를 받는 날이다. 평생 믿음 보고서를 써온 예수님의 제자들에게 '아버지 보고서'가 내려지는 것이다. 이것이 34절 내용이다. 심판대에서의 이 순간은 믿음 보고서를 통해 아버지의 판결문을 받는 모든 이에게 가슴 떨리는 시간일 것이다. 이는 단순한 구호가 아닌 엄연한 현실이다.

35-40절은 심판대에 앉으신 예수님의 첫 번째 판결문이다. 오른 편에 있는 사람들은 주님이 주리실 때 먹을 것을 드리고, 목마르실 때 마시게 하고, 나그네 되었을 때 영접했으며, 헐벗으셨을 때 옷을 입히고, 병드셨을 때 돌보았으며, 옥에 갇히셨을 때 찾아갔다(35-36 절). 이들에게 "예비된 나라를 상속받으라"는 판결이 내리자, 의인들은 "주여 우리가 어느 때에 주께서 주리신 것을 보고 음식을 대접하였으며 목마르신 것을 보고 마시게 하였나이까"(37절)라고 물었다.

오른편의 양들은 예수님의 판결문에 놀라며 자신들이 언제 예수님을 섬겼냐고 되물었다. 자신들의 선행을 기억조차 하지 못했다. 의식하지 못한 채 행한 일이었기 때문이다. 양들에게는 어려운 이들의 필요에 반응하는 것이 의도적인 행위가 아닌 자연스러운 삶의 모습이었다. 그러기에 예수님의 판결에 오른편의 양들은 깊이 놀랐다.

염소들 역시 놀라기는 마찬가지였다. "우리가 어느 때에 주께서 주리신 것이나 목마르신 것이나 나그네 되신 것이나 헐벗으신 것이나 병드신 것이나 옥에 갇히신 것을 보고 공양하지 아니하더이까"(44절). 여기서 '공양'에 해당하는 헬라어 '디아코네오'는 "섬기다, 봉사하다"라는 뜻인데, 그들은 자신이 많은 봉사를 했다고 생각했다. 이로 미루어 볼 때 염소에 속한 이들 중에는 교회에서 봉사하는 사람들도 있었을 것으로 추정된다.

신앙인과 종교인

예수님의 '아버지 판결문'을 듣고 누가 더 놀랐을까? 양과 염소 모두 놀랐지만, 아마도 염소에 속한 이들이 더 큰 충격을 받았을 것이다. 양은 늘 자신의 섬김이 부족하다고 생각했지만, 염소는 자신의 행위에 부족함이 없다고 여겼기 때문이다.

교회 안에는 종교인과 신앙인이 있는데, 신앙인은 늘 자신의 부족함을 느끼며 "내가 언제 했나"라고 반문하고, 종교인은 "내가 무엇을 안 했나"라며 자신의 행함을 내세운다.

종교인인 염소에 속한 이들의 특징은 사고방식이 늘 사람의 시선을 의식하는 것에 맞춰져 있다는 점이다. 왼편의 염소가 "주여 우리가 어느 때에 공양하지 아니하더이까"라고 항변한 것은 선한 일을 행함에 있어 늘 타인의 시선을 의식했음을 보여준다. 반면 양에 속한 이들의 행동은 거의 무의식적이다. 신학적으로 말하면, 진정한 그리스도인은 복음의 은혜에 감동받아 자연스럽게 행하는 것이지, 타인의 평가를 의식하며 행하지 않는다. 양은 자신이 행한 일을 기억조차 못 했지만, 염소는 자신의 선행을 너무도 선명하게 기억하고 자랑했다. 오히려 염소에 속한 이들은 자신이 마땅히 오른편에 서야 할 '양'이라 착각하고 있었다.

자신이 의롭다 하는 염소들에게 예수님은 냉엄한 말씀을 하셨다. "저주를 받은 자들아 나를 떠나 마귀와 그 사자들을 위하여 예비된 영원한 불에 들어가라." 이렇듯 양과 염소 비유는 하나님의 심판을 보여주고 있다.

여기서 우리는 사람의 심판과 하나님의 심판의 차이를 깊이 생각해야 한다. 양과 염소를 구분하는 시금석이 있다. 참된 그리스도인의 섬김은 어려운 이를 향한 관심이 윤리적 의무나 의식적 행위가 아닌, 복음의 은혜에 대한 감격으로 자연스럽게 흘러나오는 행동이다. 이는 그리스도의 피로 이루어진 십자가의 은혜가 너무나 커서, 은혜의 빚진 자로서 무의식적으로 나타나는 삶의 모습이다.

오른편의 양은 복음에 대한 감격으로 어려운 이들을 향한 관심이 자연스러웠다. 예수님은 이들에게 상급의 판결문을 내리셨다. "내 아버지께 복받을 자들이여 나아와 창세로부터 너희를 위하여 예비된 나라를 상속받으라." 예수님은 양에게 어떤 증거도 요구하지 않으셨다. 양은 자신의 선행을 기억하지 못했고, 염소는 자신이 언제 어떤 선행을 했는지 늘 기억하고 있었다.

어느 주일학교 교사가 아이들에게 부자와 나사로 이야기를 들려주었다. 이야기가 끝난 후 교사가 "여러분은 부자가 되고 싶나요, 아니면 거지 나사로가 되고 싶나요?"라고 물었다. 한 아이가 손을 들고 대답했다. "선생님, 죽기 전에는 부자로 살다가, 죽은 후에는 나사로가 되고 싶어요." 사실 많은 이들이 마음속으로 아이의 이런 생각을 품고 있을지 모른다. 하지만 이 땅에서 부자로 살다가 죽어서 나사로가 되는 길은 없다. 이 땅에서 복음의 은혜에 감격하여 행한 대로 심판을 받게 되는 것이다.

II. 사람에게는 진심(眞心), 하나님께는 전심(全心)

양과 염소의 핵심적인 차이는 선행 동기와 기억에 있다. 양은 예수님의 이름으로 선을 행했기에 자신의 행위를 기억하지 못했고, 염소는 자신의 이름으로 행했기에 모든 것을 기억했다. 예수님의 이름으로 하는 선행에는 자아가 끼어들 여지가 없어 자연스레 잊히지만, 자기 이름으로 하는 선행은 예수님이 들어설 자리가 없어 계속 기억된다. 구원의 감격이 클수록 자신의 공로는 사라지기에 기억나지 않지만, 구원의 감격이 작을수록 자신의 공로가 두드러진다.

한국 교회 섬김의 날에 강단기도의 응답으로 받았던 구호처럼 "사람에게는 진심으로, 하나님께는 전심으로" 섬기는 이는 자신의 선행을 기억할 겨를이 없다. 하나님과 사람을 향해 전력을 다했기에 자신의 선행을 돌아볼 여력이 없는 것이다. 반면 자신의 이름을 위해 선을 행하는 사람은 자신의 너그러움과 타인의 인정 여부를 늘 의식하며 산다. 하나님과 사람을 향한 온전한 헌신이 없었기에, 자신을 드러내려는 욕구가 남아 있는 것이다. 이런 이는 타인의 인정이 없으면 견딜 수 없어 한다. 사도행전 5장의 아나니아와 삽비라 부부가 그 예인데, 이들의 문제는 사람의 인정만 구했지 하나님께 전심으로 헌신하지 않았다는 데 있다.

어떻게 하면 연약한 인간이 염소의 속성을 피할 수 있을까? 복음의 감격으로 "사람에게 진심으로, 하나님께 전심으로" 행할 때 염소의 판결을 피할 수 있다. 이는 사람이 아닌 하나님께 인정받는 길이다. 구원의 감격이 2이고 나의 공로가 1이면, 2분의 1이라 공로가 커 보인다. 그러나 구원의 감격이 100만이고 공로가 1이면, 100만분의 1이 되어 공로가 미미해진다. 구원의 감격이라는 분모를 키우면 모든 것이 자연스러워진다.

우리는 매일 '은혜의 분모'를 키워야 한다. 이를 위해서는 복음의 감격에 영원한 채무자 의식을 가지고, 은혜받는 데는 선수가 되어야 한다. 구원의 감격이라는 분모가 커질 때 자연스럽게 형제자매를 섬기는 은혜가 따라온다.

그렇다면 나는 양인가, 염소인가? 사실 우리 안에는 두 속성이 공존한다. 중요한 것은 예수님의 피로 구원받은 감격을 누리기 위해 은혜를 망각하는 염소적 속성을 사생결단으로 줄여가는 것이다. 아니면 적어도 구원의 감격이라는 양의 속성을 계속 키워나가야 한다.

하나님 나라의 비밀을 열다

이것이야말로 연약하고 죄성 있는 우리가 본능과 무의식의 영역까지 하나님의 다스림을 받도록 거룩한 체질 개선을 하는 길이다.

III. 어려운 형제에게 한 것이 예수님께 한 것이다

만약 우리 안의 염소 속성을 제거하고 양의 속성을 확인할 시금석이 있다면, 그것은 신념이나 성경 지식, 교리가 아닌 "어려운 형제를 향한 관심"일 것이다. "내 형제 중에 지극히 작은 자"에게 행한 것이 심판대에서 예수님의 판결 기준이었다(40절).

'내 형제'에 대해서는 여러 해석이 있으나, 좁은 의미로는 믿음의 식구를 뜻한다. 마태복음 12장 49-50절에서, 사람들이 예수님께 육신의 가족을 가리켜 "어머니와 동생을 보라" 했을 때, 예수님은 "아버지의 뜻대로 하는 자가 내 형제요 자매요 어머니이니라" 하고 대답하셨다.

따라서 40절의 "내 형제 중에 가장 작은 자"는 예수님의 제자들과 믿음의 형제들을 의미한다. 야고보서 2장 15-17절은 형제나 자매가 헐벗고 굶주렸는데도 돕지 않는다면 그것은 죽은 믿음이라고 말한다. 이런 관점에서 그리스도인의 선행은 우선 믿음의 형제자매들을 향해 흘러가야 한다. "우리가 선을 행하되 낙심하지 말지니 포기하지 아니하면 때가 이르매 거두리라 그러므로 우리는 기회 있는 대로 모든 이에게 착한 일을 하되 더욱 믿음의 가정들에게 할지니라"(갈 6:9-10).

진정한 가족은 예수님을 따르는 자들, 제자들, 형제들이다. 본문에서 말씀하시는 "내 형제 중 지극히 작은 자"는 병들고 힘들며, 배고프고 상처받고, 예수 믿는 믿음으로 인해 감옥에 갇힌 형제자매를 기리킨다. 그래서 믿음의 형제를 거듭 강조하는 것이다.

1세기에는 이러한 처지의 그리스도인이 많았다. 초대교회 성도들은 어려움에 처한 형제자매를 돕는 것을 특별한 의무나 봉사로 여기지 않았다. 그것은 마치 숨을 쉬듯 자연스러운 삶의 모습이었다. 이는 냉수를 마시면 시원하고, 양을 키우면 양모를 얻는 것처럼 너무나 당연한 것으로 여겨졌다. 그러나 염소들은 그렇지 않았다. 이들에게 형제를 돕는 일은 자연스러운 반응이 아닌, 자신을 드러내기 위한 의식적 행위에 불과했다.

교회 안의 가정들을 먼저 돌봐야 하는 이유

이 가르침의 핵심을 이해하기 위해서는 기독교의 공동체성과 지체의식을 먼저 살펴봐야 한다. 이것은 선행의 동심원 원리라고 할 수 있다. 믿는 이들은 주님의 보혈로 한 가족이 된 사람들이다. 우리가 세상의 빛과 소금이 되어 어려운 이들을 돕기 위해서는, 먼저 건강한 공동체가 되어야 한다. 교회 내의 형제들을 우선으로 돌보는 이유는, 공동체가 튼실할 때 교회 밖의 사람들도 힘 있게 섬길 수 있기 때문이다. 만일 공동체 안의 지체들이 건강하지 못하고 상처로 신음하여 에너지가 소진된다면, 교회 밖의 어려운 이들을 효과적으로 도울 수 없으며, 돕더라도 형식적인 수준에 그치고 말 것이다.

갈라디아서 6장 2절은 "너희가 짐을 서로 지라 그리하여 그리스도의 법을 성취하라"고 말씀한다. 교회 내 형제의 짐도 나누지 못하면서 교회 밖의 사람들을 돕는 것은 순서가 잘못된 것이다. 공동체

하나님 나라의 비밀을 열다

안에서의 형제 사랑이 우리가 하나님을 사랑하는 증거이다. "누가 이 세상의 재물을 가지고 형제의 궁핍함을 보고도 도와줄 마음을 닫으면 하나님의 사랑이 어찌 그 속에 거하겠느냐"(요일 3:17). 교회 밖의 어려운 사람들을 돕기 위해서는, 먼저 주님의 몸 된 공동체가 건강해야 한다.

목회자로서 안타까운 점은, 교회가 사회 구제와 선행에 소홀하다고 비판하는 이들 중 상당수가 건강한 교회 공동체의 우선적 필요성을 보지 못한다는 것이다. 특히 교회를 비난의 대상으로만 여기는 이들이 과연 스스로는 얼마나 조용히 어려운 이들을 돕고 있는지 의문이 든다.

우리가 진정으로 교회 밖 어려운 이들을 돕고자 한다면, 먼저 건강한 교회 공동체를 세우는 것이 선행되어야 한다. 교회를 향해 그럴듯한 말로 비판하고 공동체성을 약화시키면서 동시에 구제와 봉사를 요구하는 것은 참으로 모순이다.

물론 믿지 않는 이들도 우리의 구제와 섬김의 대상이다. 예수님도 이를 강조하셨다. 우리를 사랑하는 자만 사랑한다면 믿지 않는 이들과 다를 바가 없다. "너희가 만일 너희를 사랑하는 자만을 사랑하면 칭찬받을 것이 무엇이냐 죄인들도 사랑하는 자는 사랑하느니라"(눅 6:32).

신자로서 자신의 가족만 돕는다면 그것은 양의 모습이 아니다. 누가복음 6장 27-36절은 우리를 저주하는 자를 축복하고, 모욕하는 자를 위해 기도하며, 심지어 뺨을 때리는 자와 원수에게도 선대하라고 가르친다. 그러므로 진정으로 건강한 공동체라면 교회 밖의 고통받는 이들에게도 긍휼을 베풀어야 한다. 이것이 바로 예수님이 보여주신 차별 없는 사랑의 본질이다.

✳

지극히 작은 자를 동일시하신 예수님

예수님은 어려움에 처한 성도와 자기 자신을 동일시하셨다. 사도 바울이 예수 믿는 자들을 멸절하려고 다메섹으로 가다가 거꾸러졌을 때, 예수님께서 "사울아 사울아 네가 어찌하여 나를 박해하느냐"라고 하셨다. 사울은 물리적으로 예수님을 핍박한 적이 없었다. 그런데 사울이 성도를 핍박할 때, 예수님은 그것이 바로 자신을 핍박하는 것이라고 말씀하는 것이다.

본문에서 예수님은 어려운 사람을 돕는 것이 곧 자신을 돕는 것이라고 하셨다. 반대로 어려운 사람을 외면하는 것은 예수님을 외면하는 것이다. 오늘 우리 주변에서 고통받는 모든 이가 예수님일 수 있다. 냉수 한 잔, 따뜻한 인사, 배고픈 자를 위한 떡 한 조각, 말 없는 위로, 진정한 기도, 사랑이 담긴 격려 한마디, 아픈 자들을 향한 마음가짐, 감옥 방문 등 모두가 "지극히 작은 자에게" 하는 것이며, 이는 곧 예수님께 하는 것이다(40절).

이를 잘 보여주는 이야기가 있다. 손님 접대를 원칙으로 삼는 한 수도원에 전 세계 사람들이 방문했다. 어느 날 나이 든 수도승이 피곤한 주말을 보내고 수도원 문을 잠그려 했다. 그날따라 방문객이 많았고, 그중에는 대하기 까다로운 사람도 있었다. 방문객이 모두 나가고 '이제 쉴 수 있겠다'는 생각에 안도했을 때, 마지막 순간 새로운 방문객이 문을 두드렸다. 피곤했지만 수도승은 문을 열면서 이렇게 중얼거렸다. "주님, 또 오신 겁니까?" 이는 작은 자, 약한 자, 어려운 자를 돕는 것이 바로 주님께 하는 것이라는 말씀을 삶으로 실천한 것이다.

구제와 봉사는 일상의 작은 예배이다

우리는 구제와 봉사를 단순히 선행의 관점에서만 바라보는 경향이 있다. 그래서 상황이 되면 하고, 그렇지 않으면 하지 않으며, 긍휼의 마음이 생길 때만 하곤 한다. 선행의 주체가 자신이기에 상황에 따라 구제와 봉사의 정도가 달라지는 것이다. 세상 사람들이 자신의 감정에 따라 구제와 봉사를 조절하는 것은 이해할 수 있다.

그러나 그리스도인의 구제와 봉사는 예배의 행위다. 예배는 하나님께서 주신 축복과 은혜에 감사하는 것이며, 이 감사가 일상에서 나눔과 베풂으로 이어지는 것이 구제와 봉사이다. 달리 말해, 하나님의 구속의 은혜와 삶의 축복에 대한 감사가 예배당에서 끝나지 않고 삶의 자리에서 구체적으로 표현되는 것이 구제와 봉사인 것이다. 그러므로 구제와 봉사는 일상에서 드리는 작은 예배라 할 수 있다. 예배가 내 감정 상태에 따라 달라질 수 없듯이, 일상의 예배인 구제와 봉사도 내 마음 상태에 따라 조변석개할 수 없는 것이다.

구제와 봉사가 복음의 열매임을 보여주는 성경의 예로 누가복음 19장의 삭개오를 들 수 있다. 삭개오는 죄의 종으로 살아왔으나 예수님을 영접한 후 전혀 다른 삶을 살기로 결단했다. 그 결단의 핵심에는 그토록 아끼던 자신의 소유와 물질을 기꺼이 내어놓는 것이 있었다. 예수님을 영접한 후 그의 삶이 변하고 세상을 보는 관점이 달라졌다. 재물 얻기에만 집중했던 그의 관심이 예수님께로 옮겨가면서 자연스럽게 일어난 변화였다. 이것이 복음의 능력이다.

예수님의 복음으로 거듭나지 않은 재물의 위험성에 대해 우리는 주의를 기울여야 한다. 감리교의 창시자 요한 웨슬리는 이렇게 경고했다. "예외가 있기는 하지만 10명 중 9명은 부가 증가함에 따라 은

✳

혜에서 멀어지고 있다." 우리도 지갑이 두터워질수록 은혜에 둔감해지고 있지는 않은지 돌아보아야 한다.

우리가 형제들과 어려운 이들을 돕는 것은 단순히 어떤 대상을 향하는 것이 아니라, 예수님께 하는 것이며, 우리의 무의식이 '예수님을 위해, 예수님과 함께, 예수님께로' 향하는 것이다. 자녀를 홀로 키우며 고군분투하는 어머니, 암으로 고통받는 형제들, 사회의 그늘에서 소외된 이들을 섬기는 것이 곧 예수님을 위해, 예수님과 함께, 예수님을 향한 사역이다.

우리는 모두 장차 예수님의 심판대 앞에 서게 될 것이다. 대부분의 사람들은 하나님의 심판 기준이 아닌 세상의 기준으로 삶을 평가한다. "얼마나 많은 돈을 벌었는가? 친구는 몇이나 사귀었는가? 직장에서 무슨 일을 했는가? 책은 몇 권이나 썼는가? 버킷 리스트는 얼마나 이루었는가?" 이런 것들을 인생의 성공 기준으로 여긴다.

그러나 주님은 양과 염소 비유를 통해 인생의 진정한 성공 기준을 분명히 보여주셨다. 마지막 날 예수님의 오른편으로 갈지, 왼편으로 갈지를 가르는 기준은 "네 형제 중 지극히 작은 자에게 한 일이 무엇이냐"이다. 지극히 작은 자에게 한 일이 곧 예수님께 한 일이기 때문이다.

심판대에서는 우리가 '예수님을 위해, 예수님과 함께, 예수님을 향해' 자연스럽게 행한 것만이 인정받을 것이다. 이 마음으로 주변의 어려운 믿음의 형제들을 돌아보고, '지극히 작은 자'를 향한 우리의 행함을 다시 살피며, 남은 생을 사람에게는 진심으로, 하나님께는 전심으로 살아가도록 하자.

하나님의 심판대에서 양으로 서기를 원하는 자의 기도

자비로우신 하나님 아버지, 선을 행함에 있어 심판대의 양처럼 주님께 칭찬받는 섬김과 봉사를 실천하게 하시고, 예수님을 위해, 예수님과 함께, 예수님을 향하여 이웃을 섬기는 구원의 증거가 있는 삶이 되게 하옵소서. 십자가의 보혈로 부어주신 무한한 은혜에 감격하여, 소외되고 그늘진 곳의 어려운 이웃을 돕는 믿음의 선행이 우리 삶에 강물처럼 흘러넘치는 인생이 되게 하옵소서.

23장

종말의식으로
세상 살기

누가복음 21:29-36

"나는 그리스도인으로 살고 있는가?"

"나는 예수님의 재림을 사모하며 살고 있는가?"

이 두 질문은 동전의 양면과 같다. 예수님의 재림을 기다리지 않는 사람이 깨어 기도할 리 없고, 깨어 기도하지 않는다면 건강한 그리스도인으로 살 수도 없다.

본문은 우리가 종말의식을 가지고 깨어 기도하여 해이해진 신앙의 허리띠를 단단히 동여매고, 삶을 둘러싼 세속적 안개를 걷어내어 신앙의 전선(戰線)에 바로 서라고 명하고 있다.

I. 새판짜기를 해야

어떤 신혼부부가 "세상이 너무 험악하고 미래가 불확실하며, 누가 복음 21장에 '그날에는 아이 밴 자들과 젖먹이는 자들에게 화가 있으리니'라고 했으니 아이를 낳지 않겠다"고 했다. 하지만 이는 잘못된 해석이다. 이 말씀은 예수를 믿지 않는 이들을 향한 것이며, 예수 믿고 구원받은 자들이 믿음으로 자녀를 키우는 것은 여전히 놀라운 축복이다.

예수님은 제자들에게 "항상 기도하며 깨어 있으라"고 말씀하셨다. 깨어 있다는 것이 무엇인가? 예수님의 재림을 기대하는 심정으로 재산을 다 팔아 산에 올라가거나 광야에서 기다리라는 뜻이 아니다. 기도하고 깨어 있으라는 말씀은 "충성되고 지혜 있는 종"이 되라는 의미다. 마태복음 24장에서도 예수님은 '종말'을 말씀하시며 충성되고 지혜 있는 종에 대해 언급하셨다(마 24:45).

예수님이 우리에게 주시는 종말론적 신앙관은 귀중한 선물이다. 이는 단순히 "마지막 날, 어느 한순간"에 집중하라는 것이 아니라, 지금 현재를 어떻게 살아야 할지에 대한 지혜를 주시는 삶의 지침과 같다.

종말에 충성되고 지혜 있게 산다는 것

성도에게 있어 충성되고 지혜로운 삶이란 무엇인가? 자녀 양육을 예로 들면, "자녀를 낳아 믿음의 세대를 이어가는 것이 세상에서 장관이나 대통령이 되는 것보다 귀하다"는 마음으로 신앙 안에서 양육하며 사는 것이다. 이처럼 세상의 잡음에 흔들리지 않고 순전한 믿음으로 예수님께 집중할 때, 그의 삶은 영적으로 정렬되어 무질서가 하나님 보시기에 좋은 창조적 질서가 되고, 누수 없이 사명에 집중하는 인생이 된다. 이것이 종말을 충성되고 지혜롭게 사는 종의 모습이다.

자녀를 키우다 보면 이해할 수 없고 억울하며, 때로는 외면하고 싶을 만큼 말로 표현하기 어려운 상처를 받는 일을 수없이 겪는다. 그렇다면 어떻게 깨어 있는 충성되고 지혜로운 부모가 될 수 있을까? 삶의 우선순위를 바로 세우면 가능하다. 진정으로 자녀를 위하는 길은 하나님을 최우선으로 삼고 사는 것이다. 이를 위해 무엇보다 자녀가 하나님을 만나는 기회를 많이 만들어주어야 한다. 예를 들어, 토비새에 부모가 자녀들을 데리고 나오는 것이 자녀 양육을 위해 하나님께 충성되고 지혜로운 길이다. 이를 통해 자녀들이 받게 될 신앙적이고 선한 영향력을 생각해보라!

36절의 "항상 기도하며 깨어 있으라"는 말씀과 마태복음 24장 45절의 "충성되고 지혜 있는 종이 되어"라는 말씀은 같은 의미다. 그러므로 주님의 때를 분별하고 지금 이 순간부터 시작해야 한다. 지금 예수님께 충성하면 지금 예수님의 재림을 준비하는 것이고, 내일 충성하면 내일 준비하는 것이며, 다음 주에 충성하면 다음 주부터 준비하는 것이고, 내년에 충성하면 내년에 준비하는 것이다.

예수님의 비유 강해를 시작하며 우리는 세상에 치우친 우리의 심령을 말씀의 쟁기로 갈아엎어 삶의 새판짜기를 소원했다. 우리가 처한 환경이나 처지가 어떠하든 "천국은 이러하다"는 비유 말씀을 곱씹고 되새기면 천국 시민의 정체성을 가지고 다시 일어설 수 있다. 그러나 말씀을 읽고도 삶의 변화가 없거나 예전 삶으로 돌아간다면 이는 심히 안타까운 일이다. 우리에게는 단순히 돌아가는 것(resume)이 아닌, 완전한 새판짜기(renewal)가 필요하다. 이는 단순한 초기화(reset)가 아닌 재창조하는 리셋, 리뉴얼이며, 인생 뿌리부터의 개혁(reformation)이다.

우리의 새판짜기는 과거로의 회귀도, 단순한 재설정도 아닌, 완전히 새로운 방향이다. 이는 이집트의 노예 생활에 찌들었던 이들이 출애굽의 새판짜기로 가나안에 들어간 것과 같으며, 사마리아 우물가의 여인이 예수님을 만나 완전히 새로운 인생을 얻은 것과도 같다. 우리가 새판짜기를 이토록 강조하는 이유는, 이것이 단순한 구호가 아닌 삶의 실제(實際)이자 실체(實體)이며, 클라우스 슈밥의 말처럼 지금 우리의 리셋 방식이 운명을 결정하기 때문이다. 그래서 우리 각자가 왜 거룩한 새판짜기를 해야 하는지, 이것이 단순한 마음의 소원이 아닌 삶의 실체가 되어야 하는지를 절박한 심정으로, 비유 시리즈 내내 새판짜기의 은혜와 능력을 거듭 전했다.

창조적 리셋이 필요한 이유는 무엇인가? 현재 4차 산업혁명 시대의 세계는 사회 구성원들이 초연결되어 있고, 개인이 따라잡을 수 없는 속도로 달려가고 있으며, 기존의 상식이나 이론으로는 예측할 수 없는 일들이 전례 없이 일어나고 있기 때문이다. 이로 인해 세상을 움직이는 규칙이 바뀌고 있다. 이전의 습관적이고 관성적인 방식으로는 우리에게 닥치는 문제를 선제적으로 감당할 수 없다. 이것이 위대한 리셋이 필요한 이유이다.

사실 창조적 리셋, 결정적 새판짜기의 원조는 예수님이시다. 하나님은 이미 죄에 사로잡힌 세상을 리셋하기 위해 예수님을 이 땅에 보내셨고, 예수님은 십자가의 죽으심으로 멸망을 향해 달려가던 세상을 새판짜기하심으로 인간의 운명을 바꾸어 놓으셨다.

✳

Ⅱ. 무화과나무 비유를 깨달아야 새판짜기 할 수 있다

29절에서는 "무화과나무와 모든 나무를 보라"고 하신다. 예수님이 이런 비유를 사용하신 것은, 사람들이 "역사의 대종말, 역사의 마지막 날 이전의 징조가 무엇입니까?"라고 물었을 때, 무화과나무를 통해 종말의 징조와 사건을 설명하시기 위함이었다.

어린 시절, 교회 마당에 있던 무화과나무는 겨울이면 낙엽처럼 잎을 모두 떨구었다. 그러다 봄이 다가오면 여린 가지가 돋아나 눈에 띄었다. 원예 전문가가 아니어도 어린잎이 나오면 봄이 오고 여름이 멀지 않았음을 알 수 있었다. 날씨가 곧 더워지고 추위가 물러갈 것을 예측할 수 있었다. 이러한 자연의 법칙은 누구도 거스를 수 없다. 무화과나무를 비롯한 나무의 생태는 예측 가능한 방향으로 진행되기에, 나무의 성장 원리나 메커니즘을 이해하면 자연현상의 순리를 깨달을 수 있다.

31절은 "너희가 이런 일이 일어나는 것을 보거든 하나님의 나라가 가까이 온 줄을 알라"고 말씀한다. 겨울이 지나고 싹이 나면 여름이 가까워졌음을 아는 것처럼, 무화과나무의 변화를 통해 하나님 나라가 가까이 왔음을 깨달으라는 것이다. 이는 예수님의 재림이 확실함을 알려주시는 말씀이다.

하나님 나라가 가까이 왔음을 깨닫게 되면, 지혜롭고 충성된 종은 깨어서 준비할 수 있다. "이러므로 너희는 장차 올 이 모든 일을 능히 피하고 인자 앞에 서도록 항상 기도하며 깨어 있으라 하시니라"(36절). 항상 기도하고 깨어 있는 것은 종말을 사는 그리스도인의 책임이다. 나태하게 떠내려가듯 수동적으로 살거나, 영원한 가치가

하나님 나라의 비밀을 열다

없는 세상적이고 일시적인 것에 몰두하지 말고, 영원을 준비하는 지혜로운 청지기처럼 살아야 한다. 그래야 주님이 재림하실 때 허둥대지 않고, "아멘 주 예수여 오시옵소서"(계 22:20)라고 담대히 기도할 수 있다.

"이 세대가 지나가기 전에 모든 일이 다 이루어지리라"(32절)는 말씀에는 여러 해석이 있다. 예수님 당시 살아 있던 이들이 예루살렘 멸망을 보게 된 것이 일차적 의미이며, 동시에 예루살렘이 멸망한 것처럼 모든 세대에게 마지막 종말이 올 것을 확실히 경고하신 것이다.

세상의 풍조는 왔다가 사라진다. 유행은 생명력이 있으나 결국 지나간다. 연예인이나 셀럽들, 대중음악인들은 하룻밤 사이에 스타가 되어 사랑받다가도 순식간에 망각 속으로 사라진다. 이 땅의 모든 것이 이처럼 쉽게 사라진다. 인스타그램, 틱톡, 밈 같은 것들이 나름의 영향력을 가지고 있지만, 얼마나 오래가겠는가. 사람들의 관심과 집중도 일시적일 뿐이다.

그러나 예수님은 천둥 같은 말씀을 하셨다. "천지는 없어지겠으나 내 말은 없어지지 아니하리라"(33절). 하늘과 땅이 없어질지라도 주님의 말씀은 변함이 없다. 천지가 없어져도 없어지지 않을 하나님 말씀에 전력을 다하는 것보다 더 안전하고 평안하며 복된 일이 어디 있겠는가!

주님이 재림하실 때 대격변이 일어난다. 바울은 이를 깨닫고 빌립보서 2장 10-11절에서 말했다. "하늘에 있는 자들과 땅에 있는 자들과 땅 아래에 있는 자들로 모든 무릎을 예수의 이름에 꿇게 하시고 모든 입으로 예수 그리스도를 주라 시인하여 하나님 아버지께 영광을 돌리게 하셨느니라."

종말은 어떻게 오는가? "그날이 덫과 같이 너희에게 임하리라"(34절).

종말은 덫과 같이, 도둑처럼 임한다. 반드시 오되 갑자기 온다는 것이다. 지구상의 모든 이에게 갑자기 임할 것이다. 때를 알 수 없기에 우리는 지혜로운 충성된 종으로 준비해야 한다.

예수님이 이 말씀을 하신 후 2천 년이 지났다. 너무 지연된 것이 아닌가 생각할 수 있으나, 지혜롭고 충성된 종은 그렇게 생각하지 않는다. 시간을 초월하신 주님은 한 영혼이라도 더 주님께 돌아오도록 기회를 주시는 것이다.

주님의 재림에 대한 징조는 무엇인가?

첫째, 무화과나무에 꽃이 피었다. 이에 대한 여러 해석 중 1948년 이스라엘 건국을 무화과나무의 개화로 보는 관점은 그리 무리한 해석이 아니다. 이를 두고 세대주의라 비판하는 이들이 있으나, 무화과나무가 이스라엘을 상징하는 만큼 전혀 의미가 없다고도 할 수 없다. 이스라엘 건국을 의미 없게 보는 이들은 종말에 대한 긴박감이 상대적으로 약한 편이다.

둘째, "지구상에 거하는 모든 사람에게"(35절)라는 말씀처럼, 오늘날 SNS와 인터넷으로 전 세계가 하나로 연결되었다. 전 세계적 컴퓨터와 통신의 거대한 흐름은 한 사람이 실시간으로 전 세계와 소통할 수 있게 했다. 포스트 코로나 시대는 온라인과 오프라인이 융합된 올 라인(All Line) 시대이며, 디지털이 극대화되고 메타버스가 등장한 시대다. 한 나라의 문제가 전 세계에 영향을 미치는 이때가 마지막 때임을 확신할 수 있다.

셋째, "복음이 전 세계에 전파될 것이다"(마 24:14)라는 말씀대로, 복음은 2천 년 역사상 지금 가장 널리 전파되고 있다. 패트릭 존스톤은《세계 기도 정보》에서 "우리는 역사상 가장 큰 무리가 하나님 나라로 모여드는 시대에 살고 있다"고 했다. 세계 선교의 완성이 눈앞에 있는 시기, 곧 주님의 재림이 가까운 시대인 것이다.

넷째, 누가복음 21장 10-11절은 민족이 민족을, 나라가 나라를 대적하며, 큰 지진과 기근과 전염병이 있으리라 예언했다. 이 말씀의 렌즈로 보면, 코로나처럼 한 지역의 전염병이 전 세계적 팬데믹이 되고, 끊임없는 국가 간 전쟁이 발생하는 현실에서 성경의 종말론적 의미를 깊이 생각하지 않을 수 없다.

이처럼 마지막 때를 살아가는 우리는 항상 기도하며 깨어 있어야 한다(36절). 이를 위해 경계해야 할 것이 PC(Political Correctness, 정치적 올바름)주의이다. PC주의는 상대적 다문화주의와 프랑스혁명 이후의 관용(톨레랑스)을 포함한다. 관용이라는 미명하에 절대적 진리를 선포하는 그리스도인이 공격받고 있다. 차별금지법도 실상은 '기독교 차별법'으로 성경의 절대 진리를 공격하는 것이다.

전 세계는 무신론적 사상과 반기독교 문화에 사로잡혀 기독교를 핍박하고 있다. 하지만 기독교는 평화, 우정, 관용이라는 미명 아래 성경의 절대 진리를 희생시키는 이들을 용납할 수 없다. 이런 경향은 앞으로 적그리스도, 짐승의 표, 불법의 세상 통치자가 등장하는 배경이 될 것이다. 머지않아 전 세계를 아우르는 통치자가 나타난다면, 이는 마지막 징조 중 하나가 될 것이다.

무화과나무 비유는 주님의 재림을 명확하게 보여준다. 주님은 반드시 다시 오실 것이다. 재림을 기다리는 우리는 충성된 마음으로 지혜롭게 그날을 준비해야 한다. 언제 오실지는 알 수 없지만, 우리는 이 생애에 오시기를 간절히 사모한다. 이를 위해 새판짜기가 필요하다.

✳

불신자에게 종말은 두려움일 뿐이지만, 주님의 재림을 알고 준비하는 그리스도인에게는 기다림이자 소망이 되어야 한다. 만약 지금 우리 마음에 종말이 기다림과 소망으로 다가오지 않는다면, 이는 종말을 준비하지 않고 있다는 뜻이다. 초대교회가 박해 속에서도, 카타콤 지하 동굴에서도 소망과 기쁨을 품을 수 있었던 것은 종말을 준비하며 부활을 기대하는 삶을 살았기 때문이다.

그리스도인이 가져야 할 종말의식은 무엇인가? 그것은 이 땅에서 인간의 시간 속에 살면서도 영원을 바라보는 삶이다.

주일학교에서 종말을 배우고 돌아온 아이가 엄마에게 물었다. "엄마, 교회 선생님이 이 세상의 삶은 천국의 삶을 준비하는 거래요. 맞아요?" 엄마가 귀여워하며 "맞지!"라고 답했다. 그러자 아이가 다시 물었다. "엄마는 작년에 미국 가시고 올해는 유럽 가시는데, 다른 나라 가실 때마다 한 달 전부터 미리미리 준비하시잖아요. 그런데 왜 천국 갈 준비는 안 하세요?" 딸의 물음에 엄마는 당황해서 대답하지 못했다. 우리는 세상 여행을 위해 많은 준비를 하면서도, 정작 종말과 천국을 위해서는 어떤 준비를 하고 있는가?

III. 새판짜기를 위하여 기도하고 깨어 있어야

주님은 종말의 때에 항상 기도하고 깨어 있으라고 말씀하셨다. 이는 종말을 준비하는 핵심 자세인데, 깨어 있는 것과 기도하는 것은 모두 자발적인 행동이다. 예수님의 재림을 기도하며, 하나님 나라 확장을 위해 스스로 행하는 것이다.

우리가 깨어 있어야 하는 이유는 무엇인가? 예수님의 재림 시기가 정해져 있지 않기에 준비가 필요하기 때문이다. 예수님이 이 땅에 예언대로 초림하셨던 것처럼, 오늘 살펴볼 비유의 말씀대로 반드시 재림하실 것이다. 종말에 관해 한 가지 확실한 사실이 있다. 예수님의 재림과 역사적 종말이 아득히 멀게 느껴질지라도, 최소한 개인의 종말은 반드시 온다.

종말을 준비하는 길은 고난의 의미를 깨닫는 데서 시작한다

깨어서 종말을 준비하는 길은 고난의 의미를 깨닫는 것에서 시작된다. 하나님께서는 우리를 깨어 있게 하시려고 고난을 주신다. 고난받기를 원하는 사람이 있겠는가? 그러나 그리스도인에게 고난은 우리의 심령을 깨우는 하나님의 통로이다. 고난을 받으면서 십자가의 깊은 의미를 깨달을 수 있기 때문이다.

십자가는 본래 모욕과 수치와 고난의 상징이었다. 그런데 하나님은 예수님이 지신 고난과 수치의 십자가를 우리의 구원으로 바꾸셨다. 비참한 십자가가 축복의 십자가가 되게 하신 것이다. 요한 칼빈은 "고난의 십자가에서 멸망은 파멸되고, 고통은 고통을 당하고, 저주는 저주를 받으며, 사망은 살해당했다"고 했다. 고난 속에서 예수님의 십자가 고난과 부활의 영광을 묵상하고, 주님의 임재를 더 깊이 느끼며, 주님의 재림을 더욱 사모하게 된다.

말세가 가까울수록 드러나는 특별한 현상이 있다. 일종의 양극화 현상이다. 부의 양극화나 불평등의 심화를 말하는 것이 아니다. 말세에 나타나는 양극화는 선과 악의 양극화이다. 이것은 말세를 사는 우리가 깨어 있어야 하는 분명한 이유를 보여준다. 다니엘 12장 10절의 말씀이다. "많은 사람이 연단을 받아 스스로 정결하게 하며 희게 할 것이나 악한 사람은 악을 행하리니 악한 자는 아무것도 깨닫지 못하되 오직 지혜 있는 자는 깨달으리라."

지난 40여 년의 목회를 돌아보면, 이 말씀이 절실하게 와닿는다. 교인 중 누군가에게 고난이 닥칠 때, 곁에서 보면 정말 걱정될 정도의 큰 고난이었다. 그런데 시간이 흐른 뒤 보면 그 고난을 통해 더욱 성숙해지고, 신앙이 깊어지는 사람이 있다. 고난이 그 사람을 주저앉히는 것이 아니라, 다니엘서 12장 10절의 말씀처럼 연단이 되고 그 연단을 통해 자신을 돌아보며 죄성을 깨뜨리는 도구로 작동하고, 하나님께 더욱 순전하게 나아가는 정결함의 통로가 되는 것이다. 그런데 어떤 교인에게는 고난이 신앙을 흔드는 계기가 되기도 한다. 왜일까? 그 고난 속에 임하는 하나님의 선하신 뜻을 보지 못하기 때문이며, 잠자는 영혼을 깨우는 기회로 삼지 못하기 때문이다.

어떻게 하면 고난이 세속에 물든 나를 일깨우고 정결함의 통로로 작동하게 할 수 있을까? 고난을 당할 때 하나님을 바라보는 것은 말처럼 쉽지 않다. 다른 사람의 인생에는 햇볕이 화창한데, 나는 고난의 비를 맞아 초라해 보인 적이 없는가? 고난이 주는 무게, 당장의 고통, 괴로움은 지금 내가 맞닥뜨리는 현실이다. 이처럼 고난은 성도에게 현실이고, 이 땅에 사는 한 고난은 결코 떠나지 않을 것이다.

중요한 것은 고난에 반응하는 우리의 자세이다. 우리가 고난을 어떻게 받아들이고 이해하느냐에 따라, 고난은 우리에게 축복이 될 수도 있고 단순한 고통으로 그칠 수도 있다. 그러므로 우리는 어찌하든지 고난의 유익을 내 것으로 삼는 자리에 서야 한다.

고난이 왜 우리를 하나님께로 이끄는가? 레이 프리차드는 이에 대해 깊은 통찰을 보여주었다. "고난은 우리를 주님께로 더 가까이 이끄는, 지상에서 하늘로 이어진 계단이다." 그러나 주목할 점이 있다. 모든 고난이 자동으로 하나님께 나아가는 계단이 되는 것이 아니라, 오직 고난 중에 깨어 기도하는 사람에게만 그렇다는 것이다. 따라서 우리는 고난이 하나님께로 이끄는 거룩한 사닥다리임을 깊이 새기고, 매 고난의 순간마다 이를 통해 하나님께 한걸음 더 가까이 나아가는 기회로 삼아야 한다.

고난의 때를 기도로 지나야 하는 이유

팀 켈러는 이렇게 말했다. "고난은 자기 힘으로 무언가를 할 수 있다는 환상과, 마음을 완고하게 하는 무지에 빠지지 않도록 우리를 지켜준다. 고난은 우리로 하여금 하나님 앞에 나아가 목숨 걸고 뜨겁게 기도하게 한다. 그럴 때 우리는 어떤 환경 가운데서도 평안할 수 있는 길을 터득하게 된다." 이처럼 고난이 자아를 깨뜨리고, 마음의 완고함에서 깨어나게 하며, 목숨 걸고 하나님 앞에 기도하게 하고, 어떤 환경에서도 평안할 수 있는 길을 연다는 것은 고난을 통해 기도의 자리로 나아간 자의 고백일 것이다. 이런 면에서 고난은 하나님이 나와 동행하자고 보내신 초대장이요, 인생의 새판짜기를 여는 열쇠라고 할 수 있다.

고난은 하나님의 영광에 눈을 뜨게 한다(벧전 4:12-13). 하나님은 자신의 영광을 아무에게나 나누어 주지 않으시지만, 고난 가운데서도 십자가의 의미를 깊이 깨닫는 사람에게는 그 영광을 허락하신다. 무엇보다 고난은 우리를 하나님 앞으로 이끌어 목숨 걸고 뜨겁게 기도하게 만든다. 고난을 지나면서, 깨어 있는 사람은 천장을 울리는 기도, 천둥소리 같은 기도, 천국의 물소리 같은 기도를 경험한다. 그러

✳

369

23장. 종말의식으로 세상 살기

므로 고난은 우리를 더 깨어 있게 함으로써 기도의 통로가 되고, 동시에 더 기도하게 하여 더욱 깨어 있게 하는 은혜의 방편이 되는 것이다.

우리가 항상 깨어 있어야 하는 이유는 믿음의 모험 때문이다. 믿음의 모험을 통해 우리는 영적으로 깨어 있을 수 있다. 하나님은 당신의 사람을 쓰실 때 철저히 연단하시고 믿음의 모험을 감당하게 하신다. 구약의 모세는 40년간 광야의 고난을 겪은 후에 홍해를 가르는 믿음의 모험을 하게 하셨고, 신약의 바울은 사십에 하나 감한 매를 맞고 풍랑을 견디며 이방인 선교라는 위대한 모험을 감당하게 하셨다. 사랑의교회 역시 건축이라는 고난의 과정을 거친 후에 한국교회 섬김의 날을 시작으로 한국 교회를 섬기는 믿음의 모험을 시작하게 되었다. 이처럼 고난은 하나님께서 예비하신 새로운 시작의 도구였다.

깨어 있는 종말을 위하여 믿음의 모험을 감행하라

믿음의 모험은 인생의 정상을 향해 오를 때만이 아니라, 고난의 골짜기로 내려가는 순간에도 필요한 것이다. 무슨 뜻인가? 고난이 찾아올 때 "여기에도 하나님의 선한 뜻이 있을 것이다. 하나님께서 이 고난을 통해 나를 어떻게 인도하실지 기대해보자"라며 온전히 하나님께 믿음을 던지는 것이다. 그리고 하나님께서 이 고난을 통해 어떻게 합력하여 선을 이루실지 믿음의 눈으로 바라보며 살아가는 것이다. 이것이 "산을 바다에 던지는 믿음"(막 11:23)이다.

그러나 이런 말씀에도 불구하고 제자들은 누가복음 22장에서 실패하는 모습을 보였다. 이것이 우리의 연약한 본성이기에, 영적 각

하나님 나라의 비밀을 열다

성을 주는 모든 기회를 놓치지 말아야 한다. 영적으로 깨어 있게 하는 일이라면 더욱 관심을 가지고 집중해야 한다. 종말에 대한 경고를 받고도 겟세마네 동산의 제자들처럼 잠드는 이들이 있다. 깨어서 기도하려면 함께 기도하는 것이 중요하다. 마가의 다락방에 모인 120문도처럼 한마음으로 "오로지 기도에" 힘쓸 때(행 1:14) 성령님이 임하셨음을 기억해야 한다.

믿는 자의 모험 정신은 하나님께서 우리에게 불어넣어 주신 그리스도인만의 특별한 속성이다. 따라서 '믿음의 모험'이란 말에 가슴이 뛰지 않는다면, 내 안에 하나님의 창조 역사가 제대로 움직이지 않는 상태와 같다. 실로 하나님만큼 위대한 모험가가 어디 있겠는가! 하나님의 모험은 창조의 모험과 구원의 모험으로 나타난다. 하늘의 황태자께서 모험을 감행하지 않으셨다면 이 땅에 내려오실 이유가 있었겠는가!

그러므로 믿음의 모험은 없는 것을 억지로 만들어내는 것이 아니다. 오늘도 창조와 구원의 모험을 계속하시는 하나님처럼, 우리도 구원받은 자로서 자연스럽게 해야 할 당연한 모험이다.

성경에 나타난 믿음의 모험을 통한 인생의 새판짜기의 가장 강력한 예는 마태복음 4장 19절이다. "나를 따라오라 내가 너희를 사람을 낚는 어부가 되게 하리라." 일생 고기를 낚던 어부의 삶에서 사람을 낚는 어부의 삶으로 완전한 새판짜기를 말씀하신 것이다. 제자들을 향한 이 말씀은 지금 우리에게도 자기 인생만을 위한 고기 낚는 어부에서 하나님을 위한 사람 낚는 거룩한 어부로의 믿음의 모험을 요구하고 있다.

자신의 삶을 돌아보라. 1년 전의 삶보다 지금의 삶이 신앙적으로 더 건강하고, 더 깊으며, 더 역동적인가? 예수님을 믿는다고 하면서

✳

도 10년 전이나 지금이나 삶에서 신앙적 진보가 없다면, 그것은 믿음의 모험으로 살지 않은 것이다. 우리 믿음의 모험이 내 성격과 기질로 하는 것인가? 결코 그렇지 않다. 내 열정으로 하는 것인가? 내가 차갑든 뜨겁든 그것은 중요한 것이 아니다.

믿음의 모험을 정말 잘하고 싶은가? 이를 위한 비밀서책이 바로 성경이다. 성경만큼 모험의 책이 어디 있겠는가? 성경에는 하나님의 모험, 예수님의 모험, 예수님을 만난 사람들의 모험으로 가득하다. 그런데 성경을 읽는다고 하면서도 잡지나 신문 읽듯 하는 사람들이 얼마나 많은가! 자신의 삶이 새롭게 변화되지 않고 믿음의 모험이 없다면, 그것은 성경을 세상의 책처럼 피상적으로 읽기 때문이다. 진정한 믿음의 모험은 날마다 말씀을 깊이 묵상할 때 시작된다.

하나님은 우리 영혼 깊은 곳에 거룩한 처소를 마련하셨다. 이 장소는 하나님의 성령이 거주하시는 VIP룸이다. 이 VIP룸은 고난과 믿음의 모험으로 깨어 있는 사람만이 유지할 수 있다. 그런데 많은 사람은 이 VIP룸 없이 왕이 되어 있고, 자기가 통치자가 되어 있다. 이는 종말을 대비하는 삶이 아니다. 예수 믿고도 무기력한 삶을 사는 것은 종말의식 없이 믿음의 모험으로 살지 않기 때문이다.

이 세상에서 나를 가장 사랑하는 사람은 어머니, 아버지다. 세상에 어머니만큼 우리를 사랑하는 사람이 어디 있겠는가? 그러나 나를 위해 생명을 던지는 어머니도 나를 구원할 수는 없다. 세상의 어떤 지성이나 영광도, 부귀영화도 나를 구원하지 못한다. 부모님도, 사랑하는 누구도, 세상의 부귀영화도 나를 구원하지 못한다면, 우리는 심판대 앞에 어떻게 서야 하는가? 그 시간이 점점 다가오고 있다. 우리는 주님만 바라보아야 한다. "모세가 광야에서 뱀을 든 것같이 인자도 들려야 하리니 이는 그를 믿는 자마다 영생을 얻게 하

✳

372

하나님 나라의 비밀을 열다

려 하심이니라"(요 3:14-15).

당신의 삶에는 종말의식을 일깨우는 한줄기의 자취가 있는가?

우리는 언젠가 예수님의 재림으로 우주적 종말을 맞이할 것이다. 그러나 대부분은 그보다 먼저 개인적인 종말을 맞는다. 성도가 이 땅에서 눈을 감는 순간이 개인의 종말이다. 예수님이 반드시 오실 것이며, 예수님만이 당신의 구원자임을 믿는가 묻는다면, 아마도 여러분은 주저 없이 그렇다고 대답할 것이다.

그러나 종말의 순간, 세상을 떠나는 마지막 여행에서 당신이 두려움 없이 주님을 맞을 준비가 되어 있는지 보여주는 질문이 있다. 당신이 진정으로 종말의식을 가지고 심판대 앞에 설 날을 생각하며, 예수님의 재림을 기다리고, 예수님만을 유일한 구원자로 믿으며 산다는 것을 어떻게 증명할 수 있을까? 당신의 삶에, 당신의 집에 종말을 일깨우는 한줄기의 흔적이 있는지 살펴보는 것이다.

당신이 지금 살고 있는 집을 생각해보라. 종말을 생각하게 하는 것이 하나라도 있는가? 사람들의 찬사를 받을 멋진 가구, 귀한 예술품, 아름다운 그릇들이나 값비싼 물건들로 가득 차 있지는 않은가? 편안하고 만족스러운 삶을 위해 멋지고 아름다운 것들로만 집을 채우며 살고 있지는 않은가? 화려한 가구와 장식품들로 채워진 집, 세속적인 일정으로 가득 찬 하루하루, 순간의 즐거움만을 추구하는 삶 속에서 종말에 대한 어떤 흔적도 발견할 수 없다면, 이는 예수님의 재림과 구원을 진정으로 믿으며 살아가는 모습이라 할 수 없다. 예수님의 재림을 기다리며 산다고 하면서도, 예수님만이 내 삶의 유일한 구원자라 믿는다고 하면서도 삶 속에서 종말의 흔적을 발견할

✳

수 없다면, 실상은 종말의식이 아닌 세상에 취해 사는 것이다.

종말의 순간, 세상을 떠나는 마지막 여행을 위해 당신은 두려움 없이 주님을 맞을 준비가 되어 있는가?

세상 사람들은 죽음의 순간을 공포와 두려움의 순간으로 여긴다. 예수님을 인생의 구원자로 인식하지 못하기 때문이다. 진정으로 예수님을 인생의 유일한 구원자로 받아들인다면, 종말의 순간은 두려움과 공포가 아닌 안식의 순간이 되고, 설렘의 순간이 되며, 열망의 순간이 될 것이다. 많은 이들이 종말을 두려움의 대상으로 여기지만, 이제는 종말론도 기쁨의 종말론, 밝음의 종말론, 행복한 종말론으로 회복되어야 한다. 준비된 사람에게 종말은 기쁘고, 행복하며, 설레는 시간이 되는 것이다.

예수님의 초림이 예언대로 이루어졌듯이, 재림 또한 반드시 성취될 것이다. 오늘 주님이 오신다면, 주님을 맞을 준비가 되어 있는가? '아마 그런 것 같다'라거나 '아이고 나는 모르겠다'라고 생각하는 사람이 있다면, 아직 주님을 맞을 준비가 안 된 것이다. 어떻게 해야 하는가? 부모도, 자기 자신도, 그 무엇도 우리를 구원할 수 없으니 구원의 십자가 앞으로 달려가야 한다. 죽었다가 다시 살아나신 주님께 소망을 두라. 자신에 대한 신뢰를 내려놓고 오직 예수님께 나아가라. 이것이 새판짜기를 통한 마지막 결론이다.

예수님은 반드시 다시 오실 것이다. 당신은 지금 기대와 설렘으로 주님을 만날 준비가 되어 있는가?

종말을 깨어 있고 충성되며
지혜롭게 살고자 하는 자의 기도

자비로우신 하나님 아버지, 예수 그리스도의 피 묻은 복음으로 새판짜기를 하게 하심을 감사합니다. 오매불망 사모하는 주님을 기다리면서, 고난과 믿음의 모험을 통해 항상 기도하고 깨어 있어야 한다는 주님의 음성을 들려주셔서 감사합니다. 세상에 마음을 빼앗겨 잠들어 있던 부분이 있다면, 이제 깨어나 주님을 맞이할 거룩한 새판짜기가 일어나게 하옵소서. 그리하여 한 번뿐인 인생, 이 땅에서 주님 주시는 부흥의 은혜를 체험하며 날마다 깨어 있는 종말의식으로 주님의 재림을 대망하며 살아가게 하옵소서.

부록

🔑 주제 찾아보기

하나님 나라의 비밀을 열다

✳ 인물 찾아보기

✴ 성경구절 찾아보기

하나님 나라의 비밀을 열다

하나님 나라의 비밀을 열다

초판 1쇄 인쇄 2025년 2월 14일
초판 1쇄 발행 2025년 2월 23일

지은이 오정현

펴낸이 박주성
펴낸곳 국제제자훈련원
등록번호 제2013-000170호 (2013년 9월 25일)
주소 서울시 서초구 효령로68길 98 (서초동)
전화 02)3489-4300 **팩스** 02)3489-4329
이메일 dmipress@sarang.org

ISBN 978-89-5731-927-7 03230